日月的雙軌

羅門．蓉子創作世界評介

唐玲玲
周偉民 合著

文史哲出版社
印行

青鳥集
羅門
時空的回聲
羅門詩選
維納麗沙組曲
長期受着審判的人
羅門自選集
第九日的底流
曙光
死亡之塔
THE TOWER OF DEATH
羅門著
羅門自選集

羅門．蓉子中文詩集

羅門．蓉子作品選入英法日韓等外文詩選

日月的雙軌
——羅門、蓉子詩創作世界的評介

目 錄

日部

壹 海內存知己，天涯若比鄰

詩人的情，詩人的愛，苦苦的眷念，甜甜的追憶。三十年的歌，三十年的呼喚，故鄉啊，我的家：

一個浪對一個浪說過來
一個浪對一個浪說過去
說了三十年只說一個字
　　家
雲在聽
風在聽
海自己也在聽

——《遙望故鄉》

這是羅門在一九七五年隨臺港作家訪問金門時，遙望着濶別三十年的故鄉，低聲吟唱的歌。又過了一個十年，海峽兩岸解凍了，一九八八年十月十七日，羅門回到了故鄉——中國最大的經濟特區海南省。眞有「少小離家老大回，鄉音無改鬢毛衰。兒童相見不相識，笑問客從何處來」（賀知章《回鄉偶書》）之嘆了。故鄉的親人激動而又驕傲地迎接這位來自中國第一大島的游子，故鄉的山水也敞開胸懷接待這位來自臺灣的國際著名詩人。在海南省的九天時間裏，詩人羅門應邀到了海南大學、海南師範學院及海南省文聯，分別作了三場關於詩與藝術的演講，並與詩人林燿德一起，應邀前往廣州、上海、北京、廈門等地的一些著名大學、社會科學研究機構、文聯、臺港文學研究所以及中國現代文學館、詩刊編輯部、上海文論編輯部作了近三十場演講與座談。並同大陸學者作家、詩人展開了跨海峽的「都市詩」與「田園詩」的熱烈對話。羅門回臺後滿懷激情地說：「總算在這短短的一個月中，看見了四十多年不見的家人，以及四十多年一直都想看的上海、北京古城以及壯觀的萬里長城，當然在另一條文學之旅的旅途中，也看到了另一些美好與令人難於忘懷的景象，便都一一將它們存放在雙向的記憶裏，而人生就是在連續的記憶中不斷將美好的生命歷程剪接的一部長篇記錄片。」①

羅門是海南島的驕傲！羅門沐浴着南國海島的陽光，迎着膠林椰樹的婀娜婆娑的風采，接受故鄉親朋好友質樸的親情厚誼。筆者就是在這特定的可寶貴的時刻，認識了羅門先生，也跟着海南的莘莘學子一起，聆聽了他在詩國中的體驗。

一九八八年十月十九日下午，海南文學藝術界聯合會在文藝廳邀請羅門演講，會上羅門以詩人的氣質，摯誠地談論他對詩歌藝術的體驗：「只有詩同文學，能夠使我們從各種生存

① 《文學之旅》載一九八八年十二月廿六日臺灣《自由時報》的《自由副刊》

狀態回到我們內在的世界，眞正感到生命的存在與世界萬物融爲一體，成爲自然的有機構成；是詩與藝術幫助人類打開了生命的混沌實體，使我們看到一個奇妙而又眞實的世界，使生命變成透明的建築；排除詩與藝術去尋找生命的價值就如同殺害所有的花朵而後去尋找春天的定義。」。海南省著名作家葉蔚林興奮地即席說：「羅門先生的演講，把我重又帶入藝術的殿堂。」。一九八八年十月廿四日，中華詩詞學會副會長、海南詩詞學會名譽會長許士傑，在海南賓館接見詩人羅門，賓主談詩論文，就海峽兩岸的文化發展、文藝交流和新舊詩體等問題進行了交談。許士傑向羅門贈送了自己的詩集《風雨吟》，羅門回贈了他和夫人蓉子合著的自選詩集。十月廿二日海南大學文學院邀請了羅門講演。那天，正好颱風登島，風狂雨驟。下午，羅門翩然而至，海南大學的大階梯教室座無虛席，教室內外，臨窗走廊上下，擠滿聽講的人羣，樓外颱風呼嘯，大雨滂沱，樓內悄然寂靜，只有詩人激情的話語在大教室裏迴蕩，間以一陣陣熱烈的掌聲及會心的笑聲，臺上臺下，讓詩歌的強音連成一片。演講完畢，同學們依依不捨，圍住羅門探討詩的問題，熱情地請他簽名留念。在這一難忘的時刻，海峽兩岸文化人的心緊緊地連在一起了。這一天，筆者與同事們接待羅門，就海內外文藝創作問題談得非常契合，有心領神會、相見恨晚之感。羅門在離開海南島前夕給筆者留下這樣一封信：

……非常感謝您們的接待。

的確是「詩」使一切美化與單純化，使所有的距離都向「完美」接近，您的觀念理念，在短短的交談中，已全面的展現到全人類都能共見與共識的理想位置。

我想在超越與開拓性的全人類精神活動的領域，「詩眼」將看見生命永恒存在的基型世界，再一次謝謝您，並留下一些參考的資料，您的構想是我的榮幸，我想在未來會獲得實現。

羅門回臺灣後，經常與筆者通信，並向海南大學贈送他與夫人蓉子的全部著作。面對這數十册藝術珍品，筆者在工作之餘細細品讀，愛不釋手。於是，決定爲這一對在世界詩人大會上獲得「國際詩人伉儷獎」的著名詩人，獻上一份筆墨友誼。

以上是寫這部書的緣起。

唐代詩人王勃《送杜少府之任蜀川》一詩中有「海內存知己，天涯若比鄰」句，筆者與羅門在談詩論藝的過程中，一見如故，大概是應了這詩句的含意吧。

貳　燈屋之光

羅門與蓉子，夫婦過着詩一樣的生活：愛情，像詩；生活，詩般的美；事業，是詩的金字塔。詩和藝術把羅門與蓉子的生活連接在一起，使他們成爲一對傑出的文學伉儷，他們比翼雙飛，一起構造藝術的殿堂。

在我們的書案上，有份羅門與蓉子的創作年表。在這平凡的文字記錄中，我們卻領悟到詩人生活的足音及心靈的呼喚。

羅門，本名韓存仁，一九二八年出生於廣東省文昌縣（現爲海南省文昌縣），十二歲進空軍幼年學校，以後進杭州筧橋空軍飛行官校，一九四八年代表空軍足球隊參加上海舉行的第七屆全國運動會。到臺灣後，一九五二年考進民航局工作。後調民航局臺北國際機場任高級技術員，一九六二年赴菲律賓觀摩民航業務，並接受前菲華文化訪問團團長黎底斯瑪夫人及文藝界人士之餐宴，一九六七年往美國民航失事調查學校研習，並獲奧克立荷馬州州長頒發榮譽公民狀，回臺後參加 CATB 727 型機在林口失事調查工作，曾任民航局民航業務發展研究員，一九七七年辭掉所有職務，專心從事詩創作。

這是羅門一生從事的服務工作的簡歷。而羅門爲了藝術事業，竟放棄了優厚的生活待遇和工作條件。他說：「生命太短了，我只能以藝術作爲我精神的事業。」「詩人的生命應該是時刻醒覺的，他通過感知脈搏的跳動而感知時間的流逝。」基於這樣的感悟，他決定提前退休，將全部的時間和精力，獻給詩的世界，獻給詩的藝術。

羅門與詩人蓉子一九五四年結識之後，他開始寫詩，並在當年發表了第一首詩《加力布露斯》，《現代詩》季刊的主編紀弦特別以套紅刊登出來。一九五五年與蓉子結婚後，羅門的創作進入了一個嶄新的領域。一九五八年出版《曙光》詩集，一九六二年寫《麥堅利堡》詩，並於一九六七年獲菲總統馬可仕金牌獎。一九六四年出版論文集《現代人的悲劇精神與現代詩人》，同蓉子主編一九六四年藍星年刊。一九六六年同蓉子被UPLI譽爲「中國傑出文學伉儷」。一九六八年美亞出版社出版羅門蓉子英文版《日月集》詩選。一九六九年出版詩集《死亡之塔》及論文集《心靈訪問記》，同蓉子被選派爲中國五人代表團，出席在馬尼拉召開的第一屆世界詩人大會，並被大會譽爲「世界詩人大會傑出文學伉儷」，獲菲總統大綬勳章。一九七三年獲巴西聖保羅哲學院榮譽學位。一九七四年出版論文集《長期受審判的人》，一九七五年出版《羅門自選集》，一九七六年六月同蓉子出席在美召開的第三屆世界詩人大會，獲大會特別獎與接受大會加冕。十二月參加中國現代詩人訪問團訪韓。一九七九年與蓉子參加中國代表團出席韓國召開的第四屆世界詩人大會，一九八〇年出版第五本詩集《曠野》，一九八一年出版《羅門論文選集》（《時空的回聲》），一九八四年出版《羅門編年詩選》，一九八六年《時空的回聲》論文集再版，一九八八年出版第十本詩集《整個世界停止呼吸在起跑線上》，並獲中國時報文學獎新詩推薦獎。羅門還是臺灣第一個把詩發表在國家土地上的詩人；一九七一年，他以詩配合何恒雄雕塑家的雕塑，碑刻入臺北新生公園，一九七七年羅門再次以詩配合雕塑，碑刻入臺北動物園。羅門的詩作，被選入英、法、日、韓等外文詩選，共有十七種。中文版《中國當代十大詩人選集》、《中國現代文學選集》、《中國新詩選》……等四十餘種詩選集中，也選入他的作品。國內外評介羅門作品的文字近三十萬字。羅門於一九七三年曾接受香港大學黃德偉教授邀請赴港做三場演講，並在中文大學文藝班與余光中、黃維樑教授主持現代詩座談。香港大學圖書館第一位設置「中國當代詩人羅門資料專櫃」，相繼，中國海南大學圖書館也設置「臺灣詩人羅門資料專櫃」。

再說蓉子。蓉子本名王蓉芷，一九二八年五月四日出生於江蘇省，就讀於江陰輔實女中附小、輔實女中、省立楊中、上海華東區基督教聯合中學、南京金陵女子大學服務部實驗科、建村農學院等學校。後擔任教會學校音樂教師，一九四九年考入南京國際電臺，是年奉調去臺北籌備處工作。

蓉子在臺灣出類拔萃的女詩人羣中，是一位前輩詩人。她於一九五〇年開始發表詩作《青鳥》和《形象》等詩，一九五一年發表第一篇小說《醒》，一九五三年出版第一部處女詩集《青鳥集》，一九五五年四月十四日與羅門結婚，一九六一年第二本詩集《七月的南方》問世，一九六五年應韓文化出版界邀請，與謝冰瑩教授、潘琦君女士組成女作家三人代表團，到南朝鮮進行訪問，是年翻譯並出版格林童話《四個旅行音樂家》，一九六六年十二月和羅門被譽爲「中國傑出文學伉儷」，獲頒菲總統馬可仕金牌獎。一九六八年和羅門一同出席在馬尼剌召開的第一屆「世界詩人大會」被譽爲「大會傑出文學伉儷」，獲馬可仕總統大綬勳章。是年十二月出版詩集《維納麗沙組曲》，一九七〇年參加臺北召開的第三屆「亞洲作家會議」，一九七三年獲巴西聖保羅哲學院榮譽學位。出席「第二屆世界詩人大會」，一九七四年出版《橫笛與豎琴的晌午》詩集，一九七五年榮獲一九七五年國際婦女年國際婦女文學獎。一九七七年赴歐旅遊，詩集《天堂鳥》出版。一九七八年《蓉子自選集》出版，《雪是我的童年》出版，一九八二年《青鳥集》再版，一九八六年《這一站不到神話》詩集出版，還出版遊記《歐遊手記》。一九八七年獲國家文藝獎。蓉子的詩作，選入《中國詩選》、《中國當代新詩大展》、《中國現代散文選集》……等三十多種種集子中，選入外文的選集有英文版、法文版、日文版、韓文版等十五種，國內外對蓉子作品評介的文章近二十萬字。

羅門與蓉子，是兩位用生命寫詩的人。他們的《燈屋》生活，成爲臺灣詩壇的佳話。燈屋是詩人伉儷藝術生活的小天地，燈屋是激發詩人創作靈感的空間，燈屋是以詩會友的場所，燈屋也是國內外藝術人士注目的美的存在。羅門運用裝置和組合的藝術觀念，將自己家庭生活的不大的空間，裝飾成一件藝術作品，並被視爲一首視覺詩。羅門在一次接受訪問時，詳細地介紹過他的生活空間——燈屋。他很坦率地說過，「燈屋」，是三十年前，因家裏點用的燈，都是自己用一些廢物來安裝的，除了照明，當然也帶有不同於其他家用燈的一些藝術美。其實使日常用品，依照藝術形態來設置，已含有目前所謂裝置藝術（INSTALLATION ART）的行爲，後來，由於燈的類型增多，燈與牆壁間的現代畫構成一體，其他的家庭用具，都幾乎是除了實用性以外，也具藝術造型美，故「燈屋」的整個生活空間，便也自然在組合藝術觀念（ASSEMBLAGE ART）支配下，採用各種廢棄物與現成物組合構成一較顯明的現代裝置藝術（INSTALLATION ART）的生活空間。前幾年，爲了把整個樓頂，製作成一件結構較完妥的裝置藝術作品，於是運用了包浩斯的「三體合一」的創作觀念——就是利用視覺藝術中的繪畫性、雕塑性與建築性的三種『合能』，來經營一個具體且含有詩質的美感空間架構，整體看來它除了是一件裝置藝術作品，同時也是一首具體可用眼睛來看的視覺詩，後來有些來訪的詩人與畫家，也如此認爲。

由於「燈屋」在生活空間以及環境的美化上，顯示出它的某些特色，於是臺灣不少種報章雜誌乃至電視，都曾分別予以報導，有不少名詩人、名畫家，以及名雕塑家、名音樂家、名導演與學者教授都曾光臨「燈屋」，像國際著名眼鏡蛇（COBLA）畫派理論家兼詩人龍貝特（LAMBERT）與畫家哥賀內依（CORNELLE）他們是進入世界美術史的人物也曾在燈屋歡聚，這都多少給「燈屋」帶來另一些光彩與傳奇性。羅門指出：

其實「燈屋」除了使實用的生活空間成為藝術的生活空間，尚值得一提的是「燈屋」也同時成為我一些創作理念與觀念的實驗室。譬如：

(1)我强調詩人與藝術家在創作時是另一個「造物者」，他應該以開放的心靈去吸收世界上美好的一切，同時有溶化與轉化一切的能力；能將所有已出現的藝術主義與流派以及古、今、中、外等時空狀況，均視為材料。於是在我製作「燈屋」的燈的各種造型時，便有古代的，也有現代的；有東方的，也有西方的，但它們是相互而不排斥地共同存在於整個「燈屋」相渾和的美感空間裏；同時在我以整座樓頂所完成的那件裝置藝術作品中，也的確或多或少的含有「具象」、「抽象」、「超現實」、「立體觀念」、「達達」、「普普」、「硬邊」、「極限表現」、「環境」、「裝置」等主義與派別的質素，但它並不屬於純一的某一派別，它是溶合各種派別的有機因素，最後透過繪畫性、雕塑性與建築性三種視覺功能，而製作出一整體性的實視美感空間，最後還是要去面對整個視覺「空間」與「造型」所創造出的「美」的强度與實力，而不只是去印證某一主義，因此又可說明我下面(2)項的創作理念。

(2)我認為藝術創作者，應是創造方法的；而不是被方法創造的，至少也應將任何「方法」視為材料，在創作時，將之溶化予以全新的再造生命呈現，具有自我的特色與風格。

(3)在「燈屋」的純粹造型符號中，我是任由方形、長方形、三角形與圓形，自由的組合，交疊與運作，以達到造型的存在與變化，而加强與繁富視覺空間活動的美感效果。

(4)在「燈屋」的具有生命與精神象徵性的符號中，我企圖掌握三個較特殊且重要的基型。

①直展型：象徵人類不斷向頂端突破與超越的精神狀態。

②圓型：象徵圓渾穩定與和諧的生命狀態。

③螺旋型：包括有衍生的「圓型」以及層層向上昇越的「直展型」。既有穩定圓厚

的實底，也有向上突破的尖端；既有旋進去看不見底的生之奧秘，也有不停地旋上去的望之無窮的仰視；於是螺旋型也被我視為人類創作生命與文化向前推進的完美基型——精神的螺旋塔。「燈屋」也因此成為一個詩與藝術的螺旋型世界，

我也曾為它寫了一首近百行的長詩《螺旋型之戀》。

在羅門、蓉子的燈屋裏，處處充溢着燈光、詩與友情。菲律賓作家亞藍的《燈下憶往》一文中，曾描寫及一九八二年五月廿八日燈屋之夜訪羅門、蓉子的盛況：

踏入燈屋時，立刻接觸了《陽光小集》詩社的詩人好友們，最難得有民歌手韓正皓、鍾少蘭夫婦，伴奏的樂器吉他也隨身上場。

此時，我才以最肅穆的心情環視，名畫嵌滿了兩壁，首先映入眼簾是一幅巨畫，現代藝術家莊喆的傑作，配上羅門的詩《窗》。我的視線始終停留在這幅畫上，正如羅門的詩《茶意》——整個視野靜入那畫（杯茶）中，歲月睡在裏邊——唸來竟有一種進入晚年的平靜與苦澀，心靈不由感受到一份感動。

燈屋堆滿各形各色的燈，到處都是羅門兄最精心製作的，一些沒有用的、或過時的東西，到了他的手裏，全變成別緻的寶貝。有的燈是用百葉窗鋅片堆疊組成；有的以草繩結纏，繞匝做的；最奇特的是那座用藤條堆疊紮成，高至天花板的燈，還有用空罐來配搭，舉目周遭，我驚異發現，不論在佈局、製作與設計，都是獨到的匠心，也許是詩人夫婦以現代藝術敏銳的捕捉，意象的深沈或簡樸，都有自然純淨之美，因此自有它不同的花紋、色澤和格調，每逢開燈，整個屋裏擁有一片燈海。

民歌手韓正皓夫婦，抱起吉他，有悅耳的歌聲為我們歌唱，許多民歌是把詩譜成曲，
而滲泮了祝福友愛的詩更美。①

這是亞藍筆下的燈屋，一派和諧柔美的詩樣的氣氛，詩情與畫意，盡收眼底。讓我們再來讀一篇報導，李宗慈的《燈屋三十年》一文中，有一段專文描寫「燈屋——美的存在」，他動情地向讀者作如下介紹：

「家卽城堡」，英國女作家維吉尼亞・吳爾芙曾寫過一本名為《自己的屋子》的書，而羅門與蓉子，不但有家、有城堡，他們還有一個美麗、浪漫的「燈屋」。

本來「燈塔」是設在海港裏，引領海上歸航的船隻進港的。而「燈屋」裏的燈，像一座象徵性的燈塔，以溫馨的光顏，照耀在羅門與蓉子生活的航道上。

羅門說：「藝術確能轉化一切成為「美」的存在；我們之所以覺得某些東西美與可愛，是因為它的形象好看，而潛藏在我們視覺中的那些美的形象是無數的，只有藝術的力量，才能串聯組合與化解它們進入整體美的存在結構與形態之中。製造這許多燈，主要的，是為了使一己的生活空間，能成為一具體可感的詩與藝術生命活動的外在環境。

所以，「燈屋」雖是由許多「廢用品」作出來的，但是，各個具有著羅門所賦予它們「燈」的生命。

羅門又說：「這些燈，有著兩種具精神象徵性的基本造型，一種是以直線不斷向頂端

① 非律賓《聯合日報》一九八八年

伸展的直展型，它象徵著人類不斷向上超昇與突破的精神狀態；一種是以圓形不斷向下旋進去的螺旋型，它則象徵著人類往心底不斷旋進去趨於深遠的精神狀態，若用詩來說明這兩種「心」與「燈」所觀照中的情景，那就是「光以直線牽眸子，到天頂去看尼采的心；光以圓抱著眸子與天空，一同去看王維的詩。」……

他買了好幾個蒸籠，沒錯。但要蒸的，不是包子、餃子與珍珠丸子，而是一籠籠幽美的「夜」，一籠籠照亮詩境的光。」①

李宗慈筆下的「燈屋」，更點染出「燈屋」所賦予的藝術家的氣質，詩人的閑雅，文學家的幽逸。

燈屋是羅門蓉子幸福生活的天地，他們的朋友們常在夜晚踏星而來，「去秦順街追尋一室溫柔」，別緻的燈，廻蕩着的貝多芬樂曲，以及畫面與燈光相映照，這無疑令人立刻聯想到蘇軾的《水調歌頭》（明月幾時有）中所寫的：「明月幾時有，把酒問青天，不知天上宮闕，今夕是何年。我欲乘風歸去，唯恐瓊樓玉宇，高處不勝寒。起舞弄清影，何似在人間。」這種人間簡樸的天堂，勝似月宮的瓊樓玉宇了。這對中國的勃朗寧夫婦，生活在這佈滿燈光的藝術世界裏，創造美妙動人的詩的藝術。他們忠誠於藝術，而藝術又使他們的生活充實、豐饒，富有創造力！燈光是永恒的，羅門蓉子的創作活力也是常青的。蓉子說：「詩與藝術使生命產生耐度，在時間裏不朽。」

燈屋之光寄托了這一對詩人情侶的心靈。兩位燈屋主人的愛情生活，成爲海內外詩壇傳

① 見臺灣《商工日報》

誦的佳話。愛情培育了詩人成長，燈屋之光照亮了詩人的創造道路。多麼富有詩意！讀者在客觀的描述筆墨裏，從羅門、蓉子他們詩的字裏行間，感受到他們這種富有藝術氣質和充滿人情味的、盈溢人間柔情的詩生活。　一九五四年，蓉子已是臺灣詩壇上一位著名的女詩人了。他們在一個詩人大會上邂逅相逢，此後，羅門就決心捕捉這隻光彩耀目、溫柔婉雅的「青鳥」。他說：「我看過蓉子的《青鳥集》，那時，我的心靈起了一種奇異的波動，及至見到她本人，更有一股強烈的衝動，我要捕捉這隻青鳥。①於是，羅門坦率奔放的熱情追求着這幸福的愛情；正如蓉子所說的：「那時候，覺得他是一個好奇特的人，熱情、坦率，想怎麼做就怎麼做，一點也不做作。我除了欣賞他橫溢的才華外，更喜歡他那顆誠懇熱情的心。」李宗慈向讀者介紹一個富有戲劇情節的夜晚：「那年，羅門生日，邀請蓉子與他共渡。蓉子爽快地赴約了。巧的是那天正值颱風侵襲，悍婦般的裙擺，以風以雨不斷地打着臺北。在雨夜裏，羅門送蓉子回家，三輪車拉到蓉子宿舍門口，可是，兩人捨不得分手，就又拉回羅門的住處，羅門怎捨得下車？在雨夜裏，只瞧見一輛三輪車在風雨中來回轉著。轉著一場入世的姻緣，轉著『一吻定情』的愛戀，羅門曾寫著『我的箭在颱風夜射入青鳥的心房』。「這颱風之夜的一幕，對現在已年過花甲的兩位詩人所引起的回憶，又一定如在眼前。

一九五五年四月十四日星期四下午四時，羅門蓉子在一個很靜很美的小教堂裏舉行婚禮，紀弦、覃子豪及不少的詩人們都來了，同聲向這對幸福的人兒祝福，詩人覃子豪並寫了下面這首「創造的起點」祝賀詩發表於公論報副刊。

① 引自李宗慈《燈屋三十年》

鐘聲響了
合唱開始了
圍繞著詩和音樂的聖壇
是一個生命旅程的起點
在今天
我以這首至誠的小詩
送你們走進馥郁的花菓園
在詩的王國裏
創造永恒的春天

詩人李莎寫下「和諧的歌」
他倆的愛苗迅速地成長
像麥浪之海傳播著喜訊
啊，明麗的四月，欣然蒞臨
青鳥呀，帶來了幸福的佳期
溫柔的心曲
詩之琴韻
啊，已經尋到了知音
請接受我們熱烈的祝賀

當你倆合唱出這支和諧的歌。

朋友的眞摯祝福，激勵他們數十年如一日地在燈屋之中創造優美的詩篇。羅門曾深情地說：「貝多芬培養我的詩人心靈，而蓉子引燃我的詩人生命。」蓉子是羅門「打開創作之門的執鑰人。」羅門在《曙光》詩集的序言中說：「必須感謝我詩的恩人《靑鳥集》作者女詩人蓉子，她的賢慧與才識叫醒我潛伏中的才華去進行這項詩的不朽的工作。後來，羅門在回答詩人高歌的訪問時回憶了蓉子在他生命裏的重要性時說：「當我與蓉子在詩神的祝福下，成爲夫婦後，我便被一種不可阻擋的狂熱帶進詩的創作世界來了──如果，那些往日在我年輕心靈中，沖激着詩與音樂的美感生命，是一條未曾航行過的冰河，那麼，蓉子的出現，便是那製造奇跡的陽光。」他在蓉子溫柔的情愛的激勵中，詩情迸發，勇往直前，成爲飲譽國內外著名的詩人！

羅門曾寫過一首詩──《詩的歲月──給蓉子》，深深地表達了他倆詩的結合和愛情，他在《曙光後記》中寫道：「隨着鳴響在妳童時記憶中的鐘聲，一九五五年四月十四日星期四下午四時，我們一同走過教堂的紅毯，踏著燈屋裏的燈光，走進詩的漫長的歲月，我心底裏要向你說的都在這首詩中。」

要是靑鳥不來
春日照耀的林野
如何飛入明麗的四月

踩一路的繽紛與燦爛
要不是六月在燃燒中
已焚化成那隻火鳳凰
夏日怎會一張翅
便紅遍了兩山的楓樹
把輝煌美給秋日
那隻天鵝在入暮的靜野上
留下最後的一朵潔白
去點亮溫馨的冬日
隨便抓一把雪
一把銀髮
一把相視的目光
都是流回四月的河水
都是寄回四月的詩

——《詩的歲月——給蓉子》

在他們結婚三十週年紀念的四月，羅門深情地憶念這三十年的幸福時光，又寫一首詩給「青鳥」——蓉子：

這一天

因妳要來
整個天空
停業一天

地平線上
只有一座三十層高的
　　　　　玻璃大廈
望在透明裏
能看見的
都透明
在純淨的氣流裏
天空的層次很美
四月的坡度更美
風不快
　浪不急
妳啣住那支仍青翠的桂葉
　飛來歲月的雙翅
　　　　　一邊山

一邊水
世界就是閉上眼
也知道往那裏去
三十年
是詩說的
就讓詩回頭來看我們

——《給青鳥——蓉字》

三十年的幸福歲月，伴著詩的創作心靈，他們在生活中互相尊重，互相激勵，攜手奔向詩的自由王國。當蓉子的詩作獲得殊榮、代表女作家出國赴韓訪問時，羅門放聲歌唱這支鳳凰鳥展翅飛翔：

那是放鴿子與噴泉開放的日子
當花環環住我心中的夏威夷島
一隻鳳凰鳥
便也在此刻輝煌滿了我的雙目
愛妻 QUEEN 是印在紙牌上的
你是我眼中的鳳凰鳥
還沒有飛到目之頂點

太陽便提前用光猛擊你的前額
讓你的彩翅去華麗北國的天空

童時教堂的鐘聲與風琴
説給你聽的一切仍在
戴面紗的日子《青鳥》飛向《七月的南方》
白朗寧夫婦也從百年前的英格蘭趕來
歲月在鐘面上劃著玲瓏的雙槳
我的眼睛便永遠工作在你的眼睛裏
　為完成那種沒有距離的凝望

——《鳳凰鳥》

夢幻般的四月，成爲羅門幸福的回憶，蓉子也曾輕柔而又多情地寫出心靈的祝願

如今是四月花開的日子
濃蔭中有陽光瀰漫
樹叢中有鳥聲啼唱
空氣裏洋溢著芬芳
於是我作了一次抉擇——
等復活節過後

我將在這兒獻上我的盟誓
和愛者去趕一個新的旅途

他們夫妻雙雙一起趕一個人生之旅，詩國之旅，他們是勤奮的創作者，他們是聰慧的智者，他們也是榮幸的成功者！

蓉子是詩壇上永遠的青鳥，開得最久的菊花，而羅門則以深沉、豪放、曠逸的詩風稱著於世，他們共同慢聲細語地度過幾十年的漫長而又短暫的歲月。散文作家李宗慈在《燈屋三十年》這篇文章裏，曾對這兩位傑出的文學伉儷作了生動的比較。他說：

> 如果說，蓉子是那種暖暖的宗教與自然之光的話，那麼，羅門便是那熾燃的生命與精神的火花；如果蓉子是靜靜的湖，與流泉涓涓，羅門便是那一瀉千里的江河。
>
> 蓉子謙遜、質樸而典雅；羅門坦率、誇張而熱情。
>
> 在創作上，蓉子是東方柔美的抒情性；而羅門，則偏於內在精神的主知性。
>
> 蓉子是一尊完美的雕像，一股溫柔的風；而羅門則是一個龐然的建築，是一不能自己的震動。
>
> ……
>
> 像太陽和月光，剛、柔並濟著。在家庭生活中，他們是詩人夫婦；在詩的旅途上，他們是夫婦詩人。他們是中國的勃朗寧夫婦」，是「傑出的文學伉儷」。

臺灣文壇上的朋友，往往樂於以詩的語言比較這對詩伉儷氣質的異同。鐘麗慧說：「蓉子和羅門是現代詩壇傑出的夫婦，蓉子的雍容、溫柔、纖細，在羅門的豪邁、陽剛、硬朗相形之下，更加明顯。不論在『燈屋』，在朋友聚會或詩人會議上，他們這對詩伉儷，洋溢著陽剛與陰柔的對比之美。」①陳寧貴說：「羅門與蓉子是詩壇令人羡慕的伉儷，他們住在燈屋，孕育著現實之外的詩情畫意，談到他們的詩，羅門與蓉子是兩樣的風格景緻。羅門的詩對讀者的心靈產生巨大的衝擊，而蓉子的詩對讀者的心靈卻有療傷似的撫慰。」②周伯乃也說：「羅門致力於人類日漸沉淪的靈魂的拯救工作，他把詩聚壓在一己的自我之表現，由捕捉機械的吵音，進入純美的追求。他對時代喊出了尖銳的、令人顫慄的呼聲，他對世紀抽動了一次悠長的D大調，音痕廻繞於廣大的空間與無限的時間。蓉子的詩是一羣聖潔而清新的音符，幽幽地敲擊着這一代的心靈，如果說詩能不朽，他們的詩都將會成爲不朽。」③羅門與蓉子，夫妻雙雙操舟詩海，爲現代詩添增瑰彩，世界文學學會會長約納斯·尼格罕博士，由巴西頒寄給羅門與蓉子的兩份榮譽狀，讚譽羅門蓉子爲「人類的詩人」(POET OF HUMANKIND)，並分別頒給兩人榮譽學位。一九七三年一月十二日《臺灣時報》報導說：「現代詩人羅門、蓉子伉儷作品別具一格名揚國外」。賢伉儷於一九六七年雙雙榮獲國際桂冠詩人，成爲中國詩人在國際上獲得詩獎的前幾人。

一九八八年，在羅門、蓉子結婚三十三週年紀念的日子裏，正值蓉子獲國家文藝獎，《羅門蓉子短詩精選》一書也在這一年裏出版了，羅門在詩選的前言中，回顧了他倆三十三年

---

① 鐘麗慧《永遠的青鳥——蓉子》
② 陳寧貴《一個無懈可擊的圓》
③ 周伯乃《賀羅門伉儷》見臺灣《青年戰士報》一九六七年三月十日

的創作生活：

三十三年前（民國四十四年），我們在四月十四日星期四下午四時，走進禮拜堂，在牧師的禱告與讚美詩中，成為夫妻，也成為詩旅途上的伴侶。婚後，我們在家庭生活中，是詩人夫婦，在詩壇上是夫婦詩人。詩已成為我們生活的守護神。

今年是我們結婚三十三週年紀念，逢巧就在同一個時間內——四月十四日星期四下午四時，蓉子接受國家文藝的頒獎；確給我們的結婚週年紀念，多帶來一些美好的意義與光彩。

每當朋友說，在中國文學史上，共同在一起寫詩，寫了三十多年的夫婦，還是少見。他們的話，不但給我們在創作的漫長旅途上，帶來欣慰，也帶來很大的激勵。

燈屋之光是溫柔的，它是愛情的象徵，燈屋之光是明亮的，它洋溢着生命和藝術的創造力，燈屋之光是燦爛的，它所創造的詩篇發射光彩，因此，燈屋的主人是引人崇敬的。

叁　現代詩的守護神

現代都市的形成與發展，促進了工業文明以來人類思想和生活的許多新的變化，舉凡道德倫理觀念、生活方式、文化心態，從外在行爲到內心世界都有新的變化；羅門以現代的觀念，圍繞着都市的三個主題——物、場和事，並通過都市羣體活動的秩序反映出來。

羅門在臺灣，被譽爲現代詩的守護神，都市詩的巨擘。羅門自從衝進了詩創作世界之後，對現實生活的激蕩浪潮有着驚人的感受力。在現代生活的激流中，經常出現尖銳的對立、猛烈地演變的事物，他能以自己特有的靈視，冷靜的內省，捕捉那瞬間的意象。三十多年來，他孜孜不倦、不屈不撓地把生命奉獻給詩；他一直是以赤誠之心投進現代生活的漩渦，用他澎湃激越的情思，純眞專一的詩懷，聰慧銳敏的才識，不凡的才華與智慧，爲現代詩的開拓而披荆斬棘。

先讓我們以最簡要的方式，回顧一下五十年代以來臺灣詩壇現代詩派的崛起及其發展過程，以便我們了解羅門如何從這一詩潮中湧起。

一、臺灣現代詩思潮的形成與發展概況

臺灣的現代詩派，崛起於五十年代初期；一九五三年二月一日，詩人紀弦創辦《現代詩》季刊，團結一批詩壇新秀，蓉子、羅門當時是這份刊物的活躍詩人。一九五六年一月，由紀弦發起，在臺北舉行一次現代詩人集會，形成一個擁有八十三位詩人的現代派詩人隊伍。《現代詩》的詩作，多是反映當時臺灣社會中變動不居的現實，以及由此而引起的混亂的社會心態。一九五六年二月一日出版的《現代詩》第十三期上，刊登了紀弦的《現代派宣言》，正式宣布現代派成立。這個宣言聲稱他們是「包含了自波特萊爾以降一切新興詩派之精神與要素的現代派之一羣」，他們的創作是「詩的新大陸之探險，詩的處女地之開拓，新的內容之表現，新的形式之創造，新的工具之發見，新的手法之發明」，他們追求「詩的純粹性」，並強調「詩乃是橫的移植，而非縱的繼承。」紀弦以詩人戴望舒的「現代派」詩觀爲號召，在臺灣發動起現代詩運動，對臺灣詩壇的創建起了重要的推動作用。但他的主張也不完全爲現代派詩人所接受。因爲絕對「橫的吸收」與「縱的繼承」都是不可能的，現代解釋學告訴我們，民族傳統不僅是我理解任何事物必不可少的合理的「先見」，而且將作爲「視界融合」的一個重要因素永恒存在於理解之中。詩人在努力「縱的繼承」時，也往往吸收了外來的因素，因此當時余光中指出：「我們的社會背景不同，讀者也互異，可是彼此對詩的熱忱與對詩藝的追求，應該一致。無論中國怎麼變，中文怎麼變，李杜的價值長存，而後之詩人見賢思齊、創造中國新詩的努力，也是值得彼此鼓舞的」

一九五四年三月，臺北成立了藍星詩社，並出版《藍星周刊》、《藍星詩頁》、《藍星季刊》、《藍星詩選》，羅門、蓉子也是藍星詩社的撰稿人。藍星詩派的產生，是現代詩派中由於創作觀念的分歧而發生出來的。張錯在《千曲之島》一文中提到：「一九五四到一九六四年間，『藍星』產生了中國現代詩抒情的代表人物：余光中游刃於古典與現代、東方與西方之間；傳奇性詩人周夢蝶以禪入詩；葉珊（楊牧）抒發古典式的婉約；羅門展現存在的悲劇感與戲劇性。這幾位的抒情感一方面來自語言的運用自如，**另一方面**來自精神的意象。」這些詩人，都是藍星詩社的中堅，他們以各自獨特的風格和成就，活躍在臺灣詩壇上。

五十年代末期，紀弦宣佈現代派解散，六十年代初，《現代詩》宣告停刊。一九六四年《藍星》詩刊也暫停刊。在「現代」詩社和「藍星」詩社活躍的同時，南方軍隊中的詩人張默、洛夫、瘂弦等，一九五四年十月在高雄成立「創世紀」詩社，出版《創世紀》詩刊，「《創世紀》創刊號呼籲『新民族詩型』，既不強調理性亦不標榜感性，而以意象的呈現與佈局的內在張力爲努力的目標。然而，直到一九五九年「創世紀」擴展內容，開始登詩評和西方詩學譯著爲止，該社詩人才眞正建立了自己的風格。」①

這三大詩社，在臺灣雖然有三足鼎立之勢，都對臺灣詩壇產生極大的影響，但三者之間在組織上是互相滲透的，三者的結合，構成臺灣現代詩派的一個整體，他們當中的詩人，都

① 引自張錯《千曲之島》

是現代詩派的形成與發展過程中的參予者，像羅門，他先後活躍於各大詩社，其他一些詩人像白萩、羅馬……等詩人也在不同詩社相錯參加過。他們對新詩的見解，卻經常有分歧，像藍星社重要詩人覃子豪，於一九五七年發表了《新詩向何處去》一文，批評紀弦的「橫的移植」，強調藝術的表現離不開人生，重視實質及表現完美，倡導建立具有個人氣質、民族氣質和時代精神的獨特風格。他說：「中國的新詩是中國的，也是世界的，唯其是世界性的，更要有自己獨特的風格。」後來，現代派中對於新詩實質的論爭，越演越烈，各抒己見，參予辯論的人數越來越多，波及詩壇以外的作家，而現代主義的藝術潮流，在論戰中不斷地擴展。每一個有成就的詩人，都在詩壇上作出自己的貢獻，提出自己的意見，形成自己獨特的詩風。羅門就是其中的姣姣者。

二、羅門詩的創作歷程。

羅門詩的創作，從發端到逐漸登上詩的金字塔，一直爲一種眞摯、熱烈的激情所支配，也就是他自己所說的：「那股狂熱感與眞摯感」；這股情感與詩能夠有效地化合，並物化爲瑰麗的獨特的詩的世界，觸媒體是他與蓉子的愛情。

羅門對詩探索，三十餘年如一日，始終保持着一種執着的愛的激情，從不懈怠。臺灣詩人兼詩評者陳寧貴指出：「在近代詩壇上，像羅門如此純眞、專一的詩人極爲罕見。加以他取之不盡，用之不窮的才情，使他從事現代詩創作三十年，已爲現代詩開拓出一條嶄新亮麗的大道。有時我想，如果現代詩壇沒有羅門，將是多大的遺憾。」①三十年的道路是漫長的，他在「心路」與「語路」上進行探索，並逐漸形成自己的詩風。

一九八四年七月，臺灣出版社出版《羅門詩選》，選收羅門從一九五四年至一九八三年的代表作。這橫跨三十年的選集的序言——《我的詩觀——兼談我的創作歷程》，可以作爲我們探討詩人創作歷程的鎖鑰。

㈠帶火歲月之歌——「曙光」時期。

一九五四年發表第一首詩《加力布露斯》開始，到一九五八年，這四年時間是詩人創作的青春時代，以《曙光》詩集出版並分別獲《藍星》及《詩聯會》詩獎作爲標幟而告一段落。風華正茂的詩人，在蓉子愛情的驅動下，以熾熱的激情，浪漫的格調，抒發了他對人類的美好的愛，記錄了自我心靈之歌，同時也表達了自己對崇高的詩國事業的純潔理想及人生價值定向的選擇。《曙光》詩集裏的三十九首詩，青春的活力、生命的狂想，溢於紙背。這是詩人浪漫時期一座創作旅程碑。

羅門自己說：「那些永不能加以說明的、海一般的情緒在我心靈深處，如悠長的浪起伏着、奔騰着、氾濫着，如此無邊，如此永恒；我時爲它的臨現而歡狂在懷，默中張開想網，我預知像曙光一樣的生命就向我撲來了！我的心胸如燃燒着滿天夕陽，莊麗如春天開滿了繁花。」在青春激情的推動下，詩人探望人生的奧秘，吸取生活的「美」與「力」，構寫絢麗

① 臺灣《自由日報》一九八四年十一月十七日《月湧大江流》

浪漫的詩篇。同時他把自己對生活的強烈的情愛，思想的睿慧，心靈的折射，融化於詩的創造之中；他一開始便已投身於詩的自由王國，就以自己的生命寫詩，以心靈的火花煉詩，也正在這青春煥發的時期，他寫下這第一部詩集——《曙光》，作爲他創作所樹的第一幢心靈建築，也是他的處女作的結集，代表他早期的詩風，帶着濃重的浪漫色彩。

詩集中呈現詩人對生命的思考：

童時，你的眼睛似蔚藍的天庭，
長大後，你的眼睛如一座花園，
到了中年，你的眼睛似海洋多風浪，
晚年來時，你的眼睛成了憂愁的家，
沈寂如深夜落幕後的劇場。

——《小提琴的四根弦》

這首小詩，將人生的變幻，作了高度凝煉的概括。南宋著名詞人蔣捷有一首膾炙人口的詞：

少年聽雨歌樓上，紅燭昏羅帳。壯年聽雨客舟中，江闊雲低，斷雁叫西風。而今聽雨僧廬下，鬢已星星也，悲歡離合總無情，一任階前，點滴到天明。」

——《虞美人・聽雨》

詞中對少年的冶游，壯年爲追求功名事業而奔走江湖，晚年亡國避世僧廬的流離，都在聽雨這一特殊環境下，一生發出不同的感受，寫得淋漓盡致！而羅門則以眼睛成象的不同，象徵着人生不同時期的生活的變幻，既生動又深沉，與蔣捷《虞美人》詞相比，有異曲同工之妙。

詩人青春時代的作品，的確出手不凡。

於表現詩人純眞的愛情，是詩集的突出的內容，《曙光》一首，是詩人心靈的曙光的浮現。詩集的前言及後語中，羅門說到蓉子。前言寫道：「埋在我心中的優良地產，早年就已讓給詩，而開始在它上面建築卻是近幾年來的事，此必須感謝我詩的恩人《青鳥集》作者女詩人蓉子」，詩集的《後語》中也說：「這詩集出版了，我沒有理由來壓住心中的欣慰，對於愛妻蓉子我必須在這表至深的感激，因爲她無論在婚前婚後，可說是我詩生命中一部份極佳的潛在力，在現實生活中更是位難得的賢內助；爲答謝她，我寫了一首《曙光》並以它爲書名。」《曙光》這首詩，是詩人心靈之歌，愛情之歌：

劃黑白線在時間跑道上的白衣女，
牽着歲月的白馬遠行，妳容態端莊嫻靜，
閃動的白衣裙遙在天邊不可攀。

注視維納斯石膏像的臉，
我刻劃妳的形象，
傾聽蕭邦的鋼琴詩
我跟蹤妳的步音，
天上亮着星月，地上明着燈火，
遍找不見妳的蹤影。

在夢裏，一支金箭射開黎明的院門，
妳倚在天庭的白榕樹下
搖落光明於地上，
大自然因見妳而變換呼吸的節奏，
人間因妳來便都一一把窗門打開，
我如無邪的孩童闖入妳開滿百合的早晨花園，
止步在妳刺綉着花紋的象牙窗前。
窗裏聖燭的銀輝明澈，
無邊的慾念突化為純真的愛情，
我雙手撩開妳夜一般低垂的黑髮，
盯住妳美目流着的七色河上，
太陽正搭着黃金的橋通入白晝的宮殿，
妳把華美的世畏裝入藍玉與翡翠的圓盒，
我在年華中便永遠凝望着一幅不朽的畫，
歌唱着一支聖潔的歌，
細讀着一首絢麗的詩。

——《曙光》

詩集中的《四月的婚禮》、《蜜月旅行日月潭》、《給愛妻》，寫的都是新婚歲月的歡樂，幸福的心聲。

詩集中也已表露了詩人所接觸的廣濶的社會生活面；他對都市生活的注視，已見端倪。像《欠債者》、《城裏的人》、《三座城》、《夜城的喪曲》、《賭場》、《車站、碼頭》等等，開闢了都市詩這個欄目，引起了詩界的關注。《城裏的人》寫的是工業文明中人們思維深處的矛盾與衝突：

他們的腦部是近代最繁華的車站，
有許多行車路線通入地獄與天堂，
那閃動的眼睛是車燈，
隨時照見惡魔與天使的臉。

詩人在詩生涯的開端，即以敏銳的觸覺，犀利的詩筆指向城市，描繪都市的人生百態。

他們擠在城裏，
如擠在一隻開往珍珠港去的「唯利」號大船上
慾望是未納稅的私貨，良心是嚴正的關員。

詩集中的詩，是詩人到臺灣之後八年的歲月中寫成的，因此，對故鄉的懷念，感情極其熾熱；這種淡淡的鄉懷，在對咖啡館裏遠離家鄉的流浪人的同情中表露出來：

在天藍的日子裏，他們不向空仰望，
夜晚他們如狂人列隊滑入咖啡館。

這羣流浪人在酒中睡着了，
讓回家的船直開入販賣煙草，女人同橋牌的醉港，
偷偷把痛苦的貨件卸下又暗裏裝上無聲的死亡，
這羣流浪人每晚失神的逛在異鄉夜已深的街頭！

在天藍的日子裏，我向空仰望淚水滴下，
是因八年見不到故鄉的藍天而心碎呵！

——《咖啡館裏的流浪》

詩人對故鄉海島中海鎮的眷戀，凝固在童年時代「指尖曾捕捉的光輝」上面。那海鎮，用詩人的話說，是「如南方巨人藍色濶邊帽上一粒明亮的寶石」，他永遠難忘童年似夢如幻的歲月，那幸福和諧的童年的時光：

長年它坐在藍色的蔭影裏寧靜似夢，
日間看風帆的羽筆寫閃耀的詩行於海無邊的稿紙上，
夜間聽月光譜曲在和諧的潮水聲裏，
漁夫破曉踏它潮溼的碼頭出海，
傍晚收網又走過它淋着夕陽的街上，
那海鎮有大魚大蝦，和平與恩愛，
有父親的拖輪，船塢與貨棧，

有許多多歡笑湧過來似浪，
有我童時被戰爭割斷了的平靜的幸福之泉，

這和平、謐靜的海島，是詩人深沉懷戀的幸福的故鄉。《三桅船之戀》表現的是海島航運生活：「南國的海天如一藍玉的樂廳／父親的三桅船是一座長年奏着海曲的鋼琴／彈三月的風浪去應和水手們揚帆之歌」，三桅船在春天裏乘風破浪而去，到年終，「吞飽金沙又從海天接吻的地方飛回」。遠航的主人自豪地說：「南洋的浪是銀作的／海上的風暴是美人的腳步／暹邏、曼谷、新加坡是巨商們的蒙地卡羅」。說得全家開心地笑了，「那笑聲一直廻響在藍玉的樂廳裏」。這簡直是一支獲得勝利的自由貿易之歌，這支歌的基調勇敢而又歡快。故鄉父輩的開拓精神，烙印在詩人幸福的眷念之中。還有《納克！我的知己》，則記憶年輕時與納克「相追在鳥鳴的樹蔭下」的天眞浪漫。這些樂章，組成了故鄉海南島的交響曲，在年青詩人的筆端自然地流露出來。

《曙光》時期的詩，是羅門早期詩風的集中表現，那浪漫色彩，那唯美主義的傾向，那柔和地抒情的情調，也是詩人青年時代生活和思想的寫照。羅門自己曾說：那些走動在心靈裏邊的聲音，一變成詩的語言，便像抑制不了的噴泉那樣，噴射成那帶有感染性的內在生命活動的景緻。詩人曾對這一時期的創作世界作一解剖，並向讀者表示過：「它是一種燃燒的火燄，一種圖征服生命的近乎貝多芬型的狂熱情感的流溢，它幾乎全然控制着《曙光》活動的勢力，同時也使之偏於相當浪漫與理想的傾向。整本詩集，不外是我對於愛情、夢幻、理想、生命以及過去、現在與未來，於遼濶的想像世界裏，發出一連串的讚美、感嘆與深遠的愛，所形成的一座偏於感性的詩的塑像。」①這一時期詩的特質，是爲熱愛而追求詩，他熱愛自由和人生理想，熱愛寧靜而柔美的大自然，沉醉於幸福的愛情。正如詩人自己所說的，《曙光》時期所表現的精神狀況，「仍是處在燃燒的『紅色火燄』的階段，尚未燃燒入穩定的藍色之境。」②從詩美的角度來驗證，《曙光》顯然具有強烈的抒情傾向，偏向於強烈感性與意念所展開的想像活動，但也已反映了詩人已受冷靜知性作用所引起的深一層的思考活動，多少體現了「思考性的美感」世界，當然，這一點尚表現得不夠深沉，我們如果從詩人創作上的總的趨勢方面把握，可以看出，他是向着心靈內在的藝術精神活動世界進行美的探索，因此，他第一部處女作的問世，已顯示出詩人在詩的創作世界裏潛藏有不可抑制的藝術活力。我們也應該看到，這時期的創作還處於激情階段。詩人自己說過：「至於我自己，在出版第一本詩集《曙光》的時候，仍像其他寫詩的年青朋友一樣，僅僅是爲了一種熱愛而去追求詩，並不曾想到以後會不會有另一個世界闖進生命裏來，將詩驅逐出去，當然，那時我對詩的體認，仍顯得不夠深入。」③

二十年後，羅門在《生命的驛站》一文中，對於這部詩集作了深情的回顧。他在釋題時寫道：「回顧我的第一本詩集，深深地體認到詩確是人類內在生命活動的最可靠的線索。」在這部詩集中，我們已明顯地看到了詩人的才華、靈悟、想像力、情感質素與生命氣質，看

---

① 《自我創作世界解剖》見《時空的回聲》第二一五頁
② 同上第二一六頁
③ 《追索的心靈》

到詩人寫作的潛力。詩中所體認的浪漫的抒情詩風也正體現年青詩人對生活的熱情的體認，透視出一股青春的熱情和稚氣。羅門在反思這部詩集的創作時也坦率地說：「在一般正常的情形下，年輕人一開始愛詩與寫詩，多是基於美的情感作用，較偏於浪漫的抒情狀態；很少透過認知性而對詩產生執着感。所以在這一階段，年青人寫詩，往往只是由於一種莫名的興趣、一種美感的誘惑力、一種夢幻性的迷戀，但這隨時都可能受外界的干擾而停頓與終止下來。我當時也難免是這樣的，尚沒有獻身於詩的堅決念頭，只是一種擁抱生命近乎『貝多芬』型的狂熱情感的強大推力，在引動着內心的想像世界，以及滙入我同《青鳥集》作者蓉子在當時由相識到結婚的那段日子中生命所投射的光能，而激發我不斷的去寫罷了。」①詩人承認這部偏於浪漫色調的詩集「顯得有點『嫩』與『稚氣』」，但是對於詩人透過詩，向「內在生命的探索以及拓展」，卻自始一直成為貫穿於他的詩創作生命發展的一條主力線。

(二)超越的里程碑——「第九日的底流」時期：

這一時期的詩寫於一九五八——一九六一年之間，這部詩集選錄了詩三三首。其中《第九日的底流》、《麥堅利堡》、《都市之死》等三首詩是羅門的傑作，羅門也因擁有這三篇代表作而聞名遐邇。

如果說「曙光時期」的羅門還顯出青春時代的稚氣的話，那麼，在「第九日的底流」的

---

①《生命的驛站》見《時空的回聲》第二五三頁

創作歲月中，詩人對生活的審視與思考，以及藝術上的探索與建構，都有所超越與突破，並逐漸顯示出他詩創作的強勢時代的到來。這時候的羅門，已到了而立之年，思想趨於深沉和尖銳，並放射着耀眼的光彩。

《曙光》時期的創作是理想型的，浪漫型的，《第九日的底流》則是面向眞實，直視人生。《第九日的底流》的出版，象徵着詩人從「年青時代狂熱的浪漫情感的紅色火焰」，「轉變爲穩定與冷靜的藍色。」或者說，《曙光》代表着一種不斷向外釋放的精神力量，《第九日的底流》則表現着一種轉回來不斷向內襲擊的精神力量。《第九日的底流》的問世，顯示了詩人內心世界的覺醒，是詩人藝術生命超越的分界線，從此，詩人的創作航程，更爲「開朗與遼濶」。羅門在詩集出版時說：「《第九日的底流》確已將我送到那藝術廣大世界的海岸邊，使我面臨着這神秘的創作遠景，內心感到一種從來未有過的覺醒與驚異；它像是一美好的呈現，形成爲我過去與未來藝術生命的分界線。」①因此，《第九日的底流》這部詩集，成爲詩人創作走向成熟的里程碑。《心臟》詩刊第十二期登載的《羅門訪問專輯》中講到：《第九日的底流》出版後，可說是羅門創作上第一個最顯著的轉型期。

詩集三十三首詩中的三首傑作，確立了詩人在詩的王國中的創作地位。羅門在《後記》里也着重提及：「綜觀這本詩集的全體，它像是在以第一輯全部短詩所形成的『實感世界』之上，架起了三座橋：第一座橋便是以《第九日的底流》詩所形成的，它橫跨在桑塔耶娜藍色的視境裏，而透不進酒徒們被酒精燒紅的眼睛；第二座橋便是以《麥堅利堡》詩所形成

① 《第九日的底流》後記

的，它將『戰爭、死亡、偉大』釘在空漠的時空背景裏，叫上帝與人站在那裏注視；第三座橋便是以《都市之死》詩所形成的，它刻着詩人黎普頓與桑德堡的眼睛以及沙特的獨目……這三座橋架在美與神秘中，它們的頂端彷彿都已觸及了我未來廣遠的創作世界的邊緣，並將另一個黎明的晨光擊亮，我在此耐心地期待着詩神第三次的贈品。」

詩人那特有的探索心靈世界的靈視，已跨入另一個新的高度。羅門一向強調，一個文學家尤其是一位詩人，應該像哲學家一樣對「事物」和「人」的透視觀察與批判具有那種高度的能力，並能抓住哲學家更迷人且有效的「傳達」的語言與方式，他才可能提供出完美且具偉大感的作品。於是羅門在《曙光》之後的創作，是有效地控制《曙光》時期那條創作生命的奔流，使之在執着的拉力中，進入深沉與凝定，圖使心靈活動的外傾力向內收斂，使情感猛烈地燃燒的紅色火焰，轉變爲穩定冷靜但溫度更高的藍色火焰，使情思的活動自線與平面性，變成網狀與立體形貌，自單純變爲繁複的交響，自理想性撲向透視中的眞實。」① 詩人的創作活動已超越躍入新的領域，跨進創作新的境界；其中重要的標誌，是他更面向現實，面向人生。詩人將自己對現實生活的觀察和思考的視角，作了新的調整。他「採取現代新的觀物態度與審美觀，去調度視覺、感覺與知覺在與一切事物接觸時的新方法與新角度。」他將「人」對「世界」的感知的路向，引導到開濶的心靈的視野，建立起「人」與「世界」新的關係。在藝術技巧的運用方面，是如何在作品中製造出繁複的意象，與意象之間的張力；產生出富於暗示性的象徵意味，乃至使精神進入超現實感覺微妙的游離之境；使世界透過抽

① 《自我創作世界的解剖》見《時空的回聲》第二一八頁

象過程但並不晦澀地呈露出它內在的擴展性的美的眞實；使詩在知性與感性的穩定作用中，傾向於眞實與成熟的心感活動，在精神的膠着狀況上，表現出一切在深處相呼應的奥秘；同時強調作品內涵力所展開的遼濶的幅面及其立體性的建構的層次與其猛烈地襲向『人』與『世界』的絕對威力。」①這裏提出的「心感活動」這一創作命題，正標誌着詩人創作思想上的一次飛躍。對人的內在探求，是工業文明發展的結果，也是工業文明向藝術家提出的歷史性的要求；「物質文明」猛烈的狂潮，使人類對自己的過去與未來迷糊不清，人成爲追逐「物」的野獸，人的思想變得膚淺和缺少思考，「用咖啡匙量出生命的深度」！羅門自覺地認識到，在人逐漸同理想與希望遠離，造成靈魂的迷失與流亡的悲劇時代開始時，他要將藝術不斷導引入到人的深奥的內心去，即人類眞實思想與精神的活動層面去。這樣做，能使詩人在創作過程中產生思想強大的幅射能，使作品得到深度以及由此而產生震撼人的靈魂的藝術感染力。

顯然，《第九日的底流》這首力作，是詩人的創作思想在藝術上的體現，這也是詩人自己比較滿意和肯定的作品。這首長達一百五十行的巨型長詩，淺層面上看來，是咏嘆貝多芬的第九交響樂的，而詩的深層主題，是對人類存在時空永恒的美的追求，是對生命的本質的探索，是詩人心靈的鳴動。詩人寫這首詩的時候，完全沉醉在一種內在的激情感悟與體認之中，而復將這種純粹的情感外化。羅門在談到他在創作時感情激發的情景說：「就拿《第九日的底流》這首詩來說，我就曾把自己沉入一切的底層世界，傾聽其內在活動的聲音，並且

---

①《自我創作世界的解剖》見《時空的回聲》第二一八頁

表現出生命與時空在美的昇力中存在與活動的狀況，以及那種帶有宗教色彩與音樂性的美感世界。當時，我不僅把燈屋裏所有的燈光都熄掉，使整個時空產生一種無盡地空茫的壓力；我更不止一次的，讓貝多芬的音樂衝擊着我，淹沒我，使我的精神接觸到超越與深邃的一切，以至到最終，它們已成爲我自己，我的感悟與體認，使我透過深一層的看見，幾乎認出了永恒的臉貌……因此，詩句便也自然地透過精神的深刻面，存在的深刻面，而擊亮生命的美的本質，這本質可說是上帝的沉醉之物。」①羅門向讀者坦率地道出自己創作時的客觀環境及心象活動。全詩除序曲外，共九個樂章。寫的是貝多芬第九交響樂對心靈的呼喚，詩中的題詞：

將世界相連推倒在藍色裏
使痛苦的鋒芒折斷
引起心靈無限寧靜的沈醉

這裏借用人們對十七世紀荷蘭哲學家斯賓諾莎（Spinoza）的贊美之詞：「因爲人們贊美他是一個通入一切之內、在沉靜中將美叫醒、使世界放射着無限藍光的哲者。」第九交響樂能使混亂的世界，痛苦的世界，潛入那無限清靜的藍色裏面。序曲的前面用詩的語言寫了小序，同樣點出：「不安似海的悲多芬伴第九交響樂長眠地下，我在地上張目活着，除了這種顫慄

① 高歌：《追索的心靈》，載臺灣《幼獅文藝》第二一〇期

性的美，還有什麼能到永恒那裏去。」①貝多芬的音樂，能夠消除人世間所有的迷亂，「你步返踩動唱盤裏不死的年輪／我便跟隨你成爲廻旋的春日／在那一林一林的泉聲中」。在音樂的感染下，人在純淨的美中，一切都回歸完整、單純與專一。貝多芬的音樂，曾啓發羅門走向詩的園苑；羅門這首詩，寫的是音樂繫動詩人心靈時刹那間的感悟，由此，給讀者以顫慄性的美感。

《第九日的底流》似一支交響曲，貝多芬音樂像夢幻般不可思議地帶給人類永恒的美：

鑽石針劃出螺旋塔
所有的建築物都自目中離去
螺旋塔昇成天空的支柱
高遠以無限的藍引領
渾圓與單純忙於美的造型
透過琉璃窗　景色流來如酒
沈入那深沉　我便睡成底流

《第九日的底流》又是心靈的交響曲，它表現人類心靈在看不見的抽象世界裏，同時空爭論所引起那種帶有悲劇與震撼靈魂的心象活動。羅門說：「這種只能憑感知的心象活動，它往往只是靈魂的一個手勢與動向，它往往沒有交出一個固定的被搜索的東西來，它只像『海』

① 公元一九八四年七月出版的《羅門詩選》與一九六三年五月出版的《第九日的底流》詩集比較，原文有較大修改，這裏引文根據《羅門詩選》

那樣給予各種心靈之『船』以不同的航程波動與感受。①這種感受折射在詩作中，如：

而在你第九號莊穆的圓廳內
一切結構似光的模式鐘的模式
我的安息日是軟軟的海棉墊綉滿月桂花
將不快的煩躁似血釘取出
痛苦便在你纏繞的繃帶下靜息
……
在你形如教堂的第九號屋裏
爐火通燃內容已烤得很暖
沒有事物再去抄襲河流的急躁
掛在壁上的鐵環獵槍與拐杖
都齊以協和的神色參加合唱
都一同走進那深深的注視
……
許多焦慮的頭低垂在時間的斷柱上
一種刀尖也達不到的劇痛常起自不見血的損傷
當日子流失如孩子眼中的斷箏

①《自我創作世界的解剖》，見《時空的回聲》

一個病患者的雙手分別去抓住藥物與棺木
一個囚犯目送另一個囚犯釋放出去
那些默喊便厚重如整個童年的憶念
　被一個陷入漩渦中的手勢托住
而「最後」它總是序幕般徐徐落下

詩人在《第九日的底流》的樂聲中引發了無限的沉思與深情的默想：

我的遙望是遠海裏的海　天外的天
一放目　被看過的都不回首
驅萬里車在無路的路上　輪轍埋於雪
雙手被蒼茫攔回胸前如教堂的門閣上
我的島便靜渡安息日
閒如收割季過後的莊園
在那面鏡中　再看不見一城喧鬧一市燈影
星月都已跑累　誰的腳能是那輪日
天地線是永久永久的啞盲了
當晚霞的流光流不回午前的東方
我的眼睛便昏暗在最後放下的橫木上
聽車音走近　車音去遠

這些詩句，既浪漫、朦朧，又富有深意，是深入的心靈與音樂醉人的樂聲碰撞時所發出的聲音。羅門自己也承認：「這些詩句都只不過是心靈同時空相撞擊時，所發出的一種光，而這些光，並不等於是固定的一盞燈或一座太陽的光，它是讓每顆不同的心靈在不同情景中，去碰擊出不同熱度與亮度的那種流變的光。」，音樂與詩，所產生的美感效應，是在人類生存的過程中，不斷引發出不同的感知，不同強度的反應！整首詩不僅在內容上透視出心靈的顫動，而且在藝術形式上也相應地體現出來。詩人創造出繁複的意象，又匠心獨運地使各個意象之間保持一種互動張力；讓人於此產生一種澄澈的「精神感應面」，它明確而又單純地反照出人的心靈正在流動變化的過程中，朝向永恒之境。

詩人主動地把握長詩的整體美，同時又十分考究各個樂章的相互協調，此外他又運用象徵的暗示性與朦朧美，透過抽象與半抽象的感覺，傳達出心靈與時空遭遇時所引起的那些不安與痛苦的情景，並折射出這一情景如何被抑壓在那沉靜的內在感覺之中。羅門說：「凡是火焰便燃燒成藍光，凡是波湧的便潛向穩定的底流，凡是激越的都平靜入桑塔耶那的視境，而形成那種頗帶玄想色彩與奧秘性的心感活動——於空茫與眞實揉合的那一瞬間，將生命推入『美』與『痛苦』所交溶的沉醉之境。」①對於這首詩的創作心態，羅門也曾作過如是的自白：「就拿《第九日的底流》這首詩來說，我就曾把自己沉入一切的底層世界，傾聽其內在活動的聲音，並且表現出生命與時空在美的昇力中存在與活動的狀況，以及那種帶有宗教

①《自我創作世界的解剖》見《時空的回聲》

色彩與音樂性的美感世界。」①

羅門自己也頗感滿意這首詩的完成，這首詩，是羅門詩創作歷程中突破第一階段的一個重要里程碑與轉捩點，且獲得不少讀者與詩論家的佳評。

第二首詩是《麥堅利堡》，創作於一九六二年；這是一首以戰爭爲主題的詩作，羅門此詩發表時，曾驚動整個詩壇。

戰爭的主題，是古而又古的；中國許多傑出的詩人，他們的詩作都離不開戰爭的主題。而生活在十九世紀中，後期的人們，對戰患苦難體會尤深。羅門生於一九二八年，經受了多次戰爭的磨難；戰爭悲劇成爲詩人靈視下的重要問題，他以人類的良知對戰爭作多方面思考，他不是簡單地作歌頌或否定。他曾說：「戰爭是人類生命與文化數千年來所面對的一個含有偉大悲劇性的主題。在戰爭中，人類往往必須以一隻手去握住『勝利』、『光榮』、『偉大』與『神聖』，又以另一隻手去握住滿掌的血，這確是使上帝既無法編導也不忍心去看的一幕悲劇。可是爲了自由、眞理、正義與生存，人類又往往不能不去勇敢的接受戰爭」②在羅門看來，人類生存中有四大困境，而由戰爭所構成的困境，是一個較重大的困境，「因爲它處在『血』與『偉大』的對視中，它的副產品是冷漠且恐怖的『死亡』」。羅門對戰爭作理性判斷時，其基點是人類的人文精神和心靈上的良知；他的代表作《麥堅利堡》，正是這種理念所產生的悲劇感在藝術上的體現。一首《麥堅利堡》問世，震憾了國內外詩壇，而

① 《追索的心靈》見《時空的回聲》
② 《人類存在的四大困境》（同上）

此詩也因此被國際桂冠詩人協會譽爲近代的偉大之作，一九六七年獲得該會榮譽獎及菲總統金牌獎。世界詩人大會桂冠詩人H希兒讀《麥堅利堡》詩後說：「羅門的詩有將太平洋凝聚成一滴淚的那種力量。」臺灣的評論家們指出：「羅門是中國詩壇寫戰爭詩的巨擘。」①「這下子羅門了不起了，你的詩人的情操，到《麥》詩，才眞正的表露出來，那是一首了不起的詩，尤其是在戰爭的夾縫中，能敢於如此徹底痛快、淋漓、壯麗、悲憫的表現出來，不是幾十年道行的詩人，是辦不到的，包括他天生就是一個詩人在內。」②

羅門選擇這一題材的緣起，是他一九六二年赴菲律賓觀摩民航業務，來到麥堅利堡這一著名的公墓。他在該詩後註特別記載這首詩的本事：

> 麥堅利堡（Fort Mckinly）是紀念第二次大戰期間七萬美軍在太平洋地區戰亡；美國人在馬尼拉城郊，以七萬座大理石十字架，分別刻著死者的出生地與名字，非常壯觀也非常悽慘地排列在空曠的綠坡上，展覽著太平洋悲壯的戰況，以及人類悲慘的命運，七萬個彩色的故事，是被死亡永遠埋住了，這個世界在都市喧噪的射程之外，這裏的空靈有著偉大與不安的顫慄，山林的鳥被嚇住都不叫了。靜得多麼可怕，靜得連上帝都感到寂寞不敢留下；馬尼拉海灣在遠處閃目，芒果林與鳳凰木連綿遍野，景色美得太過憂傷。天藍，旗動，令人肅然起敬；天黑，旗靜，周圍便黯然無聲，被死亡的陰影重壓著……作者本人最近因公赴菲，曾與菲作家施穎洲、亞薇及畫家朱一雄家

---

① 鄭明娳教授《新詩一甲子》

② 名詩人菩提讀《麥堅利堡》後語。

人往遊此地，並站在史密斯威廉斯的十字架前拍照。

了解羅門寫這首詩的創作背景之後，回過頭來領略這首詩的內涵和特質，就不難發現，這首對美國陣亡戰士的禮讚的詩，爲什麼會產生如此驚人的感染力和令人折服的思想深度！

兩千多年前，中國有一首著名的戰爭禮讚的詩篇，即《楚辭》中的《國殤》，寫的也是戰爭與死亡的主題：

操吳戈兮披犀甲，車錯轂兮短兵接。
旌蔽日兮敵若雲，矢交墜兮士爭先。
凌余陣兮躐余行，左驂殪兮右刃傷。
霾兩輪兮縶四馬，援玉枹兮擊鳴鼓。
天時墜兮威靈怒，嚴殺盡兮棄原野。
出不入兮往不反，平原忽兮路超遠。
帶長劍兮挾秦弓，首身離兮心不懲。
誠既勇兮又以武，終剛强兮不可凌。
身既死兮神以靈，子魂魄兮為鬼雄！

這是一首驚心動魄的戰地詩，拼死厮殺的戰鬪場面，全軍覆沒屍體棄於原野的殘酷慘烈，最後的無與倫比的「子魂魄兮爲鬼雄」的禮讚，這是中國「殺身成仁，捨己取義，神而明之，存乎其人」的傳統文化精神，血淚交迸的詩篇滲透人心。古老的詩篇《國殤》，所體現的思想是壯烈地爲國捐軀，死得其所。而羅門對七萬個戰亡的靈魂的思考，基於對「偉大的不朽」的哲理，讓人們理智地去面對戰爭所造成的窘境。正如他自己所說：「我是將人類從慘重的犧牲與恐怖的死亡中，接過來的贈品——『偉大與不朽』仍不被否定地留在那裏，然後叫人類站在悲劇命運的總結局上去注視它，去盯住那些沉痛與不幸的情景，所產生精神不安的戰慄，究竟是如何逐漸地超越與籠罩了『偉大與不朽』的光彩。」①羅門認爲自己的《麥堅利堡》詩是「人類內在性靈沉痛的嘶喊」，即使是正義的戰爭，在悲劇事件面前，「人也難免陷在極度的痛苦中，對一切事物感到茫然。」《麥堅利堡》詩的基調，就建立在這種歷史的時空的偉大感和寂寞感的複雜交錯之中。詩的開端引言：

超過偉大的
是人類對偉大已感到茫然。

他所抒寫的戰爭，比《國殤》所寫的壯烈場面更加深沉，詩人是在沉思一種生命的哲理，永恒的精神與死亡的矛盾：

戰爭坐在此哭誰
它的笑聲曾使七萬個靈魂陷落在比睡眠還深的地帶。

他着筆寫的是靈魂的戰慄，死亡與偉大的矛盾：

太陽已冷　星月已冷　太平洋的浪被炮火煮開也都冷了
史密斯威廉斯　煙花節光榮伸不出手來接你們回家
你們的名字運回故鄉　比入冬的海水還冷

---

①羅門：〈《麥堅利堡》詩寫後感〉見《第九日的底流》詩集

在死亡的喧噪裏　你們的無救　上帝的手呢
血已把偉大的紀念冲洗了出來
戰爭都哭了　偉大它為什麼不笑

文化心態的冷靜，使詩人在傳統文化的開掘中具有清醒透徹的現代意識，這是一種正視現實的文化描述，戰爭——死亡——偉大　它是殘酷的，也是肅穆的。

七萬朵十字花　圍成園排成林　繞成百合的村
在風中不動　在雨裏也不動

對戰爭，羅門以多維的眼光考察；不作片面歌頌其壯烈，而是透過戰爭之後墓地的冰冷和沉寂，借助冷靜莊嚴的理性態度，演釋了戰爭的禍害，激發人們制止戰爭的衝動，以一種沉靜的默想，進行人類生存的超越和永恒的思考：

麥堅利堡　鳥都不叫了　樹葉也怕動
凡是聲音都會使這裏的靜默受擊出血
空間與空間絶緣　時間逃離鐘錶
這裏比灰暗的天地線還少説話　永恆無聲
美麗的無音房　死者的花園　活人的風景區

羅門讓戰爭的悲劇置於時空中永恒無聲的境界，使人感受到心靈的顫動；詩人向犧牲者發問、撫慰，是一種無聲的悲愴，透視出「人類內在性靈沉痛的嘶喊」：

史密斯威廉斯　在死亡紊亂的鏡面上　我只想知道

那裏是你們童幼時眼睛常去玩的地方
　那地方藏有春日的錄音帶與彩色的幻燈片
……
而史密斯威廉斯　你們是不來也不去了
靜止如取下擺心的錶面　看不清歲月的臉
在日光的夜裏　星滅的晚上
你們的盲睛不分季節地睡着
睡醒了一個死不透的世界
睡熟了麥堅利堡綠得格外憂鬱的草場

無聲的愛撫，無聲的悲慟，凝聚了太平洋的空間。羅門要在戰爭中尋找人類生存的價值，最後把麥堅利堡的詩意推向高潮，在那「白色的不安的顫慄」之中，抒寫戰爭與死亡給予人類心靈的創傷。他以人道主義的精神，呼叫人類制止戰爭，爭取永久和平的重大意義：

死神將聖品擠滿在嘶喊的大理石上
給昇滿的星條旗看　給不朽看　給雲看
麥堅利堡是浪花已塑成碑林的陸上太平洋
一幅悲天泣地的大浮彫　掛入死亡最黑的背景
七萬個故事焚毀於白色不安的顫慄

最後，詩中又重複三次呼喚死者的代表（因詩人恰好站在他們的墓碑前）的名字，表示詩人深沉的悼念：

史密斯威廉斯　當落日燒紅滿野芒果林於昏暮
神都將急急離去　星也落盡
你們是那裏也不去了
太平洋陰森的海底是沒有門的。

這是一首感人肺腑的詩篇，詩中所描述的墓地的意象，讓讀者感到一種偉大與不安的戰慄，而對七萬個被死亡緊壓在麥堅利堡的十字架下的悲慘故事，使人們黯然神傷，激發起更深刻的反思。

羅門寫了一篇《〈麥堅利堡〉詩寫後感》，記敍他寫這首長詩時心靈的奧秘，以及對詩的構思線索。他指出，現代詩人們往往熱衷於追找一種戰慄性的「心感」活動，它是一種富於現代精神奧秘感的東西，有極大的誘惑力，而且極端的自由，不受觀念與理念世界的束縛，也不受學問與智識的拖累，更不受主知或主情等無關緊要的問題干擾；它是詩人內在『心感』的全面展望，純粹精神往來的佳境。「《麥堅利堡》詩便是在心理與意識都來不及設防的情況下，觀念還未張目之前，便去將這個『戰慄的性靈世界』擒住不放的作品。這個『戰慄的性靈世界』，原來便是躲在麥堅利堡那『偉大』與『不朽』的紀念裏邊，被死亡、空漠、冷寂的力量控制住，被我們習慣上的歌頌遮蓋住，最後終也被我們內心的透視力，將它奧秘中的眞境全部揭露出來。

那麼，羅門怎樣表現這個「奧秘中的眞境」，把握全詩中戰慄感的氣氛？如何去控制『

死亡』與『沉痛』在詩中的活動力？如何使每一句詩都沉浸在強烈的悲劇性中，使全詩產生出整體性的精神戰慄感呢？羅門在解決這些藝術難題時，他是採取具悲劇感的意象與投射的藝術手段，如「戰爭坐在此哭誰」，「在死亡的喧噪裏你們的無救上帝的手呢」，「血已把偉大的紀念沖洗出來」，「死神將聖品擠滿在嘶喊的大理石上」，「七萬個故事焚毀於白色不安的顫慄」。這些詩句，都充份表現了悲劇的顫慄性；同時詩人又從其他幾個不同的角度來使顫慄性如何繫動人類的心靈。首先他注重時間的顫慄性，他把握住「人透過沉痛的感受對過去與未來，已感到時間的戰慄與茫然」這一點來表現主題，如「在日光的夜裏星滅的晚上／你們的盲睛不分季節地睡着。」；其次是空間的顫慄性，詩又把握住「那個被死亡感覺重壓下的靜態世界，使精神活動在可怕與絕對的寂寥感裏，發覺到空間的茫然與戰慄。」如「七萬朶十字花圍成園　排成林　繞成百合的村／在風中不動在雨裏也不動。」如「美麗的無音房　死者的花園　活人的風景區」，「麥堅利堡是浪花已塑成碑林的陸上太平洋／一幅悲天泣地的大浮彫　掛入死亡最黑的背景。」；再次是時空交感的戰慄性，詩人「注意詩中由始而終所產生出逐漸增強的悲劇氣氛，以及在它交感的情景裏那不斷向極點醞釀與擴展的『沉痛』是帶着如何一種不可抗拒的默擊力，佔領了廣濶深遠的悲劇世界」。如「它的笑聲曾使七萬個靈魂陷落在比睡眠還深的地帶」，「史密斯威廉斯　當落日燒紅滿野芒果林於昏暮／神都將急急離去　星也落盡／你們是那裏也不去了。」最後是悲劇、時間、空間交感成《麥堅利堡》詩中全面性的戰慄世界。羅門總結自己使用的藝術手段與表現形式，深有感觸地談到他創作時的思考，他認爲，當他在創作時，「必須使自己成爲『悲劇氣氛』優良的製造者」，在詩的凝成時，如何把握「時空、永恒陷在沉痛的昏迷中」，如何控制「被死亡絕緣了的無聲世界的空漠感及寂寥感」，如何將悲壯的麥堅利堡裝入莊嚴的悽切感之中，如何使每句詩都形成爲墓地裏的落葉聲，驚動死亡的世界之耳；如何使詩的意境都形成爲多夜裏遙遠的寒星，俯視死亡世界之目；如何使全詩悲劇的「氣氛建築」逐漸向最高的頂點造起來——①詩人坦露了《麥堅利堡》詩的創作心理與精神，他在心感活動中，緊握住精神交互的縱橫面，把握住戰爭的殘酷本質，從時間、空間以及時空交感的戰慄性的不同層面，揭示戰爭的悲劇世界。

這時候的羅門，已完全跨入詩國的藝術之宮，他已完全脫去《曙光》時期的浪漫的抒情，成爲一位具有悟知性與無限潛力的且能夠駕馭深沉藝術魅力、把握多種藝術技巧和捕捉深刻現實生活內容的成熟的詩人，他在詩的創作上所獲得的成功，已令國際詩壇爲之矚目了。

第三首詩是《都市之死》，也是羅門的成功之作。

這首詩是羅門創作都市詩的成功的發軔。

現代都市詩的第一人是俄國的勃洛克。他是一位象徵派詩人，名亞歷山大。魯迅先生曾評論說：「從一九〇四年發表了最初的象徵詩集《美的女人之歌》起，勃洛克便被稱爲現代都市詩人的第一人了。他之爲都會詩人的特色，是在用空想，卽詩的幻想的眼，照見都市中的日常生活，對那朦朧的印象，加以象徵化。將精氣吹入所描寫的事象裏，使它蘇生；也就是在庸俗的生活，塵囂的市街中，發見詩歌底要素。所以勃洛克所擅長者，是在取卑俗，熱

---

① 參見《麥堅利堡詩寫後感》見《第九日的底流》詩集

鬧雜沓的材料，造成一篇神秘寫實的詩歌。」①魯迅還說：「中國沒有這樣的都會詩人……沒有都會詩人。」②魯迅在三十年代說中國沒有都會詩人，是事實，但又不完全準確。中國古代，在商品的集散地都市形成之後，許多詩人都以描寫都市生活而名世。北宋詞人柳永的詞，如《望海潮》（東南形勝）就以寫杭州的都市生活著稱。當然，說到現代都市詩，就與古詩有別，魯迅肯定了俄國的勃洛克被稱爲都會詩人的第一人。在此之後，不論在西方或東方，都有都市詩人出現。臺灣在特殊的歷史、地理條件下，臺北市自由貿易經濟獲得畸形的發展，因此在五、六十年代，臺灣的都市詩也應運而生，並以羅門爲巨擘，他爲都市詩奠下了基業，從而帶來了八十年代臺灣都市詩的繁榮，臺灣評論家們指出：「羅門一再預言的都市王朝已經來臨：世界島不再僅僅存在於噩夢裏；現代臺灣也已在網狀組織和資訊系統的聯絡和掌握中成爲一座超級都會，即使以狹義的都市定義來看臺灣的人口分配，也會使當下所有在冷氣房和教師休息室中製造出來的鄉土文學全部成爲夢囈中的回憶；所謂草根性必然要撒佈在都市那華美與罪惡交纏的泥沼中，而都市精神卻止不住地隨着鐵路、航線、輸送帶與電梯延伸到所有人類棲息的空間裏。」③都市詩在三十年來，成爲臺灣現代詩的重要主題。羅門則以他銳敏的審視力，從總體的觀察角度來思考都市的各種問題，特別是「物質」與「精神」，即「物性」與「人性」的對立問題，並在藝術上作出卓有成效的探索。臺灣評論家準確地指出：「羅門是臺灣極少數具有靈視的詩人之一，他寫反映現代社會現象的都市詩，

①② 《魯迅全集》卷七《集外集》中〈《十二個》後記〉。

③ 林燿德《不要海域——臺灣地區八〇年代前葉現代詩風潮試論》（載《文訊月刊》一九八六年二十五期引述。

是最具有代表性的詩人……。①羅門的都市詩，在臺灣詩壇的影響是巨大的。

羅門曾對都市與詩的關係作過論述，認為：鋼鐵的都市，它以圍攏過來的高樓大廈，把遼濶的天空原野吃掉，人類的視覺聽覺與感覺在跟着都市文明的外在世界急速地變動與反應，現實的利害又死死抓住人們的慾望與思考不放，人便似鳥掉進那形如鳥籠狹窄的市井裏，詩的聯想之翼也自然地收下，日漸退化，飛不起來，且逐漸忘去內心中那片壯濶的天空，於是詩與心靈便一同在人生存於日漸物化的都市環境中被放逐，人的內在生命遂趨於萎縮與荒蕪了。所以「堅持詩的偉大的聯想力，是打開這隻鐵籠使一切存在重獲最大自由的力量。」②由此，他抱着一種「挽救人類內在生命危機的力量」和「維護人類精神文明的尊嚴」的偉大的使命感，進行都市詩的藝術探索，對現代都市文明給予批判性的揭露。一九五七年，還在「曙光時期」，他已開始以審視的目光批判城市生活，寫出短詩《城裏的人》。

他們的腦部是近代最繁華的車站，
有許多行車路線通入地獄與天堂，
那閃動的眼睛是車燈，
隨時照見惡魔與天使的臉。
他們擠在城裏，
如擠在一隻開往珍珠港去的船上，

① 臺灣評論家張漢良教授語。
② 《現代詩發展中的危機》見《時空的回聲》。

慾望是未納稅的私貨，良心是嚴正的關員。

他開始揭露城市的病態及城市人被扭曲的靈魂。四年之後，一九六一年，他寫下長詩《都市之死》，進一步抒寫了都市生活裏「人類精神深處所形成的壓力面與所引起的顫動。」①側重刻劃都市生活中人類心靈活動；這首詩，無論是內容或藝術技巧都更顯得成熟。正如他在解剖自己創作世界時說：「我的《都市之死》這首長詩，在創作時除了注意藝術表現的如何完成外，同時更注意那種特殊精神在詩中活動的趨勢。顯然這首詩是企圖觸及美學上的『質感』世界過後，所產生的一連串有核心的聯想之作；於透過抽象中的具體世界，追捕人類在『物質文明猛進但上帝已逐漸離去』的現代世界相連失落的性靈，使整首詩看來，酷似一座現代人精神的浮雕。」②《都市之死》六個樂章③，在那喧囂的都市裏，再也聽不見貝多芬的第六交響曲（田園）的回音，羅門以冷靜、嚴峻的目光，揭示都市的病態：

急着將鏡擊碎也取不出對象
都市　在你左右不定的反照裏
所有的拉環與把柄都是斷的
人們在重疊的底片上　叫不出自己。
……
都市　你榮耀的冠冕陷落在清道夫的黎明

①②《自我創作世界的解剖》見《時空的回聲》。
③據《第九日的底流》本，一九八九年出版的《羅門詩選》中刪去第一標章。

射擊日：你是一頭掛在假日裏的死鳥，
在被射死裏再被射死。

都市裏的商品追逐，人頃刻間被異化，人的個性完全被掩埋在「重疊的底片上」。物質的慾念支配着都市生活，使都市蒙上一層虛僞的面紗，人們爲活着而奔波、拼搏：

如行車抓住馬路急馳
人們抓住自己的影子急行
在來不及看的變動裏看
在來不及想的迴旋裏想
在來不及死的時刻裏死

繁忙、匆促、急迫，一切都是「急急腳」！是都市生活的節奏。在都市的急潮式的生活裏，完全失去昔日田園式的寧靜，到處都一樣「焦急」、「疲憊」。羅門把人們對城市裏星期天的慾望，裸露在讀者眼前，揭示了都市生活的陰暗面：

伊甸園是從不設門的
在尼龍墊上榻榻米上　文明是那條脫下的花腰帶
美麗的獸便野成裸開的荒野
到了明天再回到衣服裏去

在詩人的筆下，都市是一個文明與野性雜陳、華美與罪惡交纏的泥沼。詩人掌握着都市的精神，以冷漠的都市生活進行多元的思考，並把詩的思考立體化，因此以詩筆揭示都市文明的淫威，顯示都市精神的形貌。也就是如魯迅所評勃洛克的都市詩一樣，是「在庸俗的生活，塵囂的市街中，發見詩歌底要素。」「取卑俗、熱鬧、雜沓的材料，造成一篇神秘底寫實的詩歌」。羅門寫的《都市之死》也體現了這種特徵。

羅門在《作者內在世界的開放》一文中說：「試觀在越來越都市化的生活環境中，機械的吼聲、繽紛的色彩、千萬種廣告，急速、混亂、緊張、不安，隨時有劇變情況發生的外界，使人在感應與反應的活動中，都是感官性與行動性多於心靈的思索性的。像這樣的生活處境，使時間破碎，使空間割裂，實在干擾乃至阻擋人類回歸內心空間的通路。首先是詩、文學與藝術從大多數人的生命內被放逐，接着是人類精神文明的普遍衰微。人類活在都市文明極度發達的環境中，除了忙於工作、忙於飲食、忙於找娛樂性的刺激，忙於作愛，究竟還有幾個人能面對『心靈』兩字，能向心靈的深處作探索？當內心空間失落，『人』將在那裏飛與飛向那裏呢？《都市之死》針對人類所面臨的生存危機與精神上的『死』症，提出了警示性的批判與指控。」①《都市之死》這首長詩，被詩人張健教授譽爲詩壇傑出作品，也被美籍文學批評教授卜少夫博士譽爲中文詩的《荒原》。《荒原》是美國著名詩人艾略特的代表作，被西方評論家認爲是現代詩的里程碑。

《第九日的底流》詩集裏，除上述三首長詩外，還選了三十首短詩；這些短詩，多數描述城市生活的各個角落，少數詩篇抒寫詩人的燈屋和愛情，也有寫異鄉人的情調和旅遊風光的。可見，這一時期的詩人，已走出浪漫的、理想的情境，走向現實的人生，讓精神活動置

① 《時空的回聲》第二四九頁。

於都市化了的市民之中，滙通在緊張複雜的都市生活的橫斷面裏，詩人注視的焦點集中在現代的都市世界。羅門從總體的角度看都市；都市中人性與物性的對立，一直是最關切的問題。如《美的V型》，寫城市的急劇的生活變化：

鎖在巴士上的小學生們只管說笑
聲音如一羣鳥
繞着在旁沉默如樹的成年人亂飛
一個童話世界與一個患嚴重心病的年代
不相干地坐在巴士上
　突其來的急煞車
馬路的長腿似抽筋尖叫了一聲
行人的視線集攏成美的V型
　像一束花擲在那裏
反正又有人從邊境回來或不回來了

這首詩裏，詩人從日常極普遍的現實生活中選擇題材，對機械磨損心靈的時代進行嚴厲的抨擊。他把天眞爛漫的孩童與世故的成年人並排在一起，揭示出都市生活的不協調，他用大腿隱喩馬路，用人的驚叫形容馬路所受的壓力，寫都市裏緊急刹車時所發生的死亡事件是無法預防的。《塔形的年代》一詩中，寫都市的生活：

香烟對象與我
架三角樓在都市之夜

對於燈屋生活的愛戀，羅門也與都市生活相對比，如《燈屋》：

外間是一個垃圾箱　拾荒者翻了又翻
虹不會由那裏升天
歲月的容貌襤褸且陰暗
而燈屋裏重叠的光自光中亮出
貴族們很神氣地踏響鋼琴的石級
且讓吐出的烟霧流成密西西比河
　將整個彩色的空間搖動

此外，如《我的愛人到海上去了》，抒寫蓉子隨作家訪問團訪問外島離家時，羅門對她的深情懷念：

留短髮的「青鳥」以隱形的翼從往日飛回，
「七月的南方」到鋼鐵也開花的地方觀海去了
在藍色的波動裏餵靈魂以微微的膽怯
今晚燈屋裏的燈給海借去了
兩顆星把遙遠牽得很華美很溫柔

這些詩說明，這一時期的詩人，視野更加開濶，他的詩，不僅趨於成熟，而且是向創作的高峯昇越。羅門在《追索的心靈》中說過：「《第九日的底流》詩集出版時，我對詩的創作，才開始自熱愛轉變爲對其存在價值與意義的根本認知。逐漸體認到：詩與藝術是開發人類內在世界豐饒完美內容的力量，給我們以內在之目，去凝視肉眼所看不見的美的一切，給我們以內在之耳，去傾聽肉耳無法聽聞的美的一切；給我們以內在之手腳，去觸及四肢所捉摸不到的美的一切……於是，人類生存的奧境，便因此遼濶、深邃，且繁美了起來。」①又說：「我的《第九日的底流》詩集出版，作品中那股不可壓抑地向外噴射與燃燒的浪漫情感，才逐漸扭轉成爲向內的進發，而趨於收斂冷靜與凝定之態。②

㈢對藝術與心靈作雙重雙向的探索——「死亡之塔」時期：

這一時期的詩作，出自一九六二年至一九六七年。其中以長詩《死亡之塔》爲代表。此詩是因名詩人覃子豪之死，引起了羅門對死亡的深沉思考，產生創作的動機他說：「『死亡』逼使人類偉大的智慧與靈魂去面對它。當我們從棺材蓋裏邊那陰冷靜止的世界，透過死者一無所感的心臟去說明存在，我們站在火光熊熊的焚屍爐邊，的確難免要發出那悽然的聲音：『死亡，它是一切？』可是當我們站在運屍的柩車外，想及那個留下光輝而永遠安息了的生命，它從此將自那座在太陽下閃光的銅像中活過來，且有那麼多充滿了讚美與祝福的花圈，滾在他走向墳地的路上，於是人活着，多少又因此對生命產生了某些不朽的感覺，

①② 《追索的心靈》見《長期受審判的人》。

而得到寬慰了。」①。羅門並在題下的小序云：「透過死亡對生命的認知，本是上帝的工作。詩人子豪之死，不知是誰推我去當上帝的助手。的確，死亡帶來時間的壓力與空間的漠遠感是強大的。逼使詩人里爾克說出：『死亡是生命的成熟』；也迫使我說出：『生命最大的廻聲，是碰上死亡才響的』。站在『死亡之塔』上，我更看清了生命」。詩人站在死亡之塔的塔頂，高瞻遠矚，看清了生命的意義與價值。全詩共五章，詩人從各個不同的層面表現「死亡」這一主題，「從各方面聚集有形與無形的死亡之投射力，連續地擊入空漠的時空，將人推入死亡的茫茫之境，去收聽生命的廻音。」②我們以第一章爲例。這一章裏，寫詩人之死及他的作品對後世的影響。第一節寫詩人之死：

當落日將黑幕拉滿
　帆影全死在海裏
你的手便像斷槳
　沉入眼睛盯不住的急流裏
抓不住火曜日
握不住陽光的方城
也划不動藍波的醉舟

以大海落日、斷槳醉舟等意象，寫生命的完結。第二節寫由於詩人之死所激發的沉思：

①《心靈訪問記》。
②《一個作者自我世界的開放》見《長期受審判的人》。

打穀場將成熟的穀物打盡
死亡是那架不磨也利得發亮的收割機
誰也不知自己屬於那一季

詩人以「打穀場」、「收割機」的意象來抒寫對死亡的感觸，第三節寫任何禮儀都無法廻避死亡：

任層層的夜圍攏你環抱你
歲月已默視無目張望無窗
世界便似鏡被捏碎　光蹓光的影跑影的
眼睛迫着放走拐角裏的某些逃遁
　將視線收回來好苦啊

第四節寫詩人覃子豪的辛勤創作和他的對生活的奮鬪和他的影響：

在稿紙種滿尤加利樹的往昔
　蓋有你的磨坊
磨碎鐘錶的齒輪，也磨不斷你的沉視
將自我抛入指針急轉的渦流裏你圖逆旋
那互撞較擊劍還曉得致命的傷口
那爭執比鋸齒向樹木問路還急躁
你的不安早已成為嚴重的風季

在尼古丁燃燒着那種醒的夜裏
你的面逃不出燈的瞭望
　便被光埋在稿紙上
　　成為遼濶的風景　成為睡着的火焰
　　　在雲層之上　在岩層之下

第五節寫朋友們對覃子豪的深沉懷念：

朋友　要是捉迷藏的蒙巾解開
場景裏再也浮不出那張預料中的面孔
叫我們如何推開你睫毛放下的欄柵
　進去將夜撕破　把失去的從煙流中尋回
在那一年的第五季　所有的鳴鐘都是啞的
一條河在音樂中斷的電唱機裏死去
水流乾了　風車便轉不動田園裏的風光
空曠裏　寧靜的羅列　鋪着遙遠的去路
　鳥從那裏飛不返　風從那裏吹不回
我們便用太陽畫影子　點綴你的行程

詩人用各類生動的意象，象徵詩人的死亡以及朋友的懷念，把死亡具象化、詩意化，其他的幾章，羅門以各類不同的意象，超越個體性進入全人類所面對的生死去抒寫死亡，如第二章以夕照中的紡車紡不出視線的意象描寫死亡：

朝陽啣住黎明銀白色的吸乳瓶　奔向響午
從光的峭壁上跌下來
夕陽的血便在西天流盡
朋友　在入晚的廊柱下
你眼睛的紡車　被夜卸下搖把　紡不出視線
坐姿便棄椅而去　燈也死在罩裏

第三章投射向死亡的詩是：

歲月的伐木者在髮林裏伐出空地
是用來捉迷藏還是用來瞭望天國
當鴿灰色的秋空展不出鴿子的翅膀
我們便逐漸感知那低垂下來的靜
像十字架的影子　火睡在灰燼中

第四章投射向死亡的詩句：

太陽無論從那一邊來
總有一邊臉流在光中
一邊臉凍成冰河
花店便天天忙着

將兩種花賣給兩種節日
讓眼睛成為玫瑰與白菊爭吵的園子

這三種不同的意象在不同的章節中描寫，都緊緊圍着一個主題——死亡，也就是人們對「死亡」產生的沉思。在《死亡之塔》這首長詩的結束語裏，羅門是這樣寫的：

當棺木鐵錘與長釘擠入一個淒然的音響
天國朝下　一條斷繩在絕崖上
我們卽使站在眼睛裏　也看不出眼睛在看的什麼，
　坐在心上　也想不出心裏在想的什麼
而它是光　我們是被透過的玻璃
它是玻璃窗　我們是被納入的風景
它是造在風景上的塔　我們是被觀望的天外

這是詩人在詩中對生與死所提出的價值與意義，站在「死亡之塔」上，觀望「天外」的空茫之境，而這種茫然之境是一種具永恆性與實感的存在，當人類以心靈觸及它，便「發出生命強大的廻聲」，羅門以廣角鏡的新穎的意象描寫，以極大的衝擊力，迫認「死亡」與「永恆」的價值與意義。羅門認爲，這首詩所指認的，是着重「在我強調的人類精神存在的三個層次之第三層次上。於存在的第一層次，我知道人活着，終於要被時空消滅掉；於存在的第二層次，我發覺他死後，尙可從紀念館、百科全書、銅像與天堂裏復活過來；於存在的第三層次裏，我發覺他死後，紀念館、百科全書、銅像與天堂，安慰的是我們，而他躺在地下，太陽究竟從那個方向昇起來他也不知道了。」「而這首詩的主題的『天外』二字，正是構成人類精神在第三層次上活動的更為堅強的空間。」他還進一步解釋說：「《死》詩是站在內在的探索中、站在人們從殯儀館裏走出來的陰暗的神情裏、站在油量用盡的燈裏、站在退潮與落葉聲中、站在被時間遺忘的槍聲裏、站在『酒瓶』與「教堂」造成的兩種避難所裏、站在人們望着天地線以及銅像望着天空的那種『茫』裏、站在『死亡』的有形與無形的強大阻力中，所發出的至為不安的聲音，去向上帝追問，並吵醒了上帝的天國，形成與永恆相對望的『對視力』，那是基於內在眞實的『追認』。而唯有透過這種內在的『追認』與『對視力』，我們方能聽見『生命最大的廻響，確實是碰上死亡才響的』，才能體認那出現於觀念中的『死亡』，與透過詩人心靈沉思默想中的『死亡』，在本質與形態上，是有差異的；才能眞正看見那具有『身體』的死亡，是在永恆的時空中如何的呈現。①追求存在於第三層面的精神，才可能顯得深沉與偉大。

與其談我們對羅門這首《死亡之塔》的體會，不如用詩人自己所說的體認來說明更為準確，所以上面引用了詩人對長詩寫作的思考進行闡釋。我們從《死亡之塔》這首長詩裏，可以看到詩人如何採取新的觀物角度把握詩的實質，以及他對人類精神所面對的無限悲劇性的生存主題——死亡，做了深入的多向性的判視，並以數百行詩為它造起一座塔——《死亡之塔》，去對視人類在冷漠的時空與死亡的壓力下所可能顯出的昇力，尤其是詩中採取了象徵暗示與超現實的手法，使《曙光》時期的源自浪漫情感向外燃燒的狂熱火焰，向內收歛與沉

① 以上引文均見《時空的回聲》中《作者內在世界的開放》

凝，轉變爲穩定與溫度較高的藍色火焰，而呈現出新的創作形態與新的詩風。」①

除《死亡之塔》這首長詩外，這部詩集的其他作品，都可以說是詩人第二階段創作的延長與擴展，而且是趨於更廣更深遠與更沉凝的多向表現。

如詩集中的《鳳凰鳥》是送蓉子代表女作家出國訪問。這時候，詩人對愛情的描寫，顯然擺脫《曙光》時期的《我心靈不滅的太陽》的浪漫式的狂熱與激情，而是表現出更爲凝聚的深化的愛：

童時教堂的鐘聲與風琴
　說給你聽的一切仍在
戴面紗的日子　《青鳥》飛向《七月的南方》
　白朗寧夫婦也從百年前的英格蘭趕來
歲月在鐘面上划着玲瓏的雙槳
我的眼睛便永遠工作在你的眼睛裏
　　為完成那種沒有距離的凝望

愛情促進了詩人的創作心靈，中國的白朗寧夫婦在詩國裏攜手奔馳，兩人之間是「沒有距離的凝望」，心靈深處的理解，這時候的詩人，理性已超越感性，智慧的溶合已蓋過浪漫的激情了。又如在《升起的河流》及《上昇成爲天空》二首詩裏，前者是悼念中國偉大詩人屈原，哀悼詩人自沉汨羅江，歌頌詩人的愛國精神永留人間：

① 《生命的驛站》見《時空的回聲》第二五五頁

你是那聲那色那形那貌
　於千山萬水之間　成為視聽
天空坐在鳥上　張望是你之目
遠方坐在迴响裏　聆聽是你之耳
你是那條在我們體裏發出水聲的河
千隻雕龍的船　划入神話中的故事
萬槳之翅　飛你成永恒

後者是寫著名畫家莊喆因在美國布洛克尼方屋裏，面對東方與西方，大自然與機械動力的猛烈衝擊，以全生命去掙扎的精神，顯示着作爲一個藝術家的那種獨來獨往與不斷突破自己的不凡風貌。

　太陽盯着海　你盯着迴旋的年輪
步響進入梯級　你進入層層的自己
自雪層的崩裂處衝出
從火山口取出岩底的冷凝
在火爐中尋找金屬的形象
將油彩噴入旋轉的鐘面
你的畫筆插在瞳孔上　成為樹　成為林
　　　　　　　成為波狀的風景

這部詩集中的抒情詩，在詩的美感方面，也特具音樂性和具有獨特的韻緻與色調。如《贈給修女柯美雪教授的《上帝的玫瑰城》，寫靜穆的大自然和嫻靜的人。《給詩音樂與你》，寫醉人的交響曲和迷人的形象，均採取內在觀照與象徵的暗示手法：

一首鋼琴詩　飛起一隻潔白的天鵝
一組交響曲　張開着孔雀的彩翅
一個開放如花園的下午　一隻運酒的船
當唱盤與地球在旋轉中昏睡過去
茵夢湖也睡入那彎成圓的臂灣裏
世界便成為流動的風　失去產權
而在妳眸子的藍磨坊裡
我是那顆死了也夢入妳田園的麥子

那一組旅美詩抄中，像《奧克拉荷馬》的寧靜與幽美，《夏威夷》美麗的天空、陽光以及穿着豔麗衣裳的婦女，都是詩人抒情的對象。另外一組詩如《紐約》、《進入週末的眼睛》、《夜總會》、《流浪人》等，是《都市之死》詩對都市生活的抨擊的具體化與落實，並從不同的角度觸及都市的生活實景實況。《彈片 TRON 的斷腿》，是《麥堅利堡》的戰爭主題的繼續。《螺旋形之戀》一詩，是詩人寫燈屋藝術生活造型空間中所呈露出純潔、寧靜的心靈世界的激情之迸發：

划入眼睛的藍湖

燈入罩　臉罩紗
景物以乳般的光滑與柔和適應我的視度
迴旋槳以千槳搖不醒我的醉舟
圓舞曲盪水波成圈　繞花朵成環
我便昏倒在那看不見圓也看不見弧的圓弧裏
　如太陽昏睡在旋轉不停的星系中
再也看不清聖誕樹與火藥樹開的花
只感知那隨着你無限地去的遠方
　是一隻在睡中也飛的青鳥
　是浪都飛成翅膀的那個海

羅門自己說：《螺旋形之戀》這首詩，「可說是《小巴黎狂想曲》等詩對於美的心象活動更爲繁富與更形抽象的表現，呈示新的形而上性並堅持詩的完美性與純粹性必須進一步去透過精神活動的深度，而同時獲得它的某些永恒感。」羅門寫詩，一貫注重對心靈世界的開掘，對藝術與心靈作雙重雙向的探索。這一時期的詩作，已充分展現了這一特質。

㈣成熟和圓渾的詩藝—「隱形的椅子時期」

這一時期的詩，選錄自一九六八年至一九七八年之間的作品，其中以《隱形的椅子》一詩爲代表。這首長詩共十二節，一百多行。羅門有題解云：「全人類都在找那張椅子，它一直吊在空中，周圍堆滿了被擊瞎的眼睛與停了的破鐘。」那麼這張隱形的椅子究竟是什麼呢？是一種追求美與人生的抽象的意念。這張椅子，似無處不在，無處不見，人們都在追求它，但卻永遠找不到它，令人終生不停的去探索。詩人是這樣寫隱形的椅子：

落葉是被風坐去的那張椅子
流水是被荒野坐去的那張椅子
鳥與雲是放在天空裏
　很遠的那張椅子
十字架與銅像是放在天空裏
　　更遠的那張椅子
　　較近的那張椅子
　　是你的影子
　　他的影子
　　我的影子
　　大家的影子

這張椅子是無形的，是人類思維活動中的象徵物，任人們去求索：

燈下　一些詩稿與
　一隻他坐過的空椅子

夜不向窗外看還好
一看　那隻空椅子
竟成了天空
人去　星在

這首詩所體現的，是以隱形的椅子作爲一種形而上的「存在」，以外在的實景、實態，反照出人類內在的靜觀思考，詩人善用想像世界的聯想力，像「落葉是風的椅子」，便是運用卓越的聯想力與轉化力，透過意象、象徵與詩歌的音樂節奏感，把詩人內心的美感，有效地帶給讀者，讓讀者也從詩中領悟詩人所要表達的哲理悟知。

這一時期的詩，表現了詩人創作活力更爲旺盛，詩中所描寫的主題意涵日漸深化，詩所描寫的內容的接觸面更加寬濶，在藝術形式上更加開朗，寫詩的藝術手法已達到相當圓渾熟練的境界。

首先，在以都市生活爲題材的詩中，作者不僅是對都市的宏觀的抒寫，而且擴展到都市的各個角落，像《都市的五角亭》，寫了都市社會底層的各類人物，這些小人物是都市的特產兒，「他死拉住都市不放，都市也死拉住他不放。」他們依賴都市爲生，都市也少不了他們。如《送早報者》，既寫送早報的報童，也寫早報消息給城裏人帶來各類信息的影響：

「昨日」沒有被斃掉
「昨日」坐印刷機偷渡回來了

那是在牛乳瓶的聲響之前
安娜還未游出臂灣之前
他的兩輪車銜在太陽的獨輪車之前
「昨日」像花園被他搬了回來
人們的眼睛擦亮成瓶子
等着插各色各樣的花
文明開的花　炸彈開的花
上帝愛看或不愛看的花

詩人也以形象的語言寫擦鞋匠的勞苦艱辛：

他與他的工具箱
坐成L型的吸塵器
坐成一小小的沙漠

在風沙裏
他的手是拉不斷的繩索
　將一隻一隻運陽光的船
拉上路時
他已分不出自己的手

是帆

還是仙人掌

——《擦鞋匠》

他以新穎的出人意料的意象，描繪餐館侍者的自卑感：

總是將身子彎成
方向不對的V形
讓那隻停在白領上的黑蝴蝶
飛出一位編號的紳士來
在白蘭地與笑聲湧起的風浪裏
遊艇與浪花留一些美麗的泡沫給他
對着滿廳紊亂的食盤
他摸摸那隻飛不進花園的黑蝴蝶
摸摸胸前那排與彩券無關的號碼
摸摸自己
他整張臉被請到燈的背面

——《餐館侍者》

他以滿腔的同情 反映歌女可悲的非人夜生活：

天一黑
某些東西不是找她按摩
　便是接受她的電療

在那一擊便着火的空氣裏
她是一隻 RONSON 牌打火機
夜是一支大麻煙

聲喉一伸
便伸成市民常去散步的那條路
那條路往前走　是第五街
　再往前走　是她的花園
　再往前走　是她花園裏的噴水池
　再往前走　是那死在霧裏的廢墟
　　　荒涼如次晨她那張
　　　　被脂粉遺棄的臉

——《歌女》

他寫可憐的拾荒者：

背起拉屎的城
背起開花的墳地
他在沒有天空的荒野上
　走出另一些雲彩來
在死的鐘面上
　呼醒另一部份歲月

——《拾荒者》

在都市，除大亨、知識界外，市民中更多的成份是由這類底層人物組成的，他（她）們的生活悲劇，組成了都市生活的萬花筒。

這一時期的創作，詩人對於都市的判視更形深刻，他揭露都市的瘡疤，以較強的現代感把握都市的精神特殊狀態，批判都市的物質文明。像《都市的落幕式》，詩人以形象的喻示式語言來揭示都市的弊病：

煞車咬住輪軸
街道是急性腸炎
紅燈是腦出血　胃出血
十字街口是割去一半的心臟
只有那盞綠燈　是插到呼吸裏去的
　通氣管

都市　你一身都是病
氣喘在克勞酸裏
癱瘓在電梯上
痙攣在電療院裏
於癲狂症發作的週末

——《都市的落幕式》

都市詩裏，這是一組對都市人性生活的描寫的詩，其中有的寫星期六的周末生活，如《周末事件》：

酒與瑪麗是禮拜六的風浪與渡輪
運着責笑的週末
在少女搖擺的那條河上

寫女性的肉的誘惑，如《禮拜堂內外》：

迷你裙短得像一朵火花
一閃　整條街便燒了起來
行人發呆成風中的樹
而打對街過來的柯神父
誰知道他雙目提着兩桶水
還是兩桶汽油

又如《迷妳裙》：

裁紙刀般　刷的一聲
將夜裁成兩半
一半剛被眼睛調成彩色版
另一半已印成愛鳳牀單

這類詩，反映了都市中愛慾所引起的困境；性的誘惑，是都市生活動亂不安的特徵之一。在都市的多種困惑的包圍中，使人類心靈產生出衝破禁錮的慾望，於是詩人這一時期的另一類型的詩，則是抒寫他回歸純我的迫切願望，如一首被世人所稱道的作品《窗》。《窗》是羅門詩的力作。透過《窗》，看清了現代都市人的悲劇命運、存在的困境以及沖破困境的希望和絕望。而這些，是詩人從心靈的內景的探視中充分表現出來的。這的確是一首成功的現代詩：

猛力一推　雙手如流
總是千山萬水
總是回不來的眼睛

遙望裏
你被望成千翼之鳥
棄天空而去　你已不在翅膀上

聆聽裏
你被聽成千孔之笛
音道深如望向往昔的凝目

猛力一推　竟被反鎖在走不出去的
透明裏

這首詩短小而又精緻，展現了現代人新的心態活動與新的美感經驗。羅門自己曾對這首詩的寫作體驗過程作了詳細的闡述。他說：「我認爲現代詩人應該是站在自己所面對的新的生存領域，去對生命與一切進行沉思默想而呈現以及開拓這代人新的美感經驗、新的創作力、與新的精神境界。至少我是一直保持相當的覺醒性，要求自己那樣去做，譬如在「窗」那首詩中，一開始的「猛力一推，雙手如流……」與結尾的「猛力一推，竟被反鎖在走不出去的透明裏」，都可說是採用超現實具緣發性的表現手法，企圖表現出人存在於廿世紀具壓迫感的現代都市文明環境中，內心潛在的意識與精神狀況。」這說明，「窗」這首詩，寫的是現代都市人隱蔽着的心靈世界，是對現代人存在的現狀及其心理反映的描述。象徵了人們對存在的被壓抑的苦悶的抗拒，人們嚮往着心靈的自由，精神的解放，在那「猛力一推」之後，詩人以「雙手如流」的「流」字，揭示關閉着的自我對外界的熱切盼望的心境，而「總是千山萬水，總是回不來的眼睛」的「總是」二字，寫人們要求與外界環境接觸的逼切心理。但「千翼之鳥」何在？「千孔之笛」的音響又何在？寫出了對人存在的困惑和漠然感，終於最後又是「猛力一推，竟被反鎖在走不出去的透明裏。」一語中的地道出了人們對外開拓的期望和挫折，「透明」二字，用得神奇、精確，都市人在現代文明之無形壓力下所產生的悲劇性的結局，都在「透明」二字托出。詩中「窗」已不是日常生活的普通窗口，而是轉化過後獲得生命本質存在的『窗』。羅門自己說：「『窗』——它與人類不斷地在內在探望的窗已漸成爲一體，詩中雖不直指出窗來，但『窗』卻以看不見的巨大形態存在，以無聲的巨大音響在顫動。……『窗』此刻已是內在世界之出口，一種來自有形與無形的阻擋，使人類於潛在的心象活動中，不由自主地經常產生那種推開與掙脫的精神狀態，於是『窗』與『我』溶合成一種分不開的整體性之生命活動，『猛力一推』，由於『雙手』被那在抑制中要求衝出的精神所進入與作用，便使雙手在一動中，竟轉化爲無限地向遠方衝出的河流——內在生命的不可抑制的奔流，呈現出人類存在於種種阻力中的感受。『窗』是多麼能看清我們面對世界所發生的焦灼與渴望，『窗』是千翼之鳥，能進入無限的自由之境，『窗』是上帝之目，能滿足我們一次又一次地對完美的守望與看見；『窗』是人類心靈於潛在意識中隨時張開的眼睛，『窗』已成爲一種本質的存在，一種有生命形體的無限的『視力』，『窗』的確已獲得我所強調的精神之境，而多少也做到古詩於瞬息間，使世界予以渾成的呈現」。①羅門詩中技巧的純熟程度，於此可見一斑了。同樣的主題，還有≪目・窗・天空的演出≫一詩，寫目・窗・及天空相互間的演變，表現一種心態的轉換。當都市的高樓大厦把人禁錮起來的時候，人們陷入孤獨的窘境，讓生命感到窒息，所以詩人的詩在於描繪人類的心靈要在遼濶的

① 《追索的心靈》下見《時空的同聲》

窗外天空裏獲得自由，在無限的大自然中獲得精神的超脫：

臉一靠窗
目便與天空換了位置
天空總以為用不着動
　全都到了它下面

詩中「天空」這一大自然的象徵，是內心世界對自然界的自由追求的嚮往：

天空以直線走來
　走入樹的根脈
天空以廻旋走來
　走進樹的年輪
天空以曲線走來
走過了雲路鳥道
天空隱着身體走來
　走出了煙

但是最後終於失望了：

窗走出空濶　回到自己那裏去
　不聽也不看
讓天空與目　目與天空

換過來　換過去

直至那輪落日

沿窗下去

一切終歸以失望告終。在機械都市生活的精神禁錮下，人類不斷將「自我」扭曲，造成了一種對純然的自我生命的損害；因此，自然而然地產生了渴求擺脫窘境的願望。詩人追求眞摯自由的生活，追求回歸純我，極力想逃回「純我」的境界，於是在都市詩的挾裹下，相繼創作出《超脫》、《鞋》、《野馬》、《逃》等作品，這些詩都是與都市詩相聯袂產生的。如《野馬》，充分表現出擺脫現實環境的渴望心情：

將前腿舉成閃電

吼出一聲雷

然後放下來

竟是那陣

追

風

而

去

的

雨

奔着山水來
衝着山水去
……
一想到馬廐
連曠野牠都要撕破
一看到遼濶
牠四條腿都是翅膀
　山與水一起飛
　蹄落處花滿地
　蹄揚起星滿天

這首詩，以野馬的形象，通過明朗急促的詩的節奏，展示了人內心的奔放感情；野馬的狂放不羈的雄姿，象徵了人類衝破現實生活的禁錮的理想和激情。正如羅門所說：「人一陷入現實社會的複雜性與虛僞性中，人便感到自我被抑制與扭曲的不快，極力想逃回他的『純我』那裏去。」①在這樣的思想基礎上，於是有《逃》詩的產生，逃出世俗的羈絆，逃向自由的「純我」的世界。詩人寫道：「其實，逃就是一種飛」，逃就是詩人嚮往的自由：

當春日逃過一片片的花瓣
夏日逃過一陣陣的浪潮

① 《人類存在的四大困境》見《時空的回聲》

秋日逃過一林林的葉音
冬日逃過一山山的雪景
遠方逃過一目目的氤氳
只要去想起雲與鳥
天空便會一把抓你成為
那朵美麗的形而上

在那美麗的大自然中，一切都是那麼原始，純潔、透明、自由：

其實　逃就是那隻鳥
當風景不穿衣服在山水中
天空不穿衣服在雲上
海不穿衣服在風浪裏
河不穿衣服在兩岸間
眼睛不穿衣服在瞭望中
煙不穿衣服在飄渺裏
那隻鳥　一振翅
便是千里迢遙

詩中寫的「你」「飛」「裸體」「鳥」，所象徵的都是掙脫束縛，尋求眞實的自我。人們要逃到還歸自我的淨化境界！當然，在現代社會複雜的都市生活中，這純粹是理想的企望而已。

因此，這一「逃」的形象，就更加令人領會到詩人對現代生存的環境，有着強烈的圍困感及突破的要求，也體認他心靈深處對自然美的強烈的渴望。

這一時期的作品中，還有一組描繪大自然的詩篇。像《山》、《河》、《海》等，透過大自然的觀照，追踪人的生命。詩人筆下的自然詩，所寫的並非純自然的景緻，而是讓自然界擬人化，賦予大自然以人性的意識。羅門在寫完《河》詩後自註：「此詩完成後，忽然間有點感觸；乾脆說它是一種覺醒；佛洛依德認爲人的潛在意識活動偏於性慾，遂影響不少現代作家偏於表現性慾的形而下性；容格則反之，認爲人的潛在意識活動較偏於性靈，遂影響有些現代作家偏於表現性靈的形而上性。此詩好像是在無意中涵蓋了兩者的景觀，以一條幹線串連兩者成爲交映的世界，使人類內在形而上與形而下的活動，透過藝術的過程，轉化與溶合而不相拒地存在於一個較完妥的美的整體內。」①這種「形而上」與「形而下」相溶合的美的意識，表現出詩人從內心領略了自然界客觀性與主觀性的和諧與統一，把客觀自然之美與詩人內心之美的體驗溶化爲藝術之美，給予自然界以生機靈趣潑潑然的新的生命力，這也是羅門的詩創作特色之一，因而這些詩的體驗也包含了純屬詩人個人氣質與特徵的東西，帶上了詩人的個人精神色彩。像寫「山」，詩人寫的是心目「凝視裏」的山，羅門在第一節中寫道：

只有讓眼睛走到凝視裏去
我才能走進你黛綠色的吟哦

① 引自《羅門詩選》第一四七頁

低處是水
高處是樹

走進「黛綠色」的世界「吟哦」的，是詩人「凝視裏」的「自我」。下列各節，都是「我」凝視中的「山」，有「山是我」「我是山」之境。詩人從幾個側面寫山，首先是太空中的山：

雲與海遠去
你獨自留下
留滿頭的天空
滿脚的荒野

其次，寫凝望中的荒野的山：

讓千年風雨纏住那棵古松
盤那張鷹翅入萬里的蒼茫
你的那朶高昂　一落入水平線
便是一個遠方
而那串溫婉與連綿　一睡進去
便是一個夜深過一個夜

再次是寫山裏邊的山：

夜是你的門
你的窗

你的燈屋
你的睡目　你的摒棄一切看見過後的看見
太陽已睡成岩層
河流已睡成根脈
鳥聲已睡成金屬
天空與原野已睡成大理石的斑斕

最後寫山的悠遠，對凝視中的山，詩人給予山的形象以綜合的意念：

誰能醒你　除了眼睛在凝視中永不回來
除了那縷煙已被眼睛拉斷成繩子
而去與不去　你都是永遠

讀到這裏，我們的確意識到，羅門筆下的山，已經不是他所說的第一自然的山，而是經過他觀察、體驗、感受、轉化、昇華的思想運作過程之後，進入他心中的「內心第三自然」的山，他寫的是山在詩人心靈中所引起的顫動，是詩人理念中所體認的人生境界了。又如《河》詩中詩人所寫的：

只有回到第一聲泉音中
才能認出你的初貌
順着眼波而去
你音樂的身段

是一條原始的歌
唱高了山
唱深了林
唱遠了鳥的翅膀

又如《海》：

只有讓鋼琴聲往深夜裏走
我才能走入你藍色的幽遠
那透明的空濶
已忘形成風
水平線是最後的一

根弦

用整座天空去碰也碰不出聲來

這些詩，都是詩人透過藝術轉化所開拓的「內心第三自然」存存空間之後所創造完成的。「隱形的椅子」時期的詩，詩人的創作已是進入圓熟的階段，他透過冷靜深入的靜觀與省思，讓生活和自然溶鑄於詩的藝術之中，並凸現感性與知性至爲渾成的抒情風格。

㈤輝煌的曠野——「曠野」時期：

這時期是一九七五年至一九七九年。這是詩人進入中年之後的思想與精神，在詩中的體現。已經到了創作輝煌時期的詩人，以他不凡的才華與智慧，追踪與審視人生，創造了思想內涵深刻、藝術手法和諧完美的詩作。這是羅門的心靈走入的曠野，羅門的詩顯得老練而又深沉了。

這時期的代表作是《曠野》。羅門有感於都市的發展已給人類帶來嚴重的精神困境，他在詩中苦苦探索，尋覓大自然的令人嚮往的曠野。一九七三年羅門在回答李安娜的訪問時說過：「最近在寫一首《曠野》，這首詩在我的構想中規模比較龐大，可能是我中年以後思想與精神發展的動向，源自對人存在的覺醒與指控，並探索人類如何在複雜的糾紛中找回純淨與安定的自我，如何從浮動的都市文明面，望回大自然的深處，而找回一種恒久與穩定的力量，再將人提昇到完整的生命本體。」①在羅門對人類生命追踪與審視的過程中，他在追索一種生的永恒感覺，並在詩與藝術的超越性的精神世界中，「尋求這一無比自由遼濶、和諧完美的存在境域。這就是羅門詩中意象化了的原本生命基型——「曠野」，這是建立在新自然觀中的壯觀的一個純自然的美麗的境界，也是古往今來詩人們嚮往的客觀寧靜的自然世界：

把柔靜給雲
把躍動給劇奔的蹄聲
你隨天空濶過去
帶遙遠入寧靜
地球不停的轉
把最絢爛的那一面給你
・使你成為那張最美的海報
　展示着春夏秋冬的演出
是河便自己去流
是湖便自己停下來
是風景便自己去明麗
是晝夜便自己去明暗

①《追索的心靈》下見《時空的回聲》

時間不在鐘錶裏
天空不在鳥籠中
你遼濶的胸部
　放在太陽的石磨下
　　磨出光的回聲
　　　花的香味
　　　　果的甜味

這是曠野的原始面目：完美、寧靜、燦爛。但是人類的存在與發展，確也破壞了優美和諧的自然界，人們的相互之間的可怕的紛爭，使世界產生了裂痕……

　當第一根椿打下來
世界便順着你的裂痕
　在紊亂的方向裏逃

風裏有各種旗的投影
雨裏有各種流彈的投影
河裏有各種血的投影
湖裏有各種傷口的投影
山峯有各種墳的投影

樹林有各種鐵絲網的投影
峭壁有各種圍牆的投影
鳥帶着天空 逃向水平線
人帶着護照 逃往邊界
你帶着煙雲 回到原來
讓所有的槍與箭 埋在血堆裏
　長成各種盆景
　美在歷史的臺階上
你把四季的風景 送入上帝的花園

緊接着，詩人又從現代都市中機械的物慾文明着眼，剖析它對人類心靈的戕害。詩人指控機械化建築對生存環境的包圍與脅迫：

高樓大廈圍攏來
　迫天空縣成天花板
迫你從印刷機上
　縮影成那塊窗簾布
　　仍開花給窗看

詩人用詩筆揭示急速與動亂的都市生活對人類精神的壓迫：

洋灰道上　不見羊

馬路上　不見馬
摩托車急成一根快鞭
鞭着衆獸在嘶鳴中奔動
綠燈是無際的草原
紅燈是停在水平線上的
　　　落日
想奔　河流都在蓄水池裏
想飛　有翅的都在菜市場

在一般人的眼睛看來，指揮車輛的紅綠燈，蓄水池中的自來水，菜市場裏的鳥禽，都是城市中極普通的事物，而詩人的眼光卻深邃得多，他看到都市文明對自然界的破壞，太陽、河流及飛鳥改變了性質，人類自身，在這急變的生活環境中，被攪得心靈紊亂與不安。人們在急速旋轉的生活中疲憊不堪，精神空虛，內心焦燥。金錢的壓迫，庸俗的色情誘惑，佔據着都市人的心。詩人又寫道：

喘息於油門與煞車之間
克勞酸喝得你好累
咖啡把你冲入最疲憊的下午
你的孤寂堆在午夜的停車場上
……

如果口袋裏的鈔票是你的雲
沿腰而下　便是你的河
沿乳峯而上　便是你的山
於上上下下之間
你便循環成那座電梯
在封閉式的天空與限定的高度裏
　鳥只有一種飛法
　只有一種叫聲

這些，是城市生活態勢的現形，也是都市生活所造成畸形的性心理活動。接着，詩人以反諷的筆法，抒寫《大同篇》，揭示都市與曠野的對立，都市的污濁傷害了曠野的自然美：

你是被掀開的一張空白紙
被毛筆鋼筆寫着新的《大同篇》
　高樓與山同坐
　街道與河同流
　煙塵與雲同飄
　鬧市與海同盪
　眼睛與波浪同形
　櫥窗與風景同貌

餐廳與田園同宗
旅館與荒野同族
男人與太陽同姓
女人與月亮同名
床被與四季同睡
唇瓣與花瓣同開
酒液與露水同漾
孕婦與黎明同光
焚屍爐與夜同暗
廣場與天空同行
鐘錶與地球同轉

這是被損害了的曠野。羅門說：「『曠野』這一意象化了的『生命』，經過雙重殺害，其完美性受到傷損之處，須要尋求復原，本也是人類生存的永恒願望。」於是，這首長詩的最後一節，羅門又展開他想像的翅膀，寫出了恢復自然美的理想和期望，呈示新的自然觀：

廟選中了山的清高
十字架對正了天堂的座標
你把空茫磨亮成一面鏡
望着光開始流動的地方

泉水開始湧現的地方
花開始開的地方
鳥開始飛的地方
讓所有的路都能看見起點
所有的聲音都歸入你的沉靜

詩行裏「包容了一切復又觀照與校正着一切存在於原本與完美性中的詩與藝術的境界」，詩人對於走出都市生活的困惑而回歸理想世界的願望，深情地敍說出來了。羅門在詮釋這首詩時曾作了這一番自白：「這首詩內涵世界的意圖——是如何化解人類生存的實況與掌握廿世紀人類精神活動的趨向，透過詩與藝術的形式，予以表現，並加以批判，使詩不但是在詩語言與技巧上有所爲；更喚醒整個人類對存在的全面覺醒，並指出人類原本美好的生命造型，在廿世紀被殺害的實況。同時也是關心着人的命運與走向；可見詩中是埋藏有對生命深遠與強烈的使命感的。」可見，「曠野」中的羅門，是在探討現代人的精神困境及尋求解脫的良方。

羅門在三十年創作的實踐過程中，對於客觀世界的感悟力越來越銳敏，對生活的了解越來越透徹。詩人一生與海結下了不解緣，童年及少年時代，與大海朝夕相處，到臺灣後，也生活在浩瀚的大海之濱，他面對大海，思考生活、人生和藝術。這一段時間，在藝術的詩的王國裏自由馳騁的羅門，對大海的認知力更加深刻了！如果說，「隱形的椅子」時期所寫的「海」，是對大海滌蕩心靈的初步思考，那麼，這一時期所寫的「觀海」，便是詩人從靈魂深處對大海觀察後的回應，他讚美海的壯濶，海的深沉，海的永恒，詩人在詩的附注裏說：「詩中的『海』已成爲對人類內在生命超越存在的觀照。尤其是海的壯濶與深沉的生命潛能，海的永恒的造型與海的心，對於那些以不凡智慧才華與超越心靈去接受生命與時空的挑戰、去創造不朽存在的詩人與藝術家們，更是有所呼應與共鳴。」因此，羅門寫大海的浩大，大海的本色以及大海的空寂，都是他的藝術觀寄托於大海思索後的結晶。中國梁代劉勰在《文心雕龍神思》篇中曾說：「登山則情滿於山，觀海則意溢於海」，羅門觀海也意溢於海；他展開想像的翅膀於海空中馳騁，寫出精神與生命世界裏的大海。

羅門刻劃大海的雄渾的性格：

飲盡一條條江河
你醉成滿天風浪
浪是花瓣　大地能不繽紛
浪是翅膀　天空能不飛翔
浪波動起伏　羣山能不心跳
浪來浪去　浪去浪來
你吞進一顆顆落日
　吐出朶朶旭陽

大海襟懷開濶，包涵着一切，它飲盡江河，吞吐太陽，大地、天空、羣山爲之躍動，它澎湃洶湧，超越時空，壯濶永恒。

羅門從各個不同的側面描繪大海的形象；他寫大海的空靈，引人遐想：

　總是發光的明天
　總是弦音琴聲迴響的遠方
　千里江河是你的手
　握山頂的雪林野的花而來
　帶來一路的風景
　其中最美最耐看的
　到後來都不是風景
　而是開在你額上
　　那朵永不凋的空寂

羅門對大海首先感悟的是「空寂」，這是藝術王國中的空靈感。大海容納了自然界最美好的一切「發光的明天」——陽光照耀的閃灼的水平面的想像；「弦音琴聲迴響的遠方」——浪濤聲響後的沉思；「山頂雪林野的花」——浪花引起的聯想，而這一切都溶合於大海之中，滙成「那朵永不凋的空寂」；這種面對風平浪靜的大海的思考，是詩人在這「永不凋的空寂」中感悟了「空靈」之美，反射了詩人在觀海移情中的藝術追求。王昌齡在「詩格」中說：「搜求於象，心入於境，神會於物，因心而得。」這「空寂」的意象，是詩人心會於海而得出的觀念。

羅門寫大海的壯濶、圓滿的神秘，象徵生活和人生無窮的潛能：

聽不見的　都已聽見
看不見的　都已看見
到不了的　都已進來
你就這樣成為那種
　無限的壯濶與圓滿
　　　滿滿的陽光
　　　滿滿的月色
　　　滿滿的浪聲
　　　滿滿的帆影
究竟那條水平線
　能攔你在何處
壓抑不了那激動時
你總是狂風暴雨
　　千波萬浪
把山崖上的巨石　一塊塊擊開
　放出那些被禁錮的陽光與河流
其實你遇上什麼
　都放開手順它

任以那一種樣子　靜靜躺下不管
你仍是那悠悠而流的忘川
浮風平浪靜花開鳥鳴的三月而去
　　去無蹤
　來也無蹤

這就是神秘莫測的大海，這也是壯闊浩瀚的大海，它能將山崖巨石擊開，讓禁錮的陽光與河流奔放出來，在狂風激浪之後，又回復悠靜的原貌，大海容涵一切，它激動而又寬容，活潑而又悠靜，在大海的陶冶中，感悟宇宙與大自然的無窮力量。人的生命不也如此。

羅門寫大海的堅靭、深沉的特質；大海頑強的生命力，激勵着人類尤其是藝術奮勇向前。

蒼茫若能探視出一切的初貌
那純粹的擺動
那永不休止的澎湃
它便是鐘錶的心
　時空的心
也是你的心
　你收藏日月風雨江河的心
　你填滿千萬座深淵的心

你被冰與火焚燒藍透了的心
任霧色夜色一層層塗過來
任太陽將所有的油彩倒下來
任滿天烽火猛然的掃過來
任炮管把血漿不停的灌下來
　都更變不了你那藍色的頑强
　　藍色的深沉
　　藍色的凝望

「頑強、深沉、凝望」是大海的本色，在任何艱險的情況下，大海都能頂住。大海的藍透了的藍色，象徵大海的堅挺深沉的力度。

羅門表現大海的永恒，現示「創作智慧產生一種含有『信仰性』的較深遠的響往與感動」。

讓所有的門窗都開向你
　天空都自由向你
　河都流向你
　鳥都飛向你
　花都芬芳向你
　果都甜美向你

風景都看向你
無論你坐成山
或躺成原野
走動成江河
無論你是醒是睡
只要那朵雲浮過來
你便飄得比永恆還遠

既歌頌大海的永恒，也反映了羅門的創作觀念。詩人的藝術活動，必須具有超越時空的特質，以恒定力投身於宇宙與大自然的整體生命之中，像大海一樣「攀登光的峯頂」，「將自己高舉成次日的黎明」，也像大海一樣，「飄得比永恒還遠。」《觀海》是羅門的力作之一，他寫出「海的永恒的造型與海的心」，寄托了自己的人生體驗。

除了《曠野》與《觀海》，羅門透過人生觀照大自然的詩，還有《樹鳥——重唱》、《雲》、《山與海之醉》。像《雲》詩，寫得深情、超脫：

我走　地相跟
我飛　天相隨
我笑　太陽在
我怒　風雨來

我情悠悠　江水說不盡
我心遙遙　海天望無窮

這不就是辛棄疾的「我與青山共撫媚」的創造心態嗎？詩人將客體的自然與自我意識熔爲一體。

這部詩集，有深化都市生活描寫的作品。如《都市的旋律》，着重表現都市生活的節奏與律動感；從都市的動面與現象，直接捕捉都市的實體。詩人寫都市生活的急促速度：

快快快
快入快車道
慢慢慢
慢入斑馬線
攢攢攢
攢入地下道
爬爬爬
爬上行人橋
脚懸空
手懸空
目與天空一起空

這是都市裏忙碌奔勞的人羣，你來我往，一派匆忙。而都市人的文明與性的內涵，詩中也作了深刻的揭露：

短裙飛來隻隻鳥
長裙飄來朵朵雲
腰不扭動　河會死
胸不挺高　山會崩
眉不畫濃　月會暗
唇不塗紅　花會謝
一滴香水　一池春
一個眼波　滿海浪
蕩蕩蕩
長髮長街一起蕩
流流流
流行歌排水溝一起流
追追追
機車公車火車一起追

庸俗與肉感，彌漫着、污染着城市生活。寫性感生活的都市詩，還有《咖啡廳》，詩人用一系列的排比句，與以外在純客觀的物象來凸現咖啡廳的特殊存在形態：

一排燈

排好一排眼睛
一排杯子
排好一排嘴
一排椅子
排好一排肩膀
一排裙子
排好一排腿
一排胸罩
排好一排乳房

詩人先是直接描寫咖啡廳的現狀，寫坐進咖啡廳的人，第二節則寫目睹現狀的聯想，寫咖啡廳的夜生活的動態：

一排眼睛
排好一排月色
一排嘴
排好一排泉音
一排肩膀
排好一排斷橋
一排腿

排好一排急流
一排乳房
排好一排浪
夜
便動起來

其他如《咖啡情》、《露背裝》、《瘦美人》都是這一類主題。而羅門銳利的眼光，也投射到都市勞動者身上。他寫擺地攤者的辛勞，如《地攤》：

儘管被烈陽溶掉
被大風刮掉
被雨水冲掉
它仍在次日的晨光中
昇成兩根弦
把整條街巷
又拉成那條大家唱的歌

詩人也歌唱清潔工人的勞動對城市的貢獻，如《垃圾車與老李》，用對比的手法，寫勞動者老李的辛酸：

鑽石雕着鳳眼
寶石雕着芳心

米開蘭基羅雕着天堂的光
老李把破銅爛鐵
　倒在廢墟上
　塑造着都市的背影
　　歲月的背影
　　自己的背影

對於都市生活，詩人作了全面的開放式的描寫。

這部詩集，詩人還寫了一組思鄉的組曲。《遙望故鄉》，是羅門隨臺港作家團訪問金門時遙望三十年的故鄉時寫的：

一個浪對一個浪說過來
一個浪對一個浪說過去
說了三十年只說一個字
　家
　　雲在聽
　　風在聽
　　海自己也在聽

又如《火車牌手錶的幻影》：

三十年

錶換了　心不換
鞋換了　路仍在走
……
隨着歲月而深
　　淚注入
便溢成滿目湖水
映成家鄉的月色
夜又不能不哭了
……
所有的車輪　都是離家的脚
所有的車窗　都是離家的眼睛
所有的錶面　都是離家的臉

又如《茶意》一詩，羅門在詩題中寫：「茶！你靠鄉愁最近」。臺灣的老退伍軍人，懷念着自己的家鄉，他們坐在茶館裏品茶思鄉，他們望着茶杯：

　夕照與目光一同沉向
　　微暗的水平線
整個視野靜入那杯茶中
　　歲月睡在裏邊

血淚睡在裏邊
　心也睡在裏邊
……
而沉不下去的那一葉
　竟是滴血的秋海棠
在夢裏也要帶着河回去

深沉的民族感情，纏綿的思鄉情調，寫得多麼悲涼，多麼辛酸。詩人還有一首《觀燈記》，是在一次元宵佳節前夕，與作家梁實秋夫婦、林文月、沈謙、施翠峯教授、詩人、蓉子、瘂弦作家三毛、方瑀、張長華等參觀油燈展示會，他望着古老的六十九盞燈，升起了縷縷鄉愁，想像這些燈，好像是開花在「最古樸的土地上」。在繁華的燈會裏，詩人所抒寫的是田園的油燈：

今晚
每盞油燈在電燈光下
　都有鄉愁
都望着時間走入農曆
　空間走回農田
都讓燈心焚成最原始的火光
　把年景照亮

把夜暖了
把酒溫了
把我們笑中的臉浮昇成
故鄉的滿月

詩人思鄉情切，其深情厚意，洋溢於首首詩行裏。

更可貴的是，詩集中還有一組美麗迷人的抒情詩，曲調幽雅婉約，一變羅門豪放風格；這些詩沁人肺腑，陶冶心靈。他描繪自我生活世界《燈屋的世界》，抒寫燈屋之光照亮詩境，又照亮生命和時空之屋，燈屋之光不是只從燈發出的，更是從心亮出的，燈屋之光照的不只是物、屋，更是深奧的心靈；詩人深情地探視光的行蹤。他對自己心愛燈屋的光的直線、抛物線、圓形作了盡情的抒寫，從直線出發的光，明麗開放：

行成多弦琴　便聲高音遠
行成林野　便色明彩麗
行成水平線　便繫住眺望
行回眸子　便帶日月歸

而從抛物線發出的光，則自由悠遠

行成噴泉　便繽繽紛紛
行成鳥　便自由自在

行成雲　　便逍逍遙遙
行成風　　便獨來獨往
行回眸子　便同千山萬水
　　　　起伏浮沉

從圓形發出的光是：

行成渦漩　便向下深奧
行成塔　　便向上玄昇
行成樹的年輪　便滾入大自然的壯濶
行成唱盤　便走進時間最精美的紋路
行回眸子　便看見歲月的眼睛

燈屋的光，化成生命之光，化成人生的哲理，化成詩人的思路，似深奧、似神秘、似玄妙，實際上都反射了詩人心靈深處的迴聲。詩人在不同的光束中領略哲理，體驗生活，思索詩意；燈屋的光，帶來了生活的豐滿，精神的舒暢，對未來光明的展望；燈屋照亮了詩人的心。詩人歌唱「光降着雪」時，「山水已奔着過來／捧來滿野的花。」「光開着花」時，「色彩可聽見／芬芳也有聲／偶而聽得出神／會覺得那是一片無際的原野／在雨中。」「光下着雨時」，「夜便溶爲酒／露便結成黎明／窗開時　屋內屋外都在看／太陽鋪一條路到遠方去／把世界接了過來。」燈屋是詩人的詩的世界，光的世界，是幸福的象徵，是永恒生命的瞭望臺，把「燈屋」的美感空間看成一首視覺詩。同時羅門又能以無限的柔情，以輕曼的詩筆抒寫愛情；寫得那麼美，那麼崇高，富有詩意和浪漫色彩。他和蓉子的婚禮在四月，因此，四月充滿了詩人生命的記憶聯想。詩人寫了給蓉子的組詩《日月湖海之歌》，在《日之歌》裏，詩人歌唱春夏秋冬的太陽帶來的幸福，都帶入明麗的四月。在那溫馨的冬日裏：

那隻天鵝在入暮的靜野上
　留下最後的一朵潔白
　　去點亮溫馨的冬日
　　　隨便抓一把雪
　　　　一把銀髮
　　　　一把琴線
　　　　一把詩
　　　　一把相視的目光
　　　　　都是流回四月的河水

詩人歌頌海，在《海之歌》裏，仍然與四月緊緊相連：

為了山在不安中起伏
你收容那麼多逃奔的河流
為使樹林與天空都不是鳥籠
你把水平線拉到膀翅之外
當日月飛來飛去

說你是滿園花
　太陽便踩着最亮麗的光彩
　　走進春暖花開的四月

詩人對愛情的歌頌，永遠保持着一股純眞的深情，高潔幽逸，表現了高尚的情操。

　更令人愛不釋手的，是詩人的一首《清華園藍色的組曲》。看來，大海的藍色早藍在詩人的心底：他歌頌大海的藍色，又把清華園「與海藍在一起」。詩人在清華園的校園裏短住十天，對那「被歌聲笑聲鳥聲蟬聲槳聲唱得那麼動聽的清華園」，對那「被樹色水色月色眼色塗得那麼明麗的清華園，對那「被綠蔭漣漪荷香繁星揮洒得那麼繽紛的清華園」，對那「看與聽都那麼悅目悅耳的清華園」，永遠難以忘懷，留下了令人心醉的詩篇。他以心愛的藍歌頌清華園：

將天空寄給藍
將湖水寄給藍
將眼睛也寄給藍
凡是能藍的都寄給藍
凡是能藍的都越想越藍

藍遍了七月
藍遍了西窗

剪樹色入鳥聲
剪槳聲入漣漪
剪日影入蓮
剪星夜入月
燈藍時 筆與紙一起藍
清華園 你已藍成了

海的回聲

詩人寫不盡對清華園的深切的熱愛，把自己永遠熔化在清華園的景象裏：

將眼睛留給清華湖
將眉留給清華山
將耳留給清華鳥
將髮留給清華樹
將脚留給清華路
將手留給清華橋
將佇立留給清華亭
將細語留給清華槳
將笑聲留給清華風
將蓮思留給清華夜

清華園的藍，永遠留在詩人的記憶裏。

此外，這一時期的詩，還有以戰爭爲主題的詩篇。如《板門店三十八度線》、《火車牌手錶的幻影》、《一把鑰匙》等。如果說《麥堅利堡》詩是從宏觀把握對戰爭的批判，那麼這一組詩則從具體的個案，從苦難事件和不幸的人的描寫，審視和批判戰爭的殘酷，呼喚人類的持久和平。

詩集中還有三篇抒寫臺灣畫家名莊喆、侯翠杏、與藝評家顧獻樑的詩，反映了詩人對繪畫藝術的熱愛與眞知灼見，以及詩人與畫家們的深情厚誼，透入紙背。

綜觀這一時期的作品，詩風更加凝煉，這也是羅門創作的輝煌時期，他的詩已經飛向海內外，聞名遐邇了。

㈥進入藝術的自由王國——「日月的行踪」時期

這一時期，輯錄一九七九年至一九八三年這四年間的詩。都市詩的主題比較突出。都市是近代社會中的一個複雜的現象。在現代都市中，最爲突出的特徵，是尖銳與急劇的變化，導致人們生存的衝刺行動。探索都市的生存空間對構成人的心象活動的深刻影響，這是羅門一直追踪的課題，其中《日月的行踪》詩，象徵着都市人的被禁錮與對自由的渴望，從「獨坐高樓看雲山」的抒寫中，從鳥的尋找自由的刻劃中，透視了都市人內心的波動：

一隻鳥把路飛過來
雙目遠過翅膀時

那朶圓寂便將你
　　整個開放
寧靜中　你是聲音的心
回聲裏　你是遠方的心
江河經過你的血
心中那條萬古的長城
已衝出鐵欄干
進入天地線
完成那面最美的水平
讓風景一層層往上蓋
從窗蓋到鳥
從鳥蓋出天外
在這座無際的透明裏
你與光始終沿着直線走
　　日的行踪是那樣
　　月的行踪也是那樣

這是一九八二年寫的詩，詩中的「無際的透明」與一九七二年寫的《窗》所寫的「被反鎖在走不出去的透明裏」是同一內涵。都市人在層層的封鎖中，抱着像鳥一樣的突圍而出，向外拓展的慾望，追求心靈的開放。又如《傘》詩，也與《窗》詩有異曲同工之妙，反射了詩人的聯想力。都市猶如水泥與鋼鐵所包圍的叢林，人們被圍困在建築與組織的牢籠中。《傘》與《窗》的主題一樣，寫的是都市人被現代文明無形的壓力包圍的悲劇。不同的是，《傘》詩所表現的，是一種在逃避和抗拒的行爲之中，無法達到目的之後的自我封閉的孤獨心態而已：

他靠着公寓的窗口
看雨中的傘
　走成一個個
　孤獨的世界
想起一大羣人
每天從人潮滾滾的
　公車與地下道
裹住自己躲回家
　把門關上
忽然間
公寓裏所有的住屋
　全都往雨裏跑

直喊自己
　也是傘
他愕然站住
把自己緊緊握成傘把
　而只有天空是傘
　雨在傘裏落
　傘外無雨

從詩的內涵考察，《窗》與《傘》所寫的，是表現都市人存在的兩種不同的矛盾的心態，《窗》是充滿希望往外沖出被關閉回來，而《傘》則是一種對客觀世界的逃避，自己無奈於外界的壓力，逃避在狹窄的天地裏。所以《窗》詩所寫的是「猛力一推，竟被反鎖在走不出去的透明裏」，而《傘》詩寫的是「而只有天空是傘，雨在傘裏落／傘外無雨。」羅門對世界的靈視，把兩種心態寫得的確太澈底「透明」了。前者是在想像飛翔之後又陷入窘境，後者是寫現實的無可奈何的逃避，詩人對心靈的追踪，眞是令人折服！

與《窗》的聯想相接近的詩，還有《都市·方形的存在》，這首詩寫於一九八三年，也是羅門都市詩系列之一。都市冰冷的方形，無處不有，冷漠入都市人的視野，困住了人的自然性，人無法獲得生命的自然與和諧。詩人以銳敏的觀察力和凌利的詩筆，刻劃了這心靈觸動的瞬間：

天空溺死在方形的市井裏
山水枯死在方形的鋁窗外
眼睛該怎麼辦呢

眼睛從車裏
方形的窗
看出去
立卽被高樓一排排
方形的窗
看回來

眼睛從屋裏
方形的窗
看出去
立又被公寓一排排
方形的窗
看回來

眼睛看不出去
窗又一個個瞎在
　方形的牆上
便只好在餐桌上
　在麻將桌上
　找方形的窗
找來找去　最後
　全都從電視機
　　方形的窗裏
　　　逃走

都市裏，人們所接觸到的，都是僵冷的「方形的窗」，最後又只能在眼睛收容所——電視機的方形的窗裏，看到外面的世界，何等無奈！

都市，也包含了對歷史上美的傳統的反動。本來，五月端陽吃粽子，藉以紀念傳說中詩人屈原自沉汨羅江；但在城市，吃粽子卻墜入庸俗。《都市與粽子》寫道：

　歷史美在傳說裏
　傳說熱在蒸鍋中
那隻粽子只好又回到
　一堆糯米裏去

今夜詩人在燈下
　又該寫些什麼
當人們往泰國浴缸裏跳
那些水珠
會是江面上的浪花嗎

以都市生活爲主題的作品，這一時期，在題材的廣度方面，遠勝於以前各個時期。如《二十世紀生存空間的調整》，寫鄉間將被城市吞噬：

往後的日子
只要高速公路
　一直在通車
便有人帶着田園進城
　有人駕着都市入鄉
泥土與地毯既已走進
　同一雙鞋
風景與街景既已美入
同一雙眼睛
大家又天天擠在電視上
　彼此不認識

也會越來越面熟

在都市裏，人們都是爲了生存，詩人寫的《生存！這兩個字》一詩，很巧妙地寫出都市人生活的動態與節奏。他說：

趕上班的行人
用一行行的小楷
　寫着生存
趕上班的公車
用一排排的正楷
　寫着生存
趕上班的摩托車
用來不及看的狂草
　寫着生存

整個都市，只有「生存」二字最迫人，這兩個字在時鐘的硯盤裏寫來寫去，「幾乎把心血滴盡」。爲了生存，所有的生活，是那麼匆忙，那麼被生存套牢。《提〇〇七的年輕人》，抓住都市生活的商業性特徵，指出提〇〇七皮箱的人，爲了財富而窮奪疾跑，這〇〇七皮箱所裝的，不外是鈔票、支票、滙票、股票之類的商業證件，這些證件具有置人於生死的威力。在商業的爭鬭場上，分秒必爭，緊張奪跑。這又是現代都市裏另一類人的生活心態：詩人對此作了一針見血的描寫：

○○七是歲月的密碼
　只打開明天
○○七是高速公路上
　最帥的速度
　不往後看

提着○○七
整座城跟着跑
跑到「下午三點半」①
在銀行放下的鐵柵前
他不是提着一座天堂
　便是提着一座墳

天堂與墳墓的分界線，其臨界點全然決定於速度——這都市的無情的急節奏。另一可悲的類型人物是都市的摩登女郎，整個都市的主題歌曲由她們來唱，她們在影響都市的旋轉。《都市·摩登女郎》，揭示了這一現象：

　她走在街上
整座城跟着她扭動

① 三點半是銀行關門時間

沒有不被扭開的
所有的
眼睛為她開
服飾店為她開
花店為她開
套房為她開
酒為她開
支票為她開
她只開開口
她口不開
都市這條主題歌
誰來唱呢

這又是都市的另一類型的人，儘管整個現代化都市如此急促、繁複，鬧熱但卻給人以一種無名的寂寞感，因而詩人又以一個「寂」字，概括了都市的本質特徵。《寂》詩中寫道：

總該加上些什麼
眼睛凝視了老半天
除了窗外的街車
亂畫着一大堆的線條

紅綠燈塗改着一幅一幅的街景
天空乾脆將自己
　　寫成最大的一個「寂」字

這就是都市的生活環境所形成的人們內心潛在的意識與精神狀況。此外，像《摩卡的世界》、《摩托車》、《夏的速寫》等，都表現都市生活這一主題。

這一時期創作的另一突出特點，是思鄉詩的創作向深度開掘。盡管有的人在臺灣生活了三四十年，但仍難免存在着「一個落魄的外鄉人」的感覺。像《賣花盆的老人》，寫的是一個退伍老兵在臺灣對家鄉的遙望和強烈的懷念：

每天
他推着一車歲月
　　擺在巷口賣
坐在盆外
他也是一隻空了卅多年的
　　　　老花盆
直望着家鄉的花與土

當他在一幅攝影家的作品中，看到一位祖父帶着孫子在海邊用手遙指大陸的鏡頭，於是被感動而寫下《遙指大陸》一詩：

他指的
是千里的遙望
孫子看不懂的鄉愁
順着他指的方向
直對着他看的
是他三十多年前的自己
青山般的站在那裏

淚滿了雙目
海哭成三個
家遠出望外
而孫子却說
那地方好近
把岸拉過來
一脚踩上去
不就是老家嗎

一幅攝影，勾引起詩人的鄉愁。而孫子天眞無邪的話語，卻道出了海峽兩岸的游子對家鄉的渴望之情。還有一首《月思》，寫詩人對故鄉母親的懷念，詩人採用「月亮」的意象，與超現實的移動鏡，引發起對家鄉母愛的深情：

深夜
月亮把一塊光
縫貼在地毯上
母親仍為我過年的新衣
在老家的燈下
趕縫着最後的一個口袋

我走近窗前
身上那個口袋
竟就是那塊月光
手摸袋裏的壓歲錢
才發覺那枚發亮的銀圓
　是千里外的月

羅門的鄉愁是深沉的，一杯茶、一盞燈、一縷月光、一幅畫，都牽動着他對故鄉的惆悵懷意。

難得的是，詩人除了寫都市一般的下層市民外，他還寫產業工人。這段時間他寫了《礦工——光的牧者》一詩，歌頌礦工在地層下的艱苦勞動的價值：

你們穿上最陰暗的土地
把山背成另一座十字架
讓手臂與樹根糾結成荊冠
骨頭與石頭碰出鐘聲
天堂的光便從你們
古銅色的臉上
反射過來
鐵鍾唸着禱詞
汗水流成聖水
世界在受洗
歲月在受洗
而洗不掉的是你們身上
那些最光潔的黑

羅門在詩後註中寫道：「那就是礦工也是我們人羣中的『人』，他在陰暗的礦底，接受生存最堅苦的考驗，所表現出『人』的體能上高度的耐力、在意志上高強的毅力、在服務人羣上的犧牲精神，是超過常人，而且的確非凡與可敬的。」羅門對勞動者的尊敬，對其價值與貢獻的肯定，反映了詩人的社會正義感；也可見羅門的創作是關心到全體人類的充滿了人性與人道精神的。

羅門的創作世界，到了這一時期，已完全進入藝術的自由王國之中，他傲然濶步，揮洒自如，羅門在詩壇上的聲譽，與日俱增了。

㈦在文明、戰爭、都市和自然四大主題中開拓新的境界——「整個世界停止呼吸在起跑線上」時期

一九八八年四月，羅門又出版了第十部詩集《整個世界停止呼吸在起跑線上》，這是他一九八三年以後至一九八八年的詩歌的結集。詩集的出版介紹中說：「一代大師羅門繼《羅門詩選》後，石破天驚的新作推出。對於文明、戰爭、都市及自然四大主題，這位孤傲高貴的現代精神掌旗人，持續他心靈的透視和省思，形式壯濶，其中傑作如《時空奏鳴曲》大膽揭露中國人的命運，感人至深，是現代詩的經典之作。」誠然如介紹中所指出的，這部詩集仍舊圍繞「文明、戰爭、都市及自然」四大主題。而在都市的抒寫中，側重於對都市的物慾與性慾的揭露，在戰爭的主題中，則多從鄉愁着筆，對於自然的歌頌，包括他與朋友遊覽香港勝地的旅遊風景詩，還有一首獻給蓉子結婚三十年紀念的美麗詩篇。

當然，這一時期的代表作是《時空奏鳴曲》，這首詩被譽爲一九八四年「歲末的一聲巨響」，林耀德在《火焚乾坤獵——論羅門〈時空奏鳴曲〉》一文中，轉引爾雅版七十三年詩選的編者按語說：「比較起前此羅門對時空思考的詩，這一首更顯得悲壯，更能夠把詩人羅門三十多年來的動態呈現出來。」羅門在這首詩的《後記》中，自述他寫這首詩的緣起說：一九八四年應港大黃德偉教授邀請赴港大演講，曾同詩人余光中於餐後站在中文大學宿舍高

處，遙望廣九鐵路，感慨頗多，想起在「炮聲」與「鄉愁」中渡過的年代；從過去的苦難與當前年輕一代的幸福與笑聲對比，感懷良深，「感知到這種潛在的隱痛與憂慮」，因而寫下這首《時空奏鳴曲》，這是一首動人心弦的鄉愁詩。全詩分三章，第一章「只能跳兩跳的三級跳」，反映由於政治制度的障礙而造成的沉痛的鄉愁。開篇序曲，氣勢磅礴：

整個世界
停止呼吸
　在起跑線上

詩人面對隔阻故鄉的標誌，感慨萬千，內心無限惆悵

　車還沒有來
眼睛已先跑
跳過第一第二座山
到了第三座
懸空下不來
回頭　九龍已坐車
　竄入邊境
將我望回臺北市
　泰順街的窗口

這種心境，是對家鄉懷念，瞭望的急迫感情。在「車還沒有來」之後的眼神所見到的，是時

代悲劇所造成的難堪境況。有家歸不得，有路不能伸，遙望「茫茫雲天」，家鄉在茫茫雲海之中，但是回頭望到的卻是臺北泰順街的窗口，本來是遼望故鄉，卻回望泰順街燈屋的窗口，作者的心境在時空的急遽轉換之中，顯得更加迷惘和悲愴。詩歌的第二章是「望了三十多年」，這一節以「賣花盆的老人」爲典型描寫，思鄉的老人的愁思，詩人深情地寫道：

那個賣花盆的老人
仍在街口望著老家的
　　　　花與土
玻璃大厦沿街
　開著一排排
亮麗的鄉愁
在建築物龐大的陰影下
他坐來大榕樹下的童年

記憶中的故鄉，使老人懷鄉之情更加濃重：

見到羅馬磁磚
　便問石板路
見到香吉士
　便問井水
見到新上市的時裝

便問母親在風雨中老去的臉

在臺灣三十多年，賣花盆老人日夜想念童時的故鄉，但是，他

坐到天黑
他行動不便的雙腿
才交給那隻洗脚盆
帶回童時愛玩水的
小池塘裏
一高興 濺在臉上的小水珠
都笑成淚
淚是星星
家鄉的星空
便亮到電視機的螢光幕上
來看他

老人的思鄉夢無法實現，化成悠遠的思念，無窮的期待。第三章「穿過上帝瞳孔的一條線」，就是這條線，成了兩個不同制度的分界線，這條線，把人遠隔天涯，無法跨越，「只要眼睛／碰它一下／天空都要回家／這條線望入水平線時／連上帝也會想家。」詩人不禁詰問：「是誰丟這條線／在地上／沿著它／母親妳握縫衣針的手呢／還有我斷落在風箏裏的童年」。詩人在悲愴的回憶中盼望祖國的統一，詩人唱道：

祖國　你便泳著江南的陽光來
　　滑著北地的雪原去
然後　打開綠野的大茶桌
　　捧著藍天的大瓷壺
　　不在那小小的茶藝館裏
從「黃河入海流」
飲到「孤帆遠影碧空盡」
從「月湧大江流」
飲到「野渡無人舟自橫」
讓從巴黎倫敦與紐約
　　進來的照相機
都裝滿第一流的山水與文化回去
讓唐朝再回來說
那是開得最久最美的
　　一朵東方

詩人多麼嚮往民族文化盼望祖國的統一，距離的消失，理想的實現。當詩人聽到胡琴家黃安源的演奏時，曾寫下《歲月的琴聲》，也表達了思鄉的主題：

將血與山色

淚與江水
拉在一起
春天如何戴花回江南
冬日如何披雪回江北
歲月是哭是笑
琴聲也說不清
而文化仍以輝煌
　山河仍以錦繡
直等著回音

臺上　琴聲淌淚叫著家
臺下　黑髮望白髮

詩人在詩的附註裏說：「聽黃安源先生表演，其中的某些樂曲令我覺得他的弓，一直重重的壓在中國人苦難的心靈、歲月和土地上。」他把琴上的兩根弦，喻之爲長江與黃河，詩人苦憶祖國的故土，迫切盼望早日回到自己的家鄉。

在這一時期的詩作中，詩人表現都市的主題，也向更深層次開掘：他探討都市的文化層面，揭露都市的物慾世界，抨擊都市的異化現象，更廣泛地表現都市人的生活，使都市詩的內容，顯得更加擴大與充實。

詩人對都市的文化層面的描寫，以《「麥當勞」午餐時間》一詩最爲典型。羅門在此詩《后記》中說：「寫完此詩，深深感到現代文明，像是頭也不回地向前推進的齒輪，冷漠而無情；文化則是對存在時空產生整體性的關懷與鄉愁。從文明的窗口看此詩，我們看到「麥當勞午餐時間」同一時空出現的中國人，竟有三處斷層的生命現象；從文化的窗口看此詩，我們看到貫穿整個時空與歷史文化的大動脈而存在的一個分不開來的中國人。誠然，人必須自覺地從文明層面轉化到文化層面上來，否則，人將被冷酷的機械文明不斷的進行切片。」這首詩寫於一九八五年，這是一個物質文明急速變化的時期，臺灣的都市文化急遽劇變，詩中對同一個時間，寫了三代人的不同反應。第一節寫年輕一代對時代文化思潮的影響的反應，是何等快速。詩人寫道：

一羣年輕人
帶着風
衝進來
被最亮的位置
拉過去
同整座城
坐在一起

他們被「麥當勞」所吸引，而且爭先占據，把自己與時代化在一起。他們對外來的吸取，極其迅速。

窗內一盤餐飲
窗外一盤街景
手裏的刀叉
較來往的車
還快速地穿過
迷妳而帥勁的
中午

對于這現代的速食店，代表了西方物質文明的侵襲，年輕一代搶先接受。而中年人呢？詩人寫得非常恰切：

三兩個中年人
坐在疲累裏
手裏的刀叉
慢慢張開成筷子的雙脚
走回三十年前鎮上的小館
六隻眼睛望來
六隻大頭蒼蠅
在出神
整張桌面忽然暗成

一幅記憶
那瓶紅露酒
又不知酒言酒語
把中午說到
那裏去了
當一陣陣年輕人
來去的强風
從自動門裏
吹進吹出
你可聽見寒林裏
飄零的葉音

這裏，讓中年人與年輕人作了強烈的對比，在這現代的小店裏，中年人意識裏潛藏的文化感卻是「三十年前鎮上的小館」，而年輕人帶進的時代的強風，讓中年人體認出自我的冷漠感和空寂感，「你可聽見寒林裏／飄零的葉音」一句，點出這一代人悲涼的內心世界，與年輕人的「迷妳而帥勁的中午」的朝氣蓬勃相比，已是一代人的鴻溝了。到了第三節，寫的是更古老的一代：

一個老年人

坐在角落裏
穿著不太合身的
　　成衣西裝
吃完不太合胃的
　　　　漢堡
怎麼想也想不到
漢朝的城堡那裏去
玻璃大厦該不是
那片發光的水田

枯坐成一棵
室內裝潢的老松
不說話還好
一自言自語
必又是同震耳的炮聲
　　　　在說話了
說著說著
眼前的响午

　　己是眼裏的黃昏

老年的一代，比起中年人來，與時代相隔更遠，「成衣西裝」不太合身，「漢堡」包不太合胃，枯坐在那裏，像「室內裝潢的老松」，他的心境已是生命的「昏暮」。通過這三代人的強烈對比，說明了都市人的三個橫斷面，在「麥當勞午餐時間」裏，顯示出三個不同的生命階段的斷層現象。羅門由此提出了「人必須自覺地從文明層面轉化到文化層面上來」的問題，是具深見的。

關于都市主題的作品，這一時期還有《都市！你要到那裏去》，繼續以更強烈的擊力，揭示都市之中邪惡的物慾與性慾的氾濫。詩人認爲這一問題「已一再驚動了警車與文化急救中心」。《都市心電圖》證明：「『後現代情況』是現代人生存空間被『速度』、『物質化』、「行動化』全部佔領』，因此，詩人發出了「呼救的訊號」。「玻璃大厦的異化」，以對比鏡頭寫都市的變異。《抓住都市的脖子》，以特寫鏡頭寫都市生活的一角，《女性快鏡拍攝系列》，以快鏡頭寫都市的各種類型的女性：老牌式主婦、標準型風墨女郎、BB型單身女秘書、老處女型企業家、大衆牌情婦。《都市三角架》以分割鏡頭寫建築工人、馬路工人、璃玻工人。通過一組組人物的速寫，從更深的層次展現都市生活的形態與內涵。

此外，這部詩集，還收集了描寫臺灣風光及詩人節盛況的抒情詩。這些作品，筆調旎旎，感情眞摯。詩人這一時期的作品，更形凝煉、深沉。並透過無限地擴張的視聽世界，呈現出一種多元性的交互作用的更爲繁富的藝術效果。

縱觀羅門這七個時期的詩作，可以明顯地看出詩人在詩壇上前進的腳印，尋覓到詩人詩思的軌迹，羅門以藝術家的可貴的執着感，以藝術家的良知，良能以及創作上純正的生命風貌寫詩，通過對他所接觸的現實生活的思考，不斷開拓人類內心的美感空間；他敢於大聲疾呼地揭露生活中的邪惡和黑暗，他以滿腔的激情讚美生活中的眞善美，描繪陽光明媚或狂風巨浪的大自然的原貌。在現代生活的壯濶世界裏，詩人爲開拓新詩的新境界，披荆斬棘，創造了一個獨特的羅門的嶄新的詩的世界，他把自己的眞誠和歡樂，悲憤和痛苦的複雜的情感，融化在客觀世界的現實物象之中，創作了動人心弦的、耐人尋味的詩篇。羅門的詩，給予人們精神一種震撼力，羅門的詩，也給人們對生活的認識產生多維的有益的啓廸，而羅門詩的世界取勝處，除了從廣濶的創作內容這一面所決定外，他的富於前衞感與原創力的詩創作的藝術成就，也爲現代詩人創立了卓越的具影響力的榜樣。

三、羅門詩世界的藝術經驗

羅門在詩世界中的開拓，是沒有止境的；他的創作觀念中的核心內容是，透過詩與藝術去追踪美。但專事於人類及自我心靈的探索；他以浪漫主義的情愫，象徵主義乃至超現實，投射與新寫實的手法，中外古典詩歌的含蓄、凝煉的技巧，表現複雜而又豐富的現代生活的內涵。在長期的藝術實踐過程中，自覺地將哲學、藝術以及社會人生交互溶合，調動各動藝術手段，充分擴展自己的聯想力，豐富詩的意象，發揮詩語言的特殊功能，精心地安排結構，錘煉詩的意境，逐漸形成自己獨特的風格。

羅門認爲，「詩與藝術永遠是爲『美』與『精神的深度』而工作，詩人與藝術家，確有許多探索的可能與動向，可達成這兩項工作。」①詩始終必須透過作者內心的卓越不凡的感受與轉化力而呈現。一個詩人，對於現實世界中存在的眞境、純境與深境，均應通過自我內在獨特的感受，將「美」喚醒。詩人用自我的心視世界，喚醒現實的美感過程，同時也是詩人將現實轉化爲詩的過程。基於這樣的觀念，羅門詩的世界的卓越處，就在於他不僅能透視現景，而且能反思內在的深層世界。他的獨特處是能夠經常以超越之姿，站到人類生存的前衞地帶，對於廣大而且錯綜的時空交流面，以誠摯純然的心態去透視生活，判斷生活，融合古今的文化層，表現心靈的廣濶世界。因此，羅門的詩，越趨向於成熟，則越重視內心的體驗和感受，常常是通過冷靜的內省，捕捉瞬間心靈深處的活動，以無可比擬的藝術表現力，表現出個性，同時又體現出強烈的現代感。

羅門是一位飲譽國際詩壇的中國現代詩人，他的詩，氣勢澎湃，風格豪放，語言清亮，意象繁富，他善於運用比喩、意象、象徵、超現實、投射：新寫實等多種藝術手段，表現他深刻、銳敏的生活體驗，使詩篇具有強大的撞擊力，並引起廣大讀者內心的共鳴。

羅門詩作的藝術美，除了詩創作的角度新穎，語言奇警，結構不凡之外，還在於他在創作過程中，自己置身於藝術形式之中，着力表現生命或事物在時空中存在的微妙關係及其活動時那種幽深奧妙的姿式，形態和聲音。在當前高度發展的臺灣社會，不斷湧起新的心態和浪潮，羅門的心隨着時代的脈搏躍動，他從對現代社會進行審美的審視角度，對於作爲探

①《批評的荒謬》見《時空的同響》第二八〇頁。

索精神價值存在的詩的藝術，進行全面的變革。在詩的內容上，他選擇了戰爭、都市文明、性、死亡與時空、等重大主題透過人生觀照的大自然以及周圍日常生活中的實象，寫出自己內心形而上世界的情境，羅門以開放的心靈來面對各種生活的層面與形態，他的詩從哲學的高度思索和揭示複雜的人生，具有相當的藝術深度，他善於創造異於前人的獨特詩境，選取不同的發展方向，顯示出不凡的卓越性。

我們不妨借用詩人自己的理念和創作體驗略作說明。

當今世界詩壇上，不少人認爲，現代詩的創作，是割斷傳統的，現代詩似乎與古典詩歌絕緣。羅門不這樣看。他雄視古今詩作的藝術美的造境，反思表現當代生活時在藝術表現手段上的特殊性，進而突破傳統及現代其他詩派的約束，強調詩的「現代感」、「前衞性」與個人「獨創性」，思想內涵世界的大幅度展現，開拓新的美感經驗、新的創造力與新的精神境界。羅門在談到他寫《曠野》的創作經驗時說：當他看了古詩對野外黃昏景象的描寫，只是凝煉的兩句：「大漠孤煙直，長河落日圓。」便掌握了整個景象，而使之永遠存在於大自然永恒的結構與完美的秩序之中。他就認定：「創作者的內視力，能抓住對象的要害與核心，其作品產生的特異性與卓越性，是可見的。」《曠野》的創作實踐體現了這一點。他說：「我要表現『曠野』這一意象化了的『人』的遼濶原本與完美的生命，它相連被人爲的紛爭與都市機械文明所殺害，但這兩種殺害面，都那麼廣濶，『刀』該從那裏下去，才能中入要害，顯出『特異性』來呢？於是在人爲紛爭給於『曠野』的殺害，詩中的第一『刀』是這樣下去的：『當第一根椿打下來，世界便順着你的裂痕在紊亂的方向裏逃。』這根椿的確把握了人

「曠野」被殺害的整個景象，一直挿在人心與人性的缺陷之中。而都常給予「曠野」的傷害，詩人則選擇另一視角下刀。他是這樣寫的：『高樓大廈圍攏來／迫天空躲成天花版／迫你從印刷機上縮影成那塊窗帘布／仍開花給窗看。』這樣一來，便充分顯示出都市機械化、標準化、制度化的生存模式，促使人們內心的活動空間縮小與產生壓迫的窒息感。那麼這兩筆就讓遼濶的曠野，被割裂成「圍牆」、「鳥籠」與「市井」型的存在狀態了，人便也一直活在看得見與看不見的衝突與掙扎的生存困境中。」詩人這種對現代生活的突破性的描寫，雖不完全基於他對王維《使至塞上》詩的「大漠孤煙直，長河落日圓」的領悟，但也不完全割斷古典詩歌，給予現代詩人對人與自然存在作深入審視與觀照的啓廸。在意象的選擇與搭配方面，馬致遠的《天淨沙》「枯藤老樹昏鴉，小橋流水人家。古道西風瘦馬，夕陽西下——斷腸人在天涯。」這首小令，寥寥數語深得唐人絕句妙境，它通過組合而巧妙的藝術概思，寫出複雜而又深厚的思想感情。羅門《曠野》的《大同篇》這一節詩中：「高樓與山同坐／街道與河同流／煙塵與雲同飄／眼睛與波浪同形／橱窗與風景同貌／餐廳與田園同宗／旅館與荒野同族」……詩中以拼揍意象形式與《天淨沙》也有些類似之處；當然，其表現的內在意態與景觀，跟古詩不同。《天淨沙》是以描繪的手段勾出一幅深秋曠野的圖畫，刻劃游子思鄉的強烈感情，在情調上、色彩上給讀者一種遲暮、低沉、凄涼的強烈感受；而羅門的《曠野》，則「企圖以雙鏡頭所連續拍攝的自然與都市相映照的機械與物象的冷漠感的世界，使之無形中構成全然凍結精神與心靈存在的物化環境。」①雖然同是以景顯境，表現形式也

---

①《我的詩觀》見《時空的回聲》第四一六頁

相近，但畢竟不相同，這就是詩人的「突破性」與「新創性」的表現了。卽如王維詩中的「山色有無中」的境界，在羅門的詩中則寫着「你隨天空濶過去，帶遙遠入寧靜。」（《曠野》），多少有王維詩的東方自然觀的來去自如的意味。羅門詩的「咖啡把你冲入最寂寞的下午」，「那縷烟把你的漠遠都告訴了遠方」，也含有李白詩的「黃河之水天上來」的緣發與自如性的質素。不過他所表現的是現代人的生存環境與現代人的生活心態吧了。對心象活動的表現，羅門也與古詩的表現有相似之處，陳子昂詩的「前不見古人，後不見來者，念天地之悠悠，獨愴然而涕下。」（《感遇》）在羅門的詩中則是「猛力一推，竟被反鎖在走不出去的透明裏。」都是表現個人內心對生命存在的感知。柳宗元詩的「千山鳥飛絕，萬徑人蹤滅。」而羅門的詩則是：「海握着浪刀／一路雕過去／把水平線越雕越細。……不知爲什麼／海拋下浪刀／一轉眼便不見了……。」都是表現物中無我又有我，物我兩忘又兩在的精神世界。這些都是羅門對自己的創作體驗的總結。他把古詩的意境天衣無縫地而又自如地運用與重建在自己表現現代生活的詩作中，這正如他自己所說的：「詩人與藝術家是在『天空』而不是在『鳥籠』中工作的，應盡量給予『鳥』飛翔的多向性與新奇的樣子與天地。」羅門善於吸取活的傳統以及各種詩派的精華，吞納與溶化它們成爲有機的質素，他又絕不受制於傳統與任何一種詩派，而是透過全主動性的『我』，創造他的獨特的詩的世界。

羅門詩的藝術的又一獨特之處，在於他採取多向性的藝術技巧，並歸向整體性的表現。

羅門採用立體畫派多層面的組合觀點，將不同的思想層面，統一地架構成互爲關聯的具立體感的造型世界。

這一特色突出地表現在羅門的長詩的創作中。像《都市之死》，詩人抓住當代城市最突出的表徵——城市速度的層面進行描寫：「人們抓住自己的影子急行／在來不及看的變動裏看／在來不及想的廻旋裏想／在來不及死的時刻裏死。」表現城市的動態，接着，又將都市的禮拜日、都市的白晝和黑夜、都市的死亡等不同的角度與層面組合成一個統一的主題——都市之死，構架成都市生活的面面觀。寫《死亡之塔》由詩人覃子豪之死所引發，也是以多層面的架構：第一層面寫詩人已經死去，第二層面寫對詩人之死的感慨，第三層面寫死亡之必然性，第四層面寫詩人的人品及其影響，與寫朋友的追思，更重要的是最後由覃子豪之死，引發且全面轉化到全人類生命面對死亡，內心所產生的觀照與沈思默想。這首長詩的整體結構就是這樣組合而成的，同時也突出了死亡的主題。在《死亡之塔》的造型世界裏，「去對視人類生命在冷漠的時空與死亡的壓力下，所可能顯示的昇力。」①也從中體悟出這一藝術創作架構的特色！

羅門詩世界的語言和藝術手法，豐富多彩。巧妙的意象、機智的比喻自不必說，如象徵、超現實與白描手法，讓詩獲得充分自由的表現。羅門自己說：「一個詩人能擁有精確深廣的『意象』世界，便是首先擁有了經營詩的大資本，同時，『意象』世界又是決定詩語言技巧表現中的『比』、『象徵』、與『超現實』等是否能有良好的效果。」②在詩藝術表現中，透過「比」、「象徵」與「超現實」等的意象作用，可以獲得明喻與暗喻的特殊功能，

① 《心靈訪問記》見《時空的回聲》
② 《架構詩世界的一些石柱》見《詩眼看世界》第一〇九頁

抓住詩的充份的內涵與質感。

在羅門的詩中，對這些技巧的運用已達到了爐火純青的境地。像短詩《小提琴四根弦》中，以幾個生動的意象象徵人生的四個階段：

童時 你的眼睛似蔚藍的天空
長大後 你的眼睛如一座花園
到了中年 你的眼睛似海洋多風浪
晚年來時 你的眼睛成了憂愁的家
沉寂如深夜落幕後的劇場。

詩人以眼睛不同的變化，象徵人生的各個不同時期的生活體驗，既生動又準確。在表現「曠野」生命的壯濶、豐美與絢爛時，詩人寫道：

你遼濶的胸部
放在太陽的石磨下
磨出光的回聲
花的香味
果的甜味

——《曠野》

樂用象徵的手法，羅門用着得心應手，像《曠野》中象徵着都市機械化與局限了的生命的活動空間，詩人寫道：

於上上下下之間
你便循環成那座電梯
在封閉式的天空與限定的高度裏
　　　　鳥只有一種飛法
　　　　　只有一種叫聲

象徵戀情對愛人、生命及整個世界與宇宙的永恒存在，如《螺旋形之戀》：

在那無邊無底地迴旋的空間裏
純淨得連空氣都要出去　眼睛也隱入那深深的凝視
永恒此刻不需襯托　它不是銅與三合土揉成的
也不是造在血流上朽或不朽的虹橋
它只是一種無阻地旋進去的方向
　　一種屬於小提琴與鋼琴的道路
　　一種用眼睛也排不完的遠方
　　一種醒中的全睡　睡中的全醒
一種等於上帝又甚於上帝的存在

象徵戰爭的苦難如《彈片·TRON的斷腿》：

如果那是滑過湖面的一片雲
　也會把TRON的臉滑出一種笑來

如果那是從綠野飛來的一隻翅膀
也正好飛入TRON鳥般的年齡
而當鞦韆昇起時　一邊繩子斷了
整座藍天斜入太陽的背面
旋轉不成蹓冰場與芭蕾舞臺的遠方
　便唱盤般磨在那枝斷針下

此外，像表現時空的錯亂感與人存在的困境的超現實手法：「想奔　河都在蓄水池裏／想飛有翅的都在菜市場。」（《曠野》），表現曠野的「心」，在都市型的思想裏，沒有位置，同時也是暗示詩與藝術心靈的沒落。詩人採用白描手法，如「排水溝與垃圾車在低處走／腦袋與廣告氣球在高處飄。」（《曠野》）表現都市全然物慾化的人的生命；使人幾乎成爲文明的獸，詩人採用投射手法：「床濃縮了你全部的空濶／餐具佔據了你所有的動作。」（《曠野》）詩人還強調一種「夢太奇的掃描鏡」的技法，像「裁紙刀般刷的一聲／將夜裁成兩半／一半剛被眼睛調成彩色版／另一半已印成愛鳳床單」（《迷妳裙》）以此顯示城市生活的慾性鏡頭。又如「將前腿舉成閃電／吼出一聲雷／然後放下來／竟是那陣追風而去的雨。」（《野馬》）以對野馬奔騰的掃描式描寫，象徵人性在被壓抑中追求解放的心理。寫人像的夢太奇鏡頭如「她站着／一根直軸／把眼球與地球一起轉／直到她走動。」（《瘦美人》）其中寫實與誇張並存。有時他以一組組的蒙太奇畫面組成詩境：如「風裏有各種旗的投影／

雨裏有各種流彈的投影／河裏有各種血的投影／湖裏有各種傷口的投影／山峰有各種墳的投影／樹林有各種鐵絲網的投影／峭壁有各種圍牆的投影。」(《曠野》)這裏，風、雨、河、湖、山峰、樹林、峭壁這些自然景象，都滲透了詩人的象徵意涵，而成了具暗示性的詩境。這些詩的語言與技法的運用，在羅門筆下，如此的生動，如此純熟！往往在羅門的詩中，是多種手法並存，交錯運用，他有時以白描手法，先狀物寫景，再用聯想明喻暗喻的方法，提煉出詩的意境。羅門自己說過：「我是不會讓任何某一單向性的藝術主義與流派，來佔用我全部的創作空間的，雖然我也深知超現實的精神表現，能獨及一切存在的眞位與原點，在我的許多詩中，也產生過相當強的藝術表現功能，但我認爲除此，尙有其他的表現技巧，如『比』、『象徵』、『投射』、「超寫實」！與『蒙太奇的掃描鏡』等多向性的技法，均可機動性地參與到整首詩有機的創作架構中來，呈現出一種多元性交互作用的更爲繁富的效果。」①

羅門詩的意象描寫，具有強烈的心理色彩。他善於使不同意象意外地綜合或奇妙地換位，將無限的心意，貫注於細小的景物之中，給予最大的特寫，使意象清晰地浮現。他在詩中常將抽象的理念轉化爲具體的圖畫的視覺意象。如《大自然的建築師——莊喆》詩中，寫莊喆凝重的畫面是屬於那種渾厚、壯濶、深遠、華美與玄思的畫面。表現莊喆繪畫藝術的單純感與精深感，詩人採用意象的組合與換位的方法，突現莊喆的畫不失爲大自然的建築師。

①《時空的回聲》——名詩人羅門說：「詩與藝術」

他寫道：

每一滴墨　都是鳥聲與泉音
可驚動整座山
每一塊墨　均被空間坐成
久遠的土地
每一根線條　均被時間踩成
千蹤萬徑

山在雲裏走　越走越深
水與天同來　越來越遠
高處茫　低處幽
鳥飛不見翅
林茂不見樹
石變不見形
河在不流中也流
雲在不飄裏也飄
眼睛要是再看下去
山與雲一體

水與天一色
大地只留下那片絢麗的蒼然
天空只留下那朵幽美的渾然
眼睛要是再看下去
　　見不到永恒
　　便不回來

詩人化「永恒」的抽象理念爲具體，以畫面山、水、石、雲的變幻的意象，組合成靈動的畫面，給予讀者一種實感。詩人還善於將靜態的意象轉化爲動態的意象，使詩歌的節奏在舒緩——急促的轉化中，充份展現內心充沛的感情。像《觀海》，詩人從靜寂的海轉入寫澎湃的海，從海浪的意象的變化的描摹中，詩人面對大海的激情也隨之湧出：

無限的壯濶與圓滿
　　滿滿的陽光
　　滿滿的月色
　　滿滿的浪聲
　　滿滿的帆影
究竟那條水平線
　　能攔你在何處
壓抑不了那激動時

你總是狂風暴雨
　千波萬浪
把山崖上的巨石　一塊塊擊開
　放出那些被禁錮的陽光與河流

這就是大海，寂靜的大海，一切都是無限的壯濶和圓滿，「陽光」、「月色」、「浪聲」、「帆影」的意象都用「滿滿」的靜態意象限制進行敍述，而轉化爲動態的大海，則讓寧靜化爲雄渾耀動，以「狂風暴雨」、「千波萬浪」把「山崖上的巨石一塊塊擊開」來摹寫大海的力量，以「放出那些禁錮的陽光與河流」寫大海的奔騰。壯濶的波濤，洶湧而來，動人心魄。有時候，詩人將二個以上時空不同的獨立意象，採用叠映、轉位的手法連鎖運用，產生新的美的效應。如《觀舞記》詩：

　那些採星採月的手
在空中不動　都成了鋼架
那些踩花踩浪的脚
　大步大步跨過去
下面是千山萬水
就不能不飛了
鳥飛着你們去
雲飄着你們來

河在你們身上流動
海在你們身上波動
天空在你們身上旋動
光波在你們身上跳動

——《觀舞記》

這是他描寫看保羅泰勒現代舞的觀感，詩人運用各類不同的意象，天上地下，互相疊映、轉位把舞蹈的急速旋轉的絕美舞姿，生動地呈現出來。在羅門的詩作裏，也有些意象的意蘊，撲朔迷離，韜光隱晦，頗爲費解，但讀者若耐心細尋，其中也深具詩味，《光住的地方》即是一例：

光　沒有圍牆
光住的地方　當然也沒有
燈屋只是一個露天的艙位
在時空之旅中
眼裏帶有畫廊
耳裏帶有音樂廳
什麼也不用帶了
這樣　雙手可空出來
　　抱抱地球

雙脚可舒放在水平線上
頭可高枕到星空裏去
把世界臥成遊雲
浮着光流而去
月是堤
日是岸
登步上去 光就住在那裏

詩中的「光」的意象，卽人類的理想思維，甚至暗示詩人的本身也卽詩人理想的藝術家的自由世界，「光」與「牆」兩個意象的組合，是作爲兩個意象的層次來相互襯托。「牆」的意識是有限制的，而「光」則無所不在，無所不進，「月是堤／日是岸」，用「日」、「月」的意象說明發光體的來源與其活動的無邊無際，而燈屋所創造的藝術則是光的藝術，是在自由的藝術王國裏照映，其實光也意味人透明的生命體之存在。這種意象的運用雖隱晦，但卻富有藝術意味。其實此詩寫的也是詩人居住的「燈屋」。

因爲這些藝術手法，是作爲一個詩人寫詩所不可缺少的，羅門自己在談創作經驗時，再三談及這一點。他說：「談到詩的藝術表現技巧，便總是離不開比喩、意象、象徵、超現實，乃至目前所流行的直接投射與新寫實等方法，因爲詩是：深埋在事物與生命內邊的某些隱秘的東西，須要用另一些能相互呼應且彼此關聯的東西去擊醒它，使兩者或更多彼此串聯的東西，共鳴成一個可感知的世界，使我們把握或領悟到那存在中的眞實。那麼，能擊醒沉睡中的詩境之物，便就是上面提及的那些藝術表現方法與「技巧」。

由於羅門了解中國畫與西方畫的結構理論，他也相當欣賞與喜愛現代繪畫的視覺藝術，把繪畫藝術的時空交綜藝術的別趣，經常應用到詩的藝術的時空設計之中。在羅門的詩裏，感情的抒發往往縱橫鈎貫於時空之中，人與自然、時空融合爲一，透過時空實象的交互映射而使詩形象化。時空的變化，或近或遠，或動或止，或移轉或廻旋，詩人都隨着內心情致的需要而變化，如：

想飛還沒有飛
林鳥已穿過千樹
碰碎了滿山的青翠
滴滴落入泉聲
是誰在彈着古箏

這是《溪頭遊》中的一段詩，溪頭的林間幽靜的描摹，通過林鳥的穿過千樹的飛的景象托出。就時間來說，「林鳥已穿過千樹」，這一時間似很短促，在「想飛還沒有飛」的刹那，思索中已穿林而過。而山林空中的變化，則從林中空響化出，飛鳥碰碎了山中翠綠，而落入泉中的滴滴響聲，如此淸晰淸脆，好像「是誰在彈着古箏」，這傳來的林空箏響，更加突出林空的寧靜之美。「鳥鳴山更幽」的以動寫靜，或以響襯托靜。又如詩人把自己的全身心與溪頭的美麗大自然溶合爲一時，他寫道：

你與山同走　路在雲裏
雲與你同遊　山在路外
你停步佇立　山以千萬棵檜木
　　　　　　與你正直在一起
你仰臥躺下　雲以千萬種飄逸
　　　　　　與你一同悠遊
你離去　絕頂上的那座亭子
　　是最美的一朶孤寂
　　千萬年的守着山
　　　　　　望着雲

自然景觀與詩人的心溶化在一起，詩人的心擺進整座山裏。詩人從不同的側面，從走路到佇立、仰臥各個不同的空間速寫展現的景，從立體的空間延展到眼前的空間之外的想像，把空間節節擴展開來，展現了詩人溪頭遊時對大自然的沉醉與相互觀照的存在。又「死亡之塔」長詩中，詩人以時空的相互變幻的手法表現死亡的必然：

時序逃不出四季的方城
雙目望不回千山萬水
花瓶也養不活春天
生命便像斷在刀下的一根繩子

永恆是接的　在那日子來時迫着解開
誰都註定是那張要被放完的唱片
　奇幻得如被漩渦旋轉成的塔
　　於渦流靜止時倒塌

詩人以跳躍的思路，從「四季的方城」到「萬水千山」以至室內的花瓶唱片，通過不同性質的意象組合，第一句說時，第二句說空，從空的錯綜變化，表達了一個永恆的眞理，死亡的迫近是不可阻擋的。

在羅門的詩中，有時也打破了時空的固有順序，多層次的時空結構和跳躍性的情緒節奏也是他常用的手法，如「車禍」，是從時空的倒轉描寫街上的悲劇：一個老兵在街上走，一刹那間，天地倒轉，車禍來臨，詩篇中的「他」，從「雙手翻找着那天空」到「路反過來走他」的翻天覆地的突變，悲慘的命運已降臨到他身上：

他走著　雙手翻找著那天空
他走著　嘴邊仍吱唔著砲彈的餘音
他走著　斜在身子的外邊
他走著　走進一聲急煞車裏去
他不走了　路反過來走他
他不走了　城裏那尾好看的週末仍在走

他不走了　高架廣告牌
　　將整座天空停在那裏

以時空的顚倒來描寫悲劇，手法奇特。又如『目窗、天空的演出』：

臉一靠窗
目便與天空換了位置
天空總以為用不着動
　　全都到了它下面
窗心照不宣
站在遼濶裏看
天空不動
目也不動
天空動
目仍不動
天空用太陽的脚猛踩
　　踩也踩不到底
天空伸出月光的手
　　夜便越摸越深

詩人以目光臨窗注視天空時的空中變幻，從「目」、「窗」、「天空」三種不同的透明空間互換，寫出大自然與人內在空間相互動相互應的交視等至爲奧秘的變化狀態。在「第九日的底流」中有這麼一段詩：「風景流過雙目／雙目流入斑斕／斑斕流成迷離／眼睛裏的那條河／便也流成煙了。「雙目注視窗外風景的迷離變幻，也是通過多層次的時空結構與疊現的影像來表現的。

我們讀羅門的詩，往往感到一股強大的震撼力迎面撲來，詩中洋溢着詩人充沛的情思。在羅門的詩中，寫景、敍事、抒情溶合爲一，而且他擅長於把自我心靈的思考，通過形象的塑造投射在客觀事物的描寫中，如「傘」詩中所寫的，街頭的雨傘下，乃竟罩着一個個孤獨的靈魂：

他靠着公寓的窗口
看雨中的傘
走成一個個
孤獨的世界
想起一大羣人
每天從人潮滾滾的
公車與地下道
裹住自己躲回家
把門關上

寫的似乎是眼見到的某一件事——雨中的傘，但這也是寫心靈中的傘！詩人把主題意識投射在詩中，寫出一股都市生活中人與人之間的冷漠的孤獨感。就是對人物的特寫，也充滿着詩人強烈的感情色彩。如《老處女企業家》：「她坐在旋椅上／把整座玻璃大厦／旋成一隻水晶球／四面八方反射著／太陽的笑聲」，在白天，女企業家八面威風，主宰一切，笑聲朗朗，有旋轉乾坤之力。但是夜晚回來，一片孤寂：「帶着笑聲回房／脫下名貴的浪琴錶／時間忽然靜下來／浪無聲／琴也無聲／燈熄後／只有那襲綢質透明睡衣／抱住一個越來越冷感的夜。」整首詩寫的是老處女型企業家這一個典型人物，但卻寫出都市人深深的孤獨感，這位指揮整個企業的女強人，夜晚孤獨的困擾，情感生活的失控，更表現出人生存的荒謬以及人與人之間無法溝通的心靈。詩人似乎在爲揭發這種人間隔膜而發言。在冷漠的筆墨描寫之中，隱藏着一顆沖擊這種困境的熱烈的心。像《BB型單身女秘書》，詩人筆下似乎是平平淡淡的摹寫女秘書的工作、動作，但詩中潛藏的影射力，卻是對都市生活的無情揭露：「替公司／記下客戶要的貨色／與交貨時間／她把電話掛上／去接另一個電話／聽見總經理說／下班到玫瑰餐廳去／她對鏡／塗一下玫瑰色口紅／忽然發覺自己／也是一種貨色／玫瑰色的／準時交貨。」多麼可憐啊，在自己所從事的商品交易的工作中，連自己本身的肉體也淪爲商品，她失落了自我，她也被商品化了。詩人在對人物素描之中，把所描寫的對象心靈化了，而且深化，把詩人主觀對城市的批判的感情，投射在筆下的人物中表現出來了。尤其是在作者的思鄉詩中，寫景、敍事、抒情融合的手法表現得特別細膩感人。詩人思鄉的情懷，一旦流入詩裏，如同萬丈急瀉的瀑布，騰馳而下。詩人抒寫一個「家」字，用四面八方的環境描寫襯托而出，他先從海浪的撲打寫家：「一個浪對一個浪說過去／說了三十年只說一個字／家。」海浪的翻騰，三十年如一日地只凝聚出一個「家」字，已經是擊碎心弦，而詩人又接着寫道：「雲在聽風在聽／海自己也在聽。」大海、雲天、風浪，遼濶的海空大地，都在傾聽這一令人心碎的「家」字，把思鄉之情寫得像大海一樣深沉，像天空一樣悠遠。《茶意》一詩中寫一位老兵對茶杯中的注視，一個微小的動作，一刹那間浮現的情思，卻呈現令人心碎的思鄉情意：「夕照與目光一同沉向／微暗的水平線／整個視野靜入那茶杯中／歲月睡在裏邊／血淚睡在裏邊／心也睡在裏邊。」無限的鄉愁，在注視中竟把茶杯中沉不去的那片茶葉，在幻視中看成「那片在夢裏也要帶着河，流回家鄉去的秋海棠」。

羅門詩作獨具特色，除廣泛運用意象外，詩人特別注意詩中的語言方式的構架。如以標點符號、拼寫方法和排列的形式來暗示人物某一瞬間的感覺、印象和精神狀態。

有時候，詩人特別注意以單字的排列表達激情，如《迷妳裙》：

就那麼的裁過來
　　裁成一九七二年的旋律
就那麼的裁過去
　　裁出那條令人心碎的
　　　　　　　望
　　　　　　　鄉
　　　　　　　水

平
線
多少日落
多少星墜
多少月沉

又如《鞋》：

樓梯口那雙鞋
竟是天窗裏的一朵雲
山遙水遠　雲非樹
水遠山遙　雲非雲
雲只是那條
永不能定名的路

鞋也是
遠方也是
天空裏的那片落葉也是

這種單字排列形式，直觀地體現了詩人所見到的事物的一刹那間的強烈感情。《迷妳裙》一詩，通過單字的跳躍式的詩句，寫出都市人看見迷妳裙時所聯想的更深一層的意涵——「表現出與現代人內心慾望交感在一起的眞實的視覺活動，作品便因有心的靈智與肉體的慾性同時投入，而獲得更確切的生命實感——它不僅傳眞與呈露現代人生活的實情，而且表現了一種具現代感的新的美學效果。」①又如《鞋》詩，以本具飛躍的想像力與深入的透視力。從鞋聯想到無邊的雲，表現人存在於時空中的漂泊感不定感，引起對生命產生渺茫的不可把持的悵惘與懷想，是深入且富於省思與令人再三感嘆與慨嘆的，在那句「雲只是那條永不能定名的路」的單字排列中，一字一字的份量是多麼重，幾乎每一個字眼都撞擊了人們的心扉。

我們再讀一首詩，詩人寫海，也採用單字句來描繪對幽遠遼濶的大海無邊的愛：

那透明的空濶
已忘形成風
水
平
線

---

①《追索的心靈》見《時空的回擊》第三八六頁

是最後的一根弦

用整座天空去碰也碰不出聲來

寫海中的帆航，詩人是這樣落筆的：

航入千帆
帆是你頂向風雨的臉
有時柔得像舌
舐入水天的兩片唇
遠方便展間

這樣把大海千帆的景象之美，用花辯的比喻，單字的詩句，表現得恰當而又成功。

文字句式上的重復排比形式的藝術特徵也是羅門詩中經常使用的。像《隱形的椅子》中：「他寧願裸着被光抓去／永遠關進燈的心／星的心／月的心／太陽的心。」寫光的魅力。又如《目・窗・天空的演出》中：「窗坐在空濶裏唱／無論以那一種鳥去飛的天空／也高不過它／無論以那一種風去追的天空／也遠不過它／無論以那一種天地線去圍繞的天空／也濶不過它／無論以那一種山水去美的天空／也美不過他／無論以那一種聽與看的天空／也聽不過看不過它。」以重複的吟咏抒寫心靈對自由的想往。《逃》這首詩也有同樣的表現形式，詩人要《逃》出一切的束縛，他唱道：「當春日逃過一片片的花辯／夏日逃過一陣陣的浪潮／秋日逃過一林林的葉音／冬日逃過一山山的雪景／遠方逃過一目目的氤氳／只要去想起雲與鳥／天空便會一把抓你成爲／那朵美麗的形而上。」詩人就是運用這樣重複輪換的排比句，歌唱隱秘的心聲。更爲典型的是《咖啡廳》這首詩整首詩都用重複輪替的句式，揭露都市的物慾與性慾：

一排燈
　排好一掛眼睛
一排杯子

　排好一排嘴
一排椅子
　排好一排肩膀
一排裙子
　排好一條腿
一排胸罩
　排好一排乳房
一排眼睛
　排好一排月色
一排嘴
　排好一排泉音
一排肩膀
　排好一排斷橋
一排腿
　排好一排急流
一排乳房
　排好一排浪

夜
便動起來

形式奇特，句法奇特，對有的事物的描寫，也似不合邏輯，但卻事事充滿自由的聯想，這一排排的句式，在一首短詩中自始至終連續重複，只不外換了不同的字眼，如「燈」、「杯子」、「椅子」、「裙子」、「胸罩」、「眼睛」、「肩膀」、「腿」、「乳房」，而相應一句換成「眼睛」、「嘴」、「肩膀」、「腿」、「乳房」、「月色」、「泉音」、「斷橋」、「急流」、「浪」。最後以「夜／便動起來」兩句作結，這樣把咖啡廳的景觀、客人的物慾與性慾的種種心理流向，揭露無遺。詩中巧妙的形式結構，以單調的語言表達複雜的深刻的思路，其藝術構思的奇特，已使這首詩成為羅門都市詩的佳作之一。

在羅門的詩裏，往往通過詩這一藝術形式表現生活的「深度」與堅實的「質感」，羅門說他「盡量利用較生動性的材料做為媒體，讓讀者在接觸到『詩』時，自然地接受那些靠近生活環境的親切事物，進而發覺其背後我所欲表現的深一層的東西，而從潛在的經驗層面，引起共鳴與感到驚異。」他寫詩，從常見的事物入筆，以平淡的語言寫出，但所表達的思想深度都是耐人尋味的。請讀《夏威夷》

夏威夷　你是被彩傘
被响午
被星夜
被子宮

張開的一座美麗的火山

除了草裙舞　誰能說出火的形態
除了起伏的胸部　誰能找到火的心
除了啓開的唇　誰能吻及火的舌
除了那種抱摟　誰能進入火的三圍
除了那種灑脫　誰能揮盡火的繽紛

關於這首詩，作者對自己的創作意向有這樣一段自白。他說：「上帝創造了夏威夷最美麗的天空、陽光、海浪、沙灘及人體，它便被自然界幽美且強烈的生命力所包圍，一切景象都在那可見的美麗的『燃燒』之中，形成一種對生命狂熱的放射力『——除了那種抱摟，誰能進入火的三圍』、『除了起伏的胸部，誰能找到火的心』，這種具有暗示性的平易語言，正是意圖透過對事物內在的觀視，使人生命的內涵力與大自然生命的內涵力，滙流在一起，而從裏邊充份來表現夏威夷在慾性之火中昇燃的強烈的生命狀態。」通過這段剖釋，我們也深深地了解到詩乍一讀來，似寫夏威夷島的遊人的性慾，而詩人深層意識卻在於通過這些目視的景物和平易的語言，一方面表現夏威夷島的「強烈的生命狀態」，一方面寫出「人生命的內涵力與大自然生命的內涵力」的滙合。詩人在描寫人類追求物質文明的背後，開拓更加廣濶、深遠的內心世界，從而超越有限的現實，擁抱內在的更無限的現實。

羅門的詩歌語言是雋美而又深刻的，他通過詩的語言開發人類感官活動和心靈活動的輝煌世界，如「綠色的靜境與我醉眼平行／凝眸伴夏日寧靜的園林遠渡／渡入煙雲／渡入不回首的蒼茫。」（《南方之旅》）這是表現視覺的妙境。「你步返　踩動唱盤裏不死的年輪／我便跟隨你成爲那廻旋的春日／在那一林一林的泉聲中」。（《第九的底流》）這是聽覺世界的妙境。「猛力一推，雙手如流／總是千山萬水／總是回不來的眼睛。」（《窗》）這是觸覺世界的妙境。這類例子，在詩篇中歷歷皆是，不必我們多舉了。

前面我們說過，羅門在詩歌藝術的探索過程中，沒有割斷歷史，而是有機地吸取中國詩的優良傳統。這僅僅是羅門對詩藝術探究的一端。我們還認爲，研究羅門的詩藝術，也決不能從一種單一的文化源流中去追索，羅門是一位臺灣的現代詩人，他所寫的詩公認爲現代詩的傑出者，他的詩決不是單純古詩的現代化，而是在現代消費性的文化中，在有產者所主導的高等文化的世界中產生出來的。不論羅門對詩的主題和題材的思考，對詩的藝術技巧的運用，都從這一客觀現實產生出來的。但羅門的思想是繁富多向且自由與具超越性的，羅門的詩觀是打破框架以「人」爲主的，羅門的藝術是靈巧的、獨特的，他把「古今中外」的知覺和情緒溶混爲一，使西方各詩派的特點都能吸收活用到詩中來；他把社會人生哲理及現實生活納入自己詩的創作的範圍，主張詩人迫切的現代感，他認爲寫詩就必須具有現代感，寫出自己的生活，表現出自己的風格，於是羅門以自己的風貌和氣質寫詩，他既注意保持民族的素質，又沒有把民族的傳統當成束縛自己的枷鎖，而是善於吸收中外古今的優秀藝術養料充實自己，發展自己，化爲自己的創作，因此，羅門的詩，贏得了中外讀者的贊賞，跨越了時間和空間，三十多年來他的詩越寫越精煉。這樣，羅門才能成爲一代的詩的大師，成爲現代詩的巨擘，他以自己獨具的特色雄踞詩壇，爲臺灣詩壇開闢了新的詩的世界。法國丹納在《藝術哲學》中說：「一個生而有才的人的感受力，至少是某一類的感受力，必然又迅速又細緻。他憑着清醒而可靠的感覺，自然而然能辨別和抓住種種細緻的層次和關係，他靠着這個能力深入事物的內心，顯得比別人敏銳。而這個鮮明的，爲個人所獨有的感覺並不是靜止的；影響所及，全部的思想—能和神經並不是靜止的；影響所及，全部的思想機能和神經機能都受到震動。人總是不由自主的要表現內心的感受……；說話會找到色彩鮮明的字眼，意想不到的句法，會有富於形象的、別出心裁的、誇張的風格。」「羅門應該是屬於這一類賦有詩人氣質的人物。因此，在我們縱觀羅門的詩的內容和藝術的造詣之後，我們進一步來研究羅門的藝術觀念，是一個十分必要的課題，了解羅門對詩的潮流的認識及其藝術實際的理論，可以補充我們上面論述的不足，也將會同樣引起讀者濃厚的興味與體認。

四、羅門詩的藝術觀念

羅門是國際著名詩人，他同時又是一位詩的理論家，他的創作實踐與藝術觀念，互爲表裏，可以互相印證。

迄今爲止，羅門先後出版了五部詩的理論著作，即《現代人的悲劇精神與現代詩人》《心靈訪問記》、《長期受審判的人》、《時空的回聲》、《詩眼看世界》。這五本論文集，可以說是羅門從事詩的創作三十多年來對詩與藝術以及人生所發出的個人具有獨特性的見解的論說。自從《整個世界停止呼吸在起跑線上》，詩集出版之後，羅門被臺灣詩壇譽爲「一代大師，是孤傲高貴的現代精神掌旗人。」羅門在現代詩理論方面的造詣，對於現代詩壇，可以說是引導了一代詩風。

羅門的詩的理論極其宏富，他所闡述的藝術觀念也極其寬廣，這裏面，包括個人對中外傳統理論的見地，對都市詩的理論分析，對詩的視覺世界的探討，對第三自然螺旋型架構理論的提倡，對現代詩的評價，對自己創作世界的解剖，對繪畫及造型藝術的探索，以及對人生社會的思考……等。在詩歌的園地裏，羅門對現代詩藝術所進行的思考，無論是廣度或深度說來，都是令人感佩的，而其中的理論發現，就其理論價值來評價，則與羅門在創作上的輝煌成就，是可以相呼應與有建樹的。

我們撿出其中幾個重要的問題加以概括：

㈠詩與藝術是一項永恆性的精神作業

羅門以心靈寫詩，也在音樂與繪畫的陶冶中，心靈不斷地淨化，詩人將自我與整個藝術世界融合在一起；唯其如此，羅門詩作的藝術魅力，才能冲擊人類的心弦。他負有塑造人類心靈的責任感；詩人看到現實世界的缺陷，更創造一個「美」的世界，淨滌人類的靈魂。因此，羅門提出了一個十分簡單而又十分古老而複雜的問題：「詩與藝術能爲人類做什麼？」他認爲：「人存在於現代都市生活中的危機，大多是由於人類的內心世界，缺乏詩與藝術具有超越性的美感與精神的形而上的昇力所引起，而陷入勢利、自私、物慾，缺乏道德觀與價值觀的現實世界，趨於灰暗。」詩人對現實的審視是以一種批判的眼光；爲了追求生活的眞、善、美，詩人把希望和理想寄托於詩與藝術。他說：「我一直深信詩與藝術，確是人類『美』的內心世界的一股卓越的昇華力量，能賜給人類內在生命以無限美好與豐富的內容。在目前世界，人的肉身，雖已能居住在以金錢架起的豪華玻璃大厦裏，但人的精神與內心世界，更應該居住在以詩與藝術所設造的豪華水晶大厦中，這樣人方有眞正完美的幸福可言。」羅門深信詩與藝術是能創造出人類生命存在最美好的境界。在各行各業中，你若從政，則在它超越的「美」中，可進入政治家的精神境界；經商，則在它超越的「美」中，可進入企業家的精神境界。的確詩與藝術，是全人類各行各業的人共同的精神財富，它透過人類精神、思想、情感、智慧、良知、良能所創造的「美」，已是一切存在的不朽的內容；世界上最美的人羣、社會與國家，到最後必定是由詩與藝術創造的。在羅門看來，「詩與藝術是一種能進入一切之內，又能超越一切而存在的永恆的力量；它創造的『美』，不但視爲是時空與宇宙萬物生命的核心，而且是一切道德中的道德。」羅門特別在詩與藝術中強調「美」。他一再解釋：他所提到的美，「不是表象的，而是屬於精神性的。人生的痛苦、寂寞、悲劇乃至虛無絕望……均可透過詩與藝術的轉化作用，成爲一種『美』的存在。同時，由於虛僞不『眞』的一切，不會『美』，敗壞不『善』的一切，也不會『美』。所以眞正的『美』，已含有『眞』與『善』」。所以法國詩人藍波說：「向美致敬」王爾德說：「一切都會過去，只有美永遠存在。」①而羅門一生所追求的，也就是詩與藝術所創造的「美」，他自己宣稱：

① 以上引文，均見《詩眼看世界》中《詩與藝術能爲人類做什麽》一文。

「詩與藝術已日漸成爲我的宗教，成爲我向內外世界透視的明確之鏡，成爲我存在於世、專一且狂熱地追求與創造的一門屬於心靈的神秘的學問。」①作爲開發人類心靈世界的藝術家，必須將自己的生命交給藝術，用詩眼看世界，用自己高度的智慧判視生活，去展開「超以象外」的無限生存境界。將人類卓越的智慧、思想與感情交溶轉化爲生命卓越永恆不朽的光輝。

那麼如何追綜「美」呢？

在回答記者高歌③的訪問時曾說過：「就拿寫《第九日的底流》這首詩來說，我就曾把自己沈入一切的底層世界，傾聽其內在生命的活動的聲音，並且表現出生命與時空在美的昇力中存在與活動的狀況，以及那種帶有宗教色彩與音樂性的美感世界。……我不止一次地，讓貝多芬的音樂衝擊着我，淹沒我，使我的精神接觸到超越與深邃的一切，以至最終，它們已成爲我自己，我的感悟與體認，使我透過深一層的看見，幾乎認出了永恒的臉貌……因此，詩句便也自然地透過精神的深刻面，存在的深刻面，而擊亮生命的本質。」③羅門在論述「美」時曾分析過：「美前故總統肯奈廸曾以世界的領袖身分說出：『詩與藝術使人類的靈魂淨化，權力使人類的靈魂腐化。』同時當你看到貝多芬的音樂在演奏時，擁有無比權勢的皇公，擁有大思想的哲學家與擁有大財富的貴族，都忘我的受感動，內心全被音樂佔領，

① 見《內心世界的燈柱》。
② 高歌就是中國時報著名的副刊主編曾任中時晚報社長的高信疆。
③ 以上均引自《羅門訪問記》見《羅門自選集》

而超昇到生命完美無比的頂點，擁抱到較他們在以上擁抱到的一切，還要榮華與富足。然而那只是一些至爲『抽象』的聲音，卻比世界上任何的『眞』實都還要『眞』實。在那一些聲音裏，它究竟含有多少噸能計算得出來的智識學問、思想與情感？而它的確是人類精神世界中『眞』實無比、威力無比的『原子能』」。①羅門自己的創作靈感不少是緣自貝多芬音樂的激發，他說：「自少年時代開始直至現在，貝多芬的音樂，可說是一直在我內在生命的深處，發出強大的廻響，不斷磨亮着我的靈聽、靈視，去深一層同一切接觸，去感應一切存在。數十年來，我搏動的心靈，經過戰爭苦難的歲月，經過人生漫長的旅程，逐漸體認到時間的重量，空間的阻力、自我存在的價值與意義、人在物質文明世界中的尊嚴，以及對死亡與永恒的默想。……這一切滲和着那緣自對時空的莫名的鄉愁，所引起存在的悲劇情懷，產生出內心的種種感觸，諸如歡樂、痛苦、激動、不安、掙扎、深思、憂情……等，都幾乎在貝多芬的音樂中，獲得慰籍與莫名的共鳴，獲得強有力的支援與引發的作用，進而對生命與一切，更有所感知。」詩人在貝多芬對生命所給予的那股強大的「心力」和「美感」中，獲得了「美」與「力量」，體驗生活和人生，創作動人心弦的詩篇。從羅門的體驗中，音樂作爲一種聽覺藝術，對於詩人創作靈感的蘊釀和啓發，是極其重要的因素，羅門的詩作，不乏寫音樂的詩篇，寫得特別動情，感人肺腑，如《小提琴的四根弦》、《第九日的底流》、《螺旋型之戀》《小巴黎狂想曲》與《歲月的琴聲》等，當然，其他不是直接描繪音樂的詩

①《追踪美·詩眼中的視覺藝術世界》見《詩眼看世界》第六三頁。

作，也具有優美的旋律和節奏感。譬如他的《都市的旋律》，則完全表現出現代都市化的生活節奏與律動感，無形中是含有現代敲打樂的效果，這首詩曾被臺灣作曲家李泰祥部分採用配成音樂，做爲《候鳥之愛》電影中的插曲，便相互的現出詩與音樂間的具體效果來。

羅門對於繪畫這門視覺藝術，也具有深刻的鑑賞力和藝術領悟力。他再三強調藝術的視覺世界，也卽所謂「靈目」。他認爲，「現代詩人確是比較偏於使用『靈目』來觀察與注視世界的，因爲『靈目』較『靈耳』對於內內外外的一切，所做的確認與感知，不但較可靠而且也較持久；譬如一個人在極度痛苦中哭了，當然那哭聲也能引起我們的感動，可是更能深入我們思憶中引起持久感動的，還是他在我們視覺中所刻留下來的那些無救的神情。」①羅門對於視覺藝術也相當關注，羅門的詩觀中，畫家與詩人的心象世界是共通的。他說：「想到畢加索吸收現代抽象、立體、超現實、乃至野獸、達達、普普等畫派的精華，而表現了那一個畫派也不能限制他一已所創作的獨特的面貌，我們便可認明一個大藝術家在創作時，永遠是使自我從一切固有的存在與限制中，突破與超越出去，而呈現出一已對「美」工作的卓越不凡的表現，不被任何固定的方法與形態所困縛。由此也可證實我的看法：「古、今、中、外，只是創作的廣大的範圍與對象，不是整個目的；所有已寫在書中的固定的創作方法，都只是形形式式的有限的鳥籠，不是容納鳥的無限的天空。」多少是有道理的。因爲只有大藝術家才了解心靈在創作時的無限的自由；才能看到神目中的無限遼濶的世界，才會創造出新穎且奇特的世界來。堅持這種體認與信念，我也不斷的要求與試鍊着自己，於是在描寫現代

①《追索的心靈》見《時空的回聲》第三一二頁。

人自我存在的境況時，我在《窗》詩中寫着，『猛力一推，雙手如流……猛力一推，竟被反鎖在走不出去的透明裏；』在《雲的告白》詩中寫着：『雲帶着海散步，帶着遠方遊牧』；在《流浪人》詩中寫着：『他踩着自己的影子，朝自己的鞋聲走去，一顆星也帶着天空，在很遠很遠裏走着……』……上面所舉這些詩句，我深信它同古、今、中、外以及人類思想與精神活動的世界，是絕不會完全離絕的，在藝術上雖也使用了比、象徵與超現實等手法的性能與特質，但那都是透過我個人的心境與創作意念，予以溶合與表現我個人特殊的風貌而存在的，顯示出我個人創作世界獨特的精神架構與模式。」他把繪畫藝術的表現方法，溶鑄在自己的創作構思之中。他強調任何一個畫家的畫筆下所流出的『色』與『形』，都首先必須是從這代人眞實生活的視境輻射與展現出來，它才會鮮活，才會豐富，才會以它最親切最熟悉的力量對準這代人眞實的『視向』快速而入，並喚醒與重現出人類眞實生活與經驗過的視覺世界。」

羅門也認爲視覺藝術確有助於現代詩趨向古詩的精純感、富足感、渾圓感以及結構的緊密性與完整性，以排除目前許多現代詩流於平面、淺薄、單調、零碎、蕪雜、鬆懈與呆滯現象。他在「對現代詩的觀感與展望」一文中提出：

⑴運用畫家與雕塑家畢加索（Picasso p.）創作中「空間素描」的立體觀念，使對象貫通成爲透明體，嗣以移動視點，進入廣濶的心象世界，建立起多向性與多層次的立體美感空間，給詩人獲得繁富與立體的看見，排除詩淺薄的平面性。

⑵運用雕塑家布朗庫斯（P. Bruncusi）創作中的抽象觀念，使衆多的形象，溶化於潛

在的感覺之中，再從其感知的無形之形中，也就是從全體形象的核心中，提昇呈現出本質性的美的形象來。使對象成爲一極具單純感的晶體，排除詩的蕪雜與平庸性。

(3)運用雕塑家加克美蒂(Giacomettia)創作中以壓縮到最小而掌握到至大的造型觀念。以便一方面使意象在視覺空間裏呈現，產生遠近大小強烈對比的美感效果；一方面更把握一切存在的向內凝聚的堅實的密度與質感，以加強單一與整體存在緊密的結構性，排除創作上鬆懈與虛弱的現象。

(4)運用雕塑家康利摩爾（Moore H.）在創作中以飽和的圓渾感涵蓋全面的造型觀念，使整個詩境溶化爲可感的渾然之體，完美的浮現於無限的時空之中，看不出有任何瑣碎與破裂的現象。

(5)運用畫家康丁斯基（Kindinsky W.）在創作中「使線條成爲可見的音波般流動的形態」之特點，來使詩在活動中，產生各種不同的聲韻與律動感，歸向高度的藝術性，而獲得生生不息的美感，以便排除詩中呆滯與硬化的現象。

羅門自信地說：這五個意念，相信詩人若能切實的體認與運用，對現代詩在今後邁向中國古詩精純渾厚與完美的境界，是絕對有幫助的。由於羅門重視視覺藝術和聽覺藝術對詩人的影響，因此，他主張作爲一個詩人，要達到詩的廣濶的美感世界，就不能不「坐在下面的這三張主要的椅子上：

一張是「貝多芬的耳朵」：唯有坐在像貝多芬那樣的耳朵裏，你才會透過靈聽而聽見世界上那些被隱藏住的最美妙與最神秘的聲音……。

> 一張是「米開蘭基羅的眼睛」：唯有坐在像米開蘭基羅那樣的眼睛裏，你才會透過靈視而看見世界上許許多多被隱藏住的最美妙與最神秘的形象……。
>
> 一張是「里爾克的心靈」：唯有坐在像里爾克那樣的心靈裏，你才會透過那無限沈靜的注視與傾聽，而在精神活動的深處將一切驚醒與完成。①

羅門這三張「主要的旋椅」，正象徵作爲一個作家和詩人的價值是，在於去追踪一切存在中的「美」，而「美」又幾乎是內在生命的全部內容，而這種「美感力」，詩人尚須從音樂、繪畫等藝術的豐富寶藏中汲取和融合，才能深入人類的歡樂與痛苦，希望與絕望，愛與恨，乃至空無與死亡等所有生存的活動層面而存在，並因此昇越而成爲那種對人類精神具有絕對性的偉大的主導力量。「美」涵蓋了「眞」、「善」，作爲一個詩人，應該從梵谷握住的爆炸的太陽的畫面中，領悟其所使用的那種強烈燃燒性的色彩與特別粗獷的線條所透視出的具有強烈生命力的畫境；應該透過貝多芬的音樂去反照出所有對存在、對生命活動具有深入感悟性的心靈，詩人要求文字在心靈裏工作，詩人的感受和體認，與音樂、繪畫藝術是密切相關的。詩人與藝術家終生同是爲「美」工作的，因此說，詩與藝術是一項永恒性的精神作業。

㈡兩個基本的創作觀念—「第三自然『與』現代感」

羅門提出，在詩的這項嚴肅且具創造性與永恒感的精神作業中，他自己認爲可以肯定與特別去強調的創作觀念，是「第三自然」與「現代感」。

---

①《追索的心靈》見《長期受着審判的人》第一六〇頁。

「第三自然」的藝術觀念的提出，是羅門對自己創作實踐的體識。他在《詩人藝術家創造了存在的「第三自然」》一文的序中說：「這是廿年來①我透過詩與藝術，對人類內心與精神活動進行探索所做的認定，並提出這一具冒險性的觀點：『詩人與藝術家創造了存在的第三自然』。同時，我深信這一觀點，非但可以解決當前詩與藝術所面臨的種種爭論與危機，並可指出詩人與藝術家所永遠站住的位置，以及人類心靈活動接近完美的企向。」這一觀念，是羅門在一九七四年提出的。當然，康德於一七九〇年在《判斷力批判》（上卷）中，就已曾經提出美學的第三自然的觀念。康德認爲，整個第三自然界，都是「由一種想象力的媒介超過了經驗的界限——這種想象力在努力達到最偉大東西追迹着理性的前奏——在完全性裏來具體化，這些的東西在自然界裏是找不到範例的。」康德是在審美判斷的演繹理論中，從美的哲學的角度提出了自然與美的辯證關係的概念。而羅門，是從自己的創作實踐中領悟和闡釋形象王國裏的「第三自然界」的理論，把哲學觀念具體化於詩歌創作中。羅門提出：所謂第一自然，是客觀存在的自然界，諸如日月星辰、江河大海、森林曠野、風雨雲霧、花樹鳥獸以及春夏秋冬等交錯成的田園與山水型的大自然景象，它便是人類存在所面對的第一自然。所謂第二自然，則是屬於人爲的世界，當愛廸生、瓦特發明了電力與蒸氣機，在那有電氣設備的多暖夏涼、夜如晝的密封型巨厦內，窗外的太陽昇與落，四季的變化，都

① 他主張的「第三自然」創作理念，寫在迄今已屆十七年，臺灣大學著名教授兼文學批評家蔡源煌博士，曾在「詩學研討會中」，讚說羅門的「第三自然」是羅門所塑造的象徵形象與一已創作的某種精神境界且形成他個人一種特殊的創作體系。

多麼異於在田園裏所感覺的，再加上人爲的日漸複雜的現實生活環境與社會形態，使我們更清楚地體認到另一存在的層面與樣相，它便是異於第一自然而屬於人爲的第二自然的存在層面與樣相了。而這「第一自然」與「第二自然」，僅僅是人類生存的兩大「現實性」的主要空間，一般人都無法超離。而對於一個向內心探索與開拓人類完美存在境界的詩人與藝術家來說，它卻又只是一切的起點。這正如康德所說的藝術具有的想像力（作爲生產的認識機能）是強有力地從眞的自然所提供給它的素材裏創造出一個像似另一自然來。」①這一自然界，既不完全是客觀現實，但卻是有客觀現實性，它是由作者心靈與客觀融化而創造的具有藝術力量的意境，是藝術和詩所建立的形象的王國。羅門指出：當陶淵明寫出「採菊東籬下，悠然見南山」、王維寫出「江流天地外，山色有無中」、艾略特寫出《荒原》、金山堡寫出《吼》，我們便清楚地看到人類活於第一與第二自然存在層面得不到滿足的心靈，是如何追隨著詩與藝術的力量，進入那無限地展現的「第三自然」。這種「第三自然」的理論，逐漸地已成爲世界範圍的話題，中國著名詩人公木一九八一年在《詩探索》第四期裏，也曾發表文章研討這一問題，文章題目爲《話說第三自然界》，公木說：「第三自然界」的理論是受了高爾基的《文化觀》的啓發而形成的。高爾基於一九二八年寫過一篇短文《說文化》，刊載在魯迅編、瞿秋白譯的《海上述林》中，高爾基談的是文化，他認爲「文化——這是人要想用自己的意志，自己的理智的力量去創造『第二自然界』的結果。」第一個自然界是無組織的原始的自然，第二自然界是人類在本能之外對第一自然界的改造——引

①《判斷力批判》上卷

起了自然科學的萌芽：計算、測量、輕重以及自我認識的本能，從這裏發生了宗教和精神觀察的——思考的——哲學。「第三自然界的理論是由高爾基這種文化觀推衍出來的。高爾基說：「宗教和精神觀點的哲學，照我看來，應當算是屬於藝術的創造的，這是人企圖把自己的經驗，自己的感情和幻想化成形象，把自己的感情形成思想的一種藝術。人把自己的最好的願望，自己關於全知、全能的幻想，自己要求克服『第一自然界』的敵視人的自發力量的要求化成了神道（上帝）的形象。「這種形象世界——源於又高於第二自然界」，屬於又異於「第二自然界」，強名之爲「第三自然界」。公木提出，第三自然界是用來說明藝術的本質、詩的本質。從詩人公木的解釋裏，我們可以了解到，中外文學家和詩人們，從高爾基以降，都在思考「第三自然界」這一藝術理論，公木在中國大陸，注視和探討「第三自然界」的問題，當時在中國的詩壇上，年青詩人們提出了「意境——第三自然界」的命題。他們提出這一理論有四個特點：(1)我們對它是熟悉的；(2)第三自然界是新穎的；(3)第三自然界較之第二自然界更美；(4)在第三自然界中奔湧着詩人的感情的溪水，照耀着詩人思想的光芒，生長着詩人生命的長青之樹。這一理論的提出，說明中國大陸的詩人羣已經接受了這一理論並進行認眞的研討。這是八十年代初期的事。而在七十年代中期，中國臺灣的詩人羅門就已經詳細地闡述了這一理論的實質，並通過自己的創作實踐領悟這一理論，對這一問題進行了精闢的論述，其理論高度應該說超越了其他的詩人與文藝理論家們的觀點了。羅門從創作心理學的角度，闡明「第三自然」的內涵和實質。他指出：「第三自然，便是詩人與藝術家掙脫第一與第二自然的有限境界與種種障碍，而探索到的更爲龐大與無限壯濶的自然——它使第一與第二自然獲得超越並轉化入純然與深遠的存在之境。此境，有如一面無邊的明淨之鏡，能包容與透視一切生命與事物活動於種種美好的形態與秩序之中。」他認爲，是詩人與藝術將一切轉化入「第三自然」獲得更爲理想與完美的存在，而站在這個由第一自然與第二自然超脫出來的「第三自然」的存在層面上，不但可以確實地認識「心靈」與其透過詩與藝術所進行的永恒作業，同時也將有效地解決詩與藝術在目前所發生的某些重大問題與危機：第一，解決詩與藝術對內心所產生的「美感力」，便是無形中構成人類一切道德生活中的支柱，在廣義上，也說明詩與藝術在人類生存的社會環境中，是具有深遠與永恒的社會價值。從這一理論出發，就可以糾正那些把文藝從屬於政治或強調爲藝術而藝術的兩個偏差，把握藝術作品精神與美感特性，詩人及藝術家將一切透過美感心靈，導入美的形式與結構中，以一種無形的力量，於潛移默化中作用着人類的心靈，它雖非直接也是間接地引導着人類進入社會的一切行爲，於自然中，遵從着純正的心性以及人道的良知的精神。第二，「第三自然」的理論，可以進一步推斷，做爲一個存在於人類內心世界的眞實的詩人與藝術家，負有遠大的使命。他們對於人類未來的命運與精神文明的遠景，的確是有如濃霧中的日出。第三，站在「第三自然」存在的層上，我們將永遠重視作家心靈的「內視力」與「轉化力」，因爲它能確實看見一切的核心，並把握一切向內延伸與超昇的形而上之勢能，而觸及萬物在不可見中交感的世界——這也往往是詩與藝術所創造的至高境界。第四，「第三自然」既不重視對『古今中外』時空性做機械式的隔離，也反對它們之間有任何固有的無謂甚至偏激的排他性。它掙脫一切阻撓，獲得其極大的自由與無限的包容性，永爲「完美」而存在，使「

時空」形成一透明無限的宇宙，「古、今、中、外」納入其中，呈現出一並列相容的整體的存在，詩人可以任意地運用各種題材與方法，不受約束地進行創作。由此，作爲一個具有內心境界的詩人與藝術家，創作時便非常自然地穿越「古、今、中、外」局限的時空性，而面對一個由整體時空所顯示的「永恒」世界。所以凡是具偉大性的詩與藝術品，大多是由於作者的內心轉化入「第三自然」而根入永恒的生命之源中的作品，並獲得廣泛的共鳴。

以上是羅門對「第三自然」的藝術理論的闡釋，詩人所立足的是作爲一個詩人和藝術家的歷史責任感，只有創作心靈達到這個以「美」爲主體的「第三自然」時，詩與藝術的生命才能全然出現於「超以象外，得以環中」的無限境界之中。羅門這一開拓內心世界的深遠境界的理論，是植根於現實生活之中，立足於精神活動的領域，這一理論的客觀性與正確性，可以導向詩人與藝術家向完美的創造意識接近，唯其如此，詩人才能在觀察、體認、感受、轉化與昇華等心靈活動所形成的過程中，達到那個具有超越性與充滿美感的更爲眞實與廣濶的「第三自然」的世界。

羅門最基本創作觀的第二個問題是「現代感」。這是現代詩人所必須具備的觀念。羅門認爲：「大凡一個作家的內在，對人類生存的世界，確實具有超過常人的感受力與敏銳性，那麼，當他已日漸生活在現代的環境中時，他的精神活動，自必呈示着濃厚的現代感。科學文明既然不斷的更變外在世界的面貌，「外界」實際已成了一扇變動的『窗』，詩人與藝術家的內在，也應形成另一面具有調度性的『窗』；當『外界』的那扇『窗』，不斷透露出新的景物時，內在的那扇『窗』，便也自然有了新的矚視與新的感應，而去重新發現與調度一切事物存在、活動的狀態與秩序，並獲致那具有現代特殊性的感受。於是，一種異於往昔的藝術形態，便也因此被創造，並且形成了——它不但形成在這代人眞實生存的傾向上，更負起了藝術最高貴的『創造』的使命。」①因此，「現代感」更重要的部份，不僅僅是使人們驚異地注視現代物質生活的變異，而是人類銳敏的心靈，對下一秒鐘焦灼的守望與期待。而人們提起「現代」這一觀念，就畏懼地認爲它是屬於西方的。羅門指出這種認識完全是一種錯覺，「現代」並不只屬於任何一個地區的，它是屬於西方、東方，屬於全人類敏感與悟性不等的探索的心靈的。」②羅門又是依據什麼樣的價值觀來判定作品的「現代感」的呢？他所強調的是詩與藝術的「創造性」，他說：「因爲『現代感』對於個人或全人類的生存世界，永遠是具有強烈的變異性與超越性，能爲人類存在不斷帶來新的經驗與體認，也賦給詩人與藝術家創作上新穎豐富的資源，去提供昔日未有的貢獻。」③因此，「現代感」強調於現代詩的創作中，因它首先涉及詩人心態活動的現場性（卽現代詩人生活的處境）；其次是要求傳達媒體（語言與技巧）必須做適應性的調度與配合。當傳達媒體，不能有效與確切地呈現新穎事物存在與活動的實情與實況、及其發生在這代人「官能」與「心感」世界中新的美感經驗，這便導致現代詩乃至現代文學與藝術的「現代」兩字失去最大的意義，甚至失去高敏度的創造性。羅門以自己的作品爲例，他說：「如果我們確對現代生活具有深入的體認與

---

①《追索的心靈》上
②《做爲詩人對現代的看法》
③《追索的心靈》上

感受，具有銳敏的透視力與判斷，則當我們看到一個少女穿着很短的迷妳裙在街上走過來，引起行人注目，我們會寫出：『它短得像一朵火花，一閃整條街便燒了起來，而不去寫『它短得像鳥的尾巴……』，因爲前者的語言媒體具有高度的適應力，能在現場把人們最眞實的感官與心感的活動實象實況全部掌握；後者則較遠離現場性，也較缺乏現代感。」①羅門還進一步總結了現代感最主要的三種生命動力——即「前衞性」、「創新性」與「驚異性」（或震撼性）。所謂「前衞性」，是「使詩人在創作中機敏地站在靠近『未來』的最前端，去確實地預感新的一切之『來向』，而成爲所謂的『先知者』，去迎接與創造一切進入新境與其活動的新的美感形態與秩序。」所謂「創新性」，在於「一直在查驗與檢定詩人的『創作生命』是否有效與存在。如果詩人在『心象』以及『語言』與『技巧』的活動，缺乏『創新性』，便勢必於不知不覺中陷入殘舊與僵化的創作狀態，而失去創作者在創作上的實質身份。」所謂：「震驚性」，「是一直刺動詩人的創作生命，呈現其超越已往的獨特與新異的面貌。這也是給讀者感受的心靈，不斷帶來新的喜動與滿足感，它包括了作品形態與內涵力雙方面，對現代人內心所引起新異、迅速且強大的感應與反應力。」在陳述現代感所具備的特質的同時，對於作爲一個詩人的創作生命體認的「現代感」的強調，他在字裏行間充滿着愛國精神和作爲一個現代中國人的自豪感。他說：「做爲一個有創造方與展望的中國現代詩人，他首先必須是一個領受過中國有機傳統文化的中國人，同時他也必須是一個關心到全人類存在於現代世界中的人，最後他更必須是他獨特的自己，唯有站在這一完整與複疊的精神

①《心靈的叠景》（代序）《曠野》序

活動層次上，才可望在詩的創作世界中，創造出那獨特且感人與偉大的現代作品來，宏揚世界。

羅門的「詩人與藝術家創造了人類存在的「第三自然」和「現代感」的兩項創作觀點，對於作家的創作世界，是有着十分積極的意義與深遠的作用的。

(三)對現代詩的再認識和評價

羅門第五本詩集《曠野》出版時，臺灣《中國時報》出版刊物曾介紹說：這部詩集「是這位現代主義的急先鋒在寫詩三十年之後的重新出發」。當採訪者問羅門是否能接受「現代主義的急先鋒」的評論時，詩人是持不同的看法的。羅門強調詩的「現代感」，探討現代詩的創作流向，與詩壇上所稱的外來的「現代主義」、是有區別的，羅門認爲「雖然現代主義的精神意識及其影響下的文藝思潮，都與現代都市文明的生活層面與特殊的生存處境，有潛在的關聯性；……但我被指稱爲「現代主義的急先鋒」或信徒，我仍覺得不妥，與我上述的創作觀念也有距離。因爲我對現代主義的「主義」兩字，覺得它有框架，我比較着重與強調現代生存時空所不斷產生的具前衞性與創新性的現代精神意識，以及對事物採取新的觀視角度與思考方法。」所以他所強調的「現代」意識與「現代主義」具有不完全相同的涵義，

那麼，羅門如何看待現代詩呢？

第一，對臺灣現代詩現狀的估計：

對於臺灣詩壇的現代詩運動狀況，羅門曾作了較爲全面的批評和論釋。他說：「國內詩

壇自喊出現代詩運動過後，詩壇雖帶來了新的景象，但確也帶來某些波動與混亂，這就是由於大多數創作者本身，對此項運動缺乏深入的了解與信心，只在藝術技巧上求變化，未能把握住『現代』精神的本質。也就是說，究竟有那些詩人能在『現代』的迫視下，以澈底新的眼力，去觀察現代環境與一切事物而創造出確實不凡的新境？或者切實地站在『傳統』的基石上，向前面不是回頭走呢？兩者能切實做到，則在藝術創作世界中，均可能產生傑出甚至偉大的作品，可是由於大多數創作者，不是對「現代」缺乏探險的才能、魄力與信心，便是對傳統，只是達到了某種形貌上的不夠深入的領悟。這也就是說，中國現代詩人在創造全新的境界時，仍缺乏深入性；在面對傳統時，往往只流於某些形態的摸索，既不能深入地窺見仍活着的『古人』，又看不見甚至疏離了現代人生存的眞實精神。」①

第二、現代詩所面臨的選擇

針對現代詩的現狀，羅門在討論現代詩的過程中，提出了有關現代詩創作的幾個應該認眞研究的問題：(1)從創作者內在眞實的生命形態看古詩與現代詩。(2)從現代生活處境看現代詩發展的必然性。(3)從「創作」兩字看現代詩發展的必然性。(4)已具有存在與發展必然性的現代詩，究竟在未來會對中國文學有何樣的貢獻呢？(5)中國現代詩應吸收古詩的精華，以壯大其本身的生命。這些觀點，詩人都是立足於「現代」和「創新」的基礎上，即使是汲取古代文學藝術遺產，也應在創造的過程中，有所超越地緊抓住那條串連着「過去」、「現在」與「未來」且顫動着「永恒」的連線。只有創新性，才能產生具創造性的新穎的作品。因

①《追索的心靈》下

此，在創作問題上，現代詩面臨着兩種選擇——本位與移植。即(1)將創作精神確實且徹底地放在「現代」不斷誕生的新的事物與境界上，於實驗與冒險性的追索中，將詩創作的「新境」開發與建立，從而在不斷變動的時空中，抓住一切有機的變性，予以創造。(2)對傳統精神做有機的吸收，同時顯示出穿越現代而向未來推進之力量，這也就是將現代投入傳統有機的核心中，使傳統獲得新的成長力。因此，作爲一個中國現代詩人，應該像古今中外有成就的詩人和藝術家一樣，在基本上對自己所從事的這種「心靈作業」應具有全面開放的心靈與深入的認知，必須以全心全力，投入那開放的時空與無限的永恒的美的追索之中。

第三、現代詩的精神特質：

羅門指出，現代詩的精神，是由現代人的內在活動世界，普遍地受現代生存「處境」（situaion）的影響所引起的。現代人的精神活動實境，給予現代詩以牽制力與決定性。羅門對此提出十個方面的問題：(1)自我的尋找。即從現代都市型的動亂面以及複雜性中，找回完整與純然的自我。(2)慾我與靈我換位。即作家偉大、不朽、永恒的形而上心靈與現代物慾的形而上世界的嚴重矛盾。(3)自我精神的面臨困境。即在動亂不定的現代都市裏，人們處於孤寂、苦悶、虛空與靠不住，因此精神面臨難局。(4)價值論被懷疑。人們對存在價值觀的變化與動搖。(5)時間與空間觀念的混亂。(6)悲劇精神的變化。(7)理想主義的被冷落。(8)對傳統進行批判。(9)田園與都市的失衡衝突。(10)向抽象與超現實的世界開發精神出路。由於現代人精神存在的實境，以絕對的威勢，牽制乃至全然作用了現代藝術發展的趨向，因此，在現代詩創作的審美觀上，也自然地產生了新的變化：(1)注重表現；(2)重視知性；(3)注重靜觀與內省；(4)對邏輯世界表示冷淡；(5)強調詩中的實感性與現場性；(6)注重戲劇性效果；(7)開放潛意識世界；(8)控制藝術活動的新性能；……等

羅門強調說，現代詩在創作上的另一個特色，是不受任何題材限制；它的精神雖必須受現代物質文明影響下的生存處境所作用，但它也容納了其他的題材——包括對神、上帝、自然以及過去、現在與未來所發生的一切情思與想像……均可置入新的審美觀與新的觀物態度下，去進行剖視，去經過高度技巧的運用，給它以新的安排組合與再現，而塑造新的藝術風貌與形成現代詩傑出的作品。正因爲現代詩所受生存的新處境的影響，臺灣現代詩人創作的形態與動向，主要表現了下列七個方面：(1)帶着一種不可阻擋的自我衝力，與時空死亡以及生存的處境搏鬬，追尋着人與事物的純性以及眞實的美。(2)雖活在機械文明動亂的現代，但仍留戀傳統中的某些事物，這部份詩人，用現代詩的技巧，表現傳統的情思。(3)偏於智性與哲思的表現，缺少現代人眞實生活的感受，作品多流露出靜觀內省的精神。(4)禁一己於自我獨特的存在世界裏，對自我存在進行專一的沉思與默想，同外界動亂的現實面幾乎絕緣，這類詩人的作品多偏重於個人的獨特的自我表現。(5)同傳統的情思與現代精神雖都有往來，但不夠深入，也不夠強烈，故作品中只能表現一般與尋常的事物。(6)將創作精神建立在實用的意識上，使詩與藝術成爲一種直接作用於現實的力量，達到實用與載道的效果，詩作的「實用性」超過藝術性。(7)將詩當作直抒式的情感流露，缺少藝術表現。以上七個方面，是現代詩人創作的各種精神形態。他們的創作，雖然是各個自我的表現，但多少反映出普遍性的文學功能，則從不同的形態中去給於他們不同的定位。

第四、現代詩對於詩創作的發展產生積極的影響。

羅門在《現代詩之再認與評價》一文中，理智地分析現代詩人對於詩壇所產生的積極意義。他認為：現代詩人，面對着現代這一新的物態空間、新的生存景象、新的物境與心境，的確把握到了創作的新的動向、蘊含與遼濶的幅面；而在技巧表現與工具材料的運用上，也同時尋求新的適應性。因此，現代詩人的創作，對文學的發展，特別對詩創作的發展，包含着建設性的積極意義。

⑴現代詩人，在穿越人存在於現實的共同面，繼續向特殊的自我生命之深層探索，這便導致兩項可觀的精神反應與效果。一是發現人存在的自由性大大擴張了，這一擴張，與詩人的精神活動及詩藝術境界的拓寬是相一致的；一是內在生命活動的樣相，有更多的特殊性與動向，這在客觀上能滿足人類對自我內心的追索，也豐富了人類的精神生活。

⑵現代詩人，借助科學引發的現代處境，給予人類更充份的生存經驗、認知力與潛在意識，而激發活躍與豐富的聯想，像衆多的樹根蔓延入一切存在的深層，而把握到那種向內的伸長力與散佈性。比較於古典詩及前此的新詩，現代詩得時代的厚愛，得天獨厚地對事物的透視與觀察，有新異性與多向性的優惠。

⑶現代詩人，在創作中，追求一切存在眞實的本質，並要求其透過藝術表現之後的「純感」，這便自然對洩情與現實主義所表現的那個缺乏「境」的粗淺世界有距離，他特別關心的，是對一切內在眞實的體認，使這種種體認經過感受與轉化而昇華。因而也特別發覺與把握到人類存在情況的多樣性與深廣度。

(4)現代詩表現現實，但這「現實」在現代詩中，有着更爲徹底更爲豐富的含義，它不再是一般批評家所要求的那種有限性與特定性的現實感，而是一種無限地交流且能包容那並存於整個時空中的各種現實中的再現的深層「現實」。古詩中的「江流天地外，山色有無中」，「采菊東籬下，悠然見南山」……等這類「有神韻可味，無迹象可尋」的物我兩忘的詩，都可說是進入「神境」的作品，像這種弦外之音，從有限到無限的表現，的確已獲得了它存在的超越性與永恒性，雖從狹義的現實主義的觀點出發，可能會指責這類作品多少有脫離現實，脫離羣衆被關在象牙塔裏的過高的境界之嫌，但現代詩人卻不這樣看。現代詩展開詩活動的更爲壯濶的幅面，同時也是在維護與包容人類存在於更多情境中的可能性。並強調透過藝術的表現過程，轉化與提升現實進入新的存在秩序與新的架構形態，也卽進入人類精神活動空間更廣濶的詩境。

(5)現代詩人雖覺得過去浪漫主義的洩情，以及現實主義的直涉性，缺乏向內的深思與轉化，有損詩的藝術與作品精神的深度之建立，應加改進；但對於有些詩人熱衷於西方藝術的這一個主義，那一個流派，也認爲是一種自縛。現代詩在藝術表現上有了新的覺醒，卽認爲詩既然是賦予現實中存在的一切，以多種形式，那麼，詩本身就不能被一種形式所固定。現代詩的藝術生命在於創新，在於它的表現方法的自由，多方面以及不斷地演變，強調創造，卽使作品不一定比以前的更好，但它畢竟帶來了過去所沒有的新的創作內涵形態與情境。

(6)現代詩，一再強調對事物以及人與自我存在的內在實性之探索與開發，使作品現出深度與無限交流的內視空間，而獲得更富足的心感活動，在這一個迷人的動向中，詩與藝術便自然地成爲一種向前推進的力量，導致人類精神進入高度文明的活動世界，在這個世界裏，人們獲得更遼濶的生存境界與新穎富足的感知。

(7)現代詩，在強調作品美感的集中力與精神的深度之過程中，由於現代生存處境所引起心感與情緒活動的趨於繁複，以及提供複雜的經驗層面，現代詩人，一開始是必須使用大量意象語，去表現那被冠上「現代詩」形態的龐大與繁富的詩境。這便可能大大地開發人類情思活動的容涵，而且也反過來影響現代詩創作從繁複深奧轉向單純與渾成，轉向明朗易懂的純化與明度。

(8)現代詩人站在詩與藝術的本質世界中的確非常合理地解決那些不必要的爭論，譬如古與今，中與外，現代與傳統，現實的社會性與個人的特殊性等等……使我們更切實了解詩與藝術創作的基本精神，是全然爲所有的生命與全世界的人類開放的。對於現代詩人與藝術家來說，他們對「人」與「藝術」的雙重探險工作，較過去更爲深切與積極，而且爭取到更大的自由，以便把握到波瀾壯濶的新局面，而維護與創造人類更優美的精神文明之境界。

羅門對於現代詩在促進詩藝術發展方面所產生的積極意義，提出這一系列的分析，充分地肯定了現代詩存在的價值。他還提出：現代詩人必須更擴大內在的視野，以開放的心靈，去對生命做深入性的探索，接受現代文明的挑戰，並吸取西方藝術思潮的影響，同時使創作媒體（就詩的語言與技巧）獲得更大的自由性與突破性，以便確實把握到廣體的創作世界，而有卓越的表現。

(四)現代詩如何從古典文學中汲取有機的生命與原動力？

一位現代詩人，如此重視與熱愛古典文學，努力從中汲取優美的意境，使現代詩的藝術境界更加純美。這種觀念，確實是難能可貴的。

羅門在《追索的心靈》（下篇）中在回答李安娜的訪問時說過：「中國古詩的確表現了對『自然』的無限優美的情思，訴之於形便入畫；發抒於聲，便音韻動人，實在令人悠然神往，尤其是像王維與陶淵明那樣的詩，他們在詩中所表現出那種渾然的物我兩忘的超越詩境，使我們感悟到一切生命存在於大自然無限的內涵之中，是多麼令人感到滿足和依戀！但我們汲取古典文學，是汲取其有機的生命，以擴展我們的生命，而非以它固定甚至僵化的形態，限制我們創作生命的成長。唯有如此，才能使現代詩不受牽制且機動的吸納傳統，而與傳統溶合成超越時空的更爲強大的文學生命。所以羅門在談到詩的境界時，發出頗爲驚動人們的借問：「如果把王維、陶淵明以及李白、杜甫他們那些具有詩的「純質」與「內心境界」的詩，視爲人類精神世界不朽的『金字塔』有什麼不好呢？」在中國詩與西洋詩的創作比較中，羅門從中西方文化觀念的差異中來進行比較。他在《追索的心靈》（中）談到：「由於東方人比較偏於『自然觀』，所以人與自然渾爲一體，比較沒有敵對意識，不必加以對質、分析與求證等程序；西方人的思想，往往正相反於此，偏於科學的理性追認，事實的敍說，這便自然地形成兩者在詩質上有了差別。所以中國詩較接近『直觀』，常把握單純的瞬息間的整體美，緣自頓悟與直感；西方詩尤其是現代的西方詩，較偏於「知性」。對物與生命作多向性的探索，使詩含有知識性與新的生存經驗之追認成份。因此，中國詩一向着重於意境高，而且美感活動形態偏於直觀與「物吾渾成」的頓悟性，不像西方詩每每含有知性或理性的組合或分析等「間隔」，因而能直達無阻，一望無窮。而這種效果與差異，同其東西方人的文化精神之特性，確有着密切的關係。

羅門還提出了一個問題，中國詩以往既已有深遠的意境，那麼中國現代詩人爲什麼還要接受西方詩影響呢？詩人的回答是：「做爲一個中國作家，他首先必須是一個或多或少地吸收過中國文化的中國人；接着他應該是一個有着現代人生活眞實感受的現代中國人；同時他必須是一個關心到全人類內心生活的現代世界中的人。最後他更必須是他不斷超越中的獨特的自己。」①因此，就必須一方面繼承我國傳統詩質而助長新的創作力，一方面接受外來的影響增強新的創作力。詩人在論證中列舉許多例子，說明了把握傳統同時又能超越傳統、接受西方影響，同時又能超越西方，去進行有機的聯繫、溝通與整合。

㈤關於都市詩的理論

羅門是都市詩的巨擘。他在都市詩的創作中取得了巨大的業績，在都市詩的理論建樹方面，所提出的理論見解，也是奠基性的！

現代人在現代都市中生活，而且不斷地追求最大限度的物質生活的滿足；但是，人畢竟不只是文明的動物，人們的內心世界，需要高度的「詩」與「藝術」等精神文明的力量，來

①《追索的心靈》（中）

美化、充實，並把生命卓越的光源引進來。可是都市在另一個方向上，又的確帶來危機；都市的文明不斷把人放逐在腰下的物慾世界，將人的內心，從生機勃勃的「空靈」狀態，日漸推入蕭條、凋零的「靈空」狀態，造成心靈與精神貧血與趨於乾涸枯萎的現象。「都市文明」，不但改變着人類外在的生活形態，而且使人類內在生活的心態也隨著變化。人類越來越生活在「都市」的空間範圍裏，「都市」也總是站在第一線一直接受現代文明所帶來的新的生活景觀與資訊，而不斷激發詩人與藝術家，產生新的想像世界、新的視聽美感空間、新的觀物與審美角度，並不斷維持前衛性與突破性的創作能力。因此，都市詩也成爲現代詩人創作的主要主題之一。

對於都市詩，羅門根據自己的創作經驗，提出了他對都市詩的體認、觀感、理念與看法：

第一，都市詩是人爲的第二自然——都市生存空間（異於第一自然——田園型的生存空間）的產物。有其較偏於現場性、行動化與速度感的運作勢能以及它特殊的現代精神活動磁力場。若能進一步的推斷，都市詩便是基於：

⑴都市化的生活環境，不斷激發感官與心態活動呈現新的美感經驗，也不斷調度與更新創作者對事物、環境觀察與審美的角度及其運用的媒體與方法技巧。

⑵現代都市文明高度的發展與進步，帶來尖銳與急劇的變化，導致一切進入緊張衝刺的行動化運作情況。創作者逼近前衛性與創新性去不斷進行突破，是必然的。

⑶承認現代都市文明已構成現代詩人心象活動重要的機能與動力，並不斷展開具「劇變

性」與「新穎性」的想像空間與思考境界。

第二，都市詩勢必進行「齒輪」與「心輪」永不休止的交談，甚至爭論，因此：

(1)創作者必須徹底聽出「齒輪」與「心輪」滾動時有異的動向與聲音；判視出「心血」與「汽油」流動時有異的屬性與流程。

(2)創作者必須以「心輪」帶動「齒輪」，也就是說「文明」前進的力量，必須以「心」去操縱，並使之轉化進入目前人類正再度省思與追求的「新人文精神」的佳境。

(3)創作者追索科技文明軌道所展示的想像空間，雖屬必然，也不容忽視，但滲入眞實刀性的切割力，抓住「生命」與「血」的聲音，更值得重視。

(4)都市詩雖可透過智識與理論性的觀念，預感或預見科技文明所不斷展示的想像世界，但這必須注意到(A)將文明齒輪所不斷咬開想像的藍圖世界，先置入生存中的實境，接近生活與人性的現場，嗣以「心輪（非智識的輪子）」滾動過去，留下「血」的軌跡與生命的投影。(B)任何緣自科技資訊所呈現的都市文明景觀與新異的物象，所形成「存在與變化」的客體世界，都市詩的創作者，都必須以來自心靈的深入且銳利的切割力，從其中切割下去，直至觸及人與萬物共存於永恒基型中的情境，方能獲致永久的存在價值與感動。

從這些基本觀念中，我們可以看到，羅門已經完全把握都市時空的變異性，詩人與藝術家在創作中向前衞領域不斷逼進的必然性。詩人強調都市詩必須透過抽象中的具體世界，追捕人類在「物質文明猛進但上帝已逐漸離去」時的現代世界中相連失落的性靈。在都市生活裏，一個都市化了的市民，透過工業社會緊張與複雜的橫斷面，去鑑賞田園風光，自然是缺少閒情的，同樣，一個悠閒的作品，又如何能把飄浮在物質文明急流中的「人」喊住與拉住呢？羅門提出，「當一個現代詩人面向這一極端不安與動亂的現代風暴時，他詩中所顯示的精神形態，若不是堅定信心設法通過它，便是毫不抵抗地順服它，或者是見而避之，或者是與之相背而馳，無論是屬於上述那一種，都終歸不能逃脫「人」。他又說：「凡是與現代人『性靈』缺少摩擦力的作品，或任何與「人」脫節的形而上的工作，都將顯得脆弱與缺乏吸引力。所以史班德說：「詩不是摩爾凡爾的鹿，吃蓮花過活的。」我想詩在現代應該是連續追擊『人』的一種最厲害的東西！」羅門所主張的，是把詩作爲一種追擊「人」與向生活進攻的力量。作爲一個詩人，必須把智慧帶到「人」的世界裏去，追擊「美」，追擊超越的「實在」，使詩作能引起靈魂的震撼與驚讚，使「人」被一種渾然的生命力所籠罩，使「人」在一面光潔的鏡上，看見眞實的自己與世界。因此，羅門強調面對現實的生活，進行衝擊，藉以發揮詩的洗滌心靈的巨大作用。他說：「鋼鐵的都市，它以圍攏過來的高樓大廈，把遼濶的天空與原野吃掉，人類的視覺與感覺在跟着都市文明的外在世界急速地變動與反應，現實的利害又死死抓住人們的慾望思考不放，人便似鳥掉進那形如鳥籠的狹窄的市井裏，詩的聯想之翼也自然地收下，日漸退化，甚至已折斷，飛不起來，且逐漸忘去內心中那片壯濶的天空，於是詩與心靈便一同在人生存於日漸物化的都市環境中被放逐，人的內在生命遂趨於萎縮與荒蕪了。所以我堅持詩的偉大的聯想力，是打開這隻鐵籠使一切存在重獲最大自由的力量。」羅門就都市對人類心靈的影響論述詩人如何讓詩進行心靈的啓發作用；法國著名作家雨果有句名言：「世界上最浩瀚的是海洋，比海洋更浩瀚的是天空，比天空還要浩瀚的是人的心靈。」可見詩人和藝術家是企圖作品去驚醒與提昇那些埋在生命裏邊的巨大且幽美的精神潛力，進行人類心靈深處的巨大工程。所以羅門說：「我認定且強調詩人是人類精神的科學家，則他必須使生活的第一層面之現實，投入內心的經驗層，去引發所有同位性與共感性的的「美」的力量，滙集與交感在一起，去產生更大威力與蘊含的第二層面之現實，而使生命存在與活動獲得更大的天地與滿足。」羅門都市詩的理論，中心論點，就是在現代都市的機械文明中，存在着心靈與精神被放逐的危機，都市詩就更應該肩負起爲開拓人類無限的精神與內心境界的任務。

上述的五個方面，是羅門理論視野中幾個主要的問題，也是羅門五部詩論集中涉及的重要問題。羅門對詩的理論探討，範圍甚廣，若要全面把握，只有讀羅門的原著。從羅門的詩創作及詩理論中，我們可以了解到，詩人一方面酷愛中國傳統的優秀的詩的遺產，並在藝術實踐中加以繼承；一方面他也敞開胸懷接受西方的詩的理論和藝術思潮影響，形成自己獨立的藝術風格和詩的理論體系。不過有一點我們要特別提出的，詩人的創作及理論，頗受西方哲學中存在思想的影響。因爲羅門在探討現代人的悲劇精神與現代詩創作的過程中，對於現代都市生活實況的判視，使他難免接受存在主義的哲學思考，他認爲這種思考對於了解人的內在心靈活動的輻射作用是有幫助。他說：「存在人類自覺精神中的不安，並不起自物理界試爆的威力，而是由於人的內在，被空無的物慾的年代追擊，逐漸同理想、希望與神遠離，造成靈魂迷失與流亡的沉痛事件，我無意用這接近哲學思想的問題來牽制藝術的活動（因爲藝術有它的世界），但我確信：當現代藝術不斷偏入人深奧的內在去工作之際，它——人類眞實思想與精神的活動面，無疑的，能給詩人創作時以強大的輻射能，使作品得到可敬的深度與侵襲『人』的力量。」①羅門清醒地分析第二次世界大戰後現代人的悲劇精神，便是現代人在虛無與死亡的逼視下，逐漸對先驗的本質世界及未來的理想世界，失去信心，精神也因此從形而上的靈境跌入形而下的物界，去抓住生命在最後唯一可把持的事物——那事物便是『生存』，除了生存，其他的東西，皆屬於次要的點綴物。」羅門在《做爲詩人對存在思想的看法》一文中，再次申述他對存在哲學的看法；既有肯定，也有批判。他說：「當西方存在思想，像一面鏡探視入人類眞實的生活世界透視出人存在的眞貌時，如果它所透顯的，是美好的一面，我們便選擇性地接受它；如果是偏於灰暗與下沉的一面，則我們除了勇於面對且反抗它所透視的那一切，更應該緊緊地抓住那生的上昇之光，使生命躍昇進入那更爲感人與莊嚴的高一層的存在。「在羅門看來，存在思想認爲人的「思想」必須透過生存實境與實況，去重新喚醒人對自己眞實生存中的世界之關心與注視，讓我們從眞實生活的本身去回視我們的思想，然後方確認思想本身的眞實性。因此，要求作家必須確切地透過一切事物活動內在的「實感性」與「本質性」去建立可靠的審美角度，這是好的反應的一面。但任何一種哲學思想，也有不儘全的地方，那麼我們應該接受它好的地方。羅門聲明：如果存在思想是像有些人所認爲的它是強調或指使人活着是無望的、虛無的、孤寂的、灰暗的、悲觀的，那我除了反對存在思想所強調的，同時也不敢相信西方的存在思想家對生存竟預先懷有如此消沉的想法。羅門也指出，具有存在思想的作家所反映的生存的悲劇，也具有積極的意義。他

①《現代人的悲劇精神與現代詩人》見《時空的回聲》第二十五頁。

說：「我們活着當然不願意看到存在思想如果揭發的是人類生存陷於窘迫灰暗與不幸的一面，可是我們如果活得夠堅定的話，我們則更應該勇於傾聽它究竟向人類生命傾訴了一些眞實的什麼；使我們透過存在的悲劇性而接觸到那更爲莊嚴的生之根源——像海明威《老人與海》以及卡繆的《異鄉人》便是創作在這種帶有存在思想色彩的感人至深的悲劇氣氛中。」施友忠教授在英譯《中國現代詩選》的導言中曾說：「對中國新詩人來說，寫詩是人生最嚴肅的一件事，羅門主張以詩來拯救人類於沙特所謂的虛無與絕望，此是他極爲個人的經驗，一個優秀的詩人，不僅只求表現情感或解釋外在世界，或甚至傳達思想，他更要深深地探索他自己的存在，尋求眞實的自我。……」（「沙特」大陸譯作「薩特」），他的《存在與虛無》一書問世後，在西方哲學思想界掀起了軒然大波，從而影響文學界的創作思想。羅門力主對生活進行眞實的透視，他對於存在思想與現代文學的關係，持有自己的看法：他既肯定存在思想的好的一面，同時又提醒人們，對存在思想灰暗的一面，應該是堅定地站在奈都夫人與音樂家悲多芬等人的精神防線裏去，「以詩的悲哀去征服生命的悲哀」；從樂觀的積極態度出發，去超越那灰暗的時刻。至少也應該拿出海明威與卡繆那種生命的魄力來，去轉化生命的悲劇性，成爲一種更爲嚴肅與偉大的存在之情境，而絕不能承認「人」注定是失敗的，或下結論說人活着根本是無望的。所以羅門力主克服存在思想的消極面，化虛無爲實在，不斷衝擊着「現代人生存」的海岸線，挖發出那些使人類逃避不了的「眞實」，使詩與藝術將此轉化成爲一種感人的精神「深度」，而探入且把握到生之根源，他舉例說：這樣，就不難明白卡繆的《異鄉人》，爲何要護諾貝爾獎金。卡繆精神的偉大面，正因爲他超越了傳統道德的尺度，發現了新的價値，使他作品中的人物在現代新的審美觀與新的觀物態度下，發生具有籠罩性的力量與戰慄感。所以存在思想與文學的關係之所以密切，在於「它對於作家的知性與感性之活動能確切地進入生命與事物的核心與焦點位置，確是有相當的調整力。」

羅門是一位文字的藝術家，他的詩具有巨大的震撼力，而這種震撼力，往往存在於詩中悲劇性的高度的意象化中，這種創作思想，多少受到存在主義的影響，這一點是不可否認的。

羅門詩世界所展現的心靈世界，是爲現代人內心對於生命的追求和理想所展開的，羅門的創作觀念，指導着祂的創作實踐，他的理論與實踐是融合爲一的。

最後附錄詩人、教授、作家、批評家對羅門創作世界所給予的佳評，用以對照本文對他詩的成就所做的論定。（見附錄一）

月部

肆　永遠飛翔的青鳥——蓉子

一、「詩人必須首先做成了『人』，然後才能作詩人」——蓉子詩的藝術

㈠「創作，終身的契約」——在藝術世界中探索的蓉子

蓉子是臺灣詩壇上一隻永遠飛翔的青鳥，蓉子是詩壇上永遠翠綠的常青樹。臺灣詩人林野是這樣描繪蓉子三十多年的創作生涯的：

> 像一隻翩翩的青鳥展翅翱翔，不懈地追求詩和美的綺夢，或像一朵出水青蓮，自妍婉中擎起，久久自芬芳，這些或捕捉靈思幻美，或歌詠生命，或追記雲遊旅次，無不自成佳構佳篇，以亮麗的緞帶串連而成。

蓉子永恒地微笑著看世界；她那雍容、溫柔、纖細的性格，對藝術的眞善美的執著追求，展現了蓉子詩歌的獨特格調。

蓉子十一部詩集，明晰地描畫了她在詩國漫步時那輕盈、寧靜姿態。在那令人心醉的詩作中，我們似乎見到一位質樸無華、謙遜自如、典雅閑靜、溫文爾雅的東方型中國式的秀麗女詩人，她在沉思、在耕耘、在奮進、在成功的道路上跋涉。她戰勝了生活，戰勝了自己，在詩的王國裏攀向神聖崇高的頂峯。她的成功之路展現得那麼單純，那麼自然，彷彿天造地設，而詩人自己又生活在透明的純眞的生活之中。冰心老人說過：「我的生命的道路，如同一道小溪，從淺淺的山谷中，緩緩地、曲折地流入『不擇細流』的大海。」①蓉子自己曾經眞誠地告訴讀者：「遠在少年時代，甚至更早就愛上詩了！由於喜歡，就很想找詩來看；可是，在我做小孩那段時候，由於新詩人沒有現在這樣多，社會全不重視這方面的發展，文化環境比不上現在，因此適合一個小學高年級或國中生讀的詩，就像沙漠中的花朵那樣少，那樣難求；然而，這仍挫不了我天性中對詩的嚮往和愛。曾經讀過冰心的《寄小讀者》，後來更喜愛上她那兩本充滿了哲理和晶瑩情感的小詩——《春水》和《繁星》。慢慢地又喜歡上了徐志摩、何其芳和馮至——尤其是他的十四行詩；以及小部分的翻譯作品。慢慢地自己也禁不住「手癢」起來，因爲往往心裏有很多感觸，催迫著自己，不吐不快。奇怪的是，竟然那些自我摸索出來的東西，全都有著小小的『形式』——好壞是另一回事。反正那時候，只要能將內心的感受眞正寫出來，心裏便充滿喜悅，根本不曾奢望有朝一日去發表。在全無師友指導的情況下，也不敢斷定當時自己自動自發所寫出的到底算不算是眞正的詩？不過，前

① 《冰心文集序》

前後後也寫了幾十首——現在想起來，那倒是一段不可少的自我訓練時刻。」①這一段自白，讓我們窺見童年時代少年時代的蓉子，在三十年代詩人冰心、徐志摩、何其芳、馮至等詩人的詩的潛移默化中，不期然地心領神會，進行了詩歌的自我訓練。她在就讀初中二年級時，熱衷於閱讀泰戈爾和冰心的詩和文章，在一堂國文課上，她初次以一首新詩代替了作文。老師給她的評語是「『東西』很好；字不好。」這也夠了，小時候想當作家的夢，已經被這一句話疏導向寫詩的道路上去了。初中畢業那年，同學們還給了蓉子一個綽號：「冰心第二」。②好一個少年時代的「冰心第二」！四十多年後的今天，我們有意識地對照蓉子和冰心早期的詩作，見出許多有趣的現象。

「五四」運動時新詩的開拓者冰心，她步入詩國的情景，後來的蓉子，十分相像。冰心曾說：「我寫《繁星》，正如跋言中所說，因看著泰戈爾的《飛鳥集》，而仿用他的形式，來收集我零碎的思想。」③冰心是因印度詩人泰戈爾詩歌的影響而沉醉於詩歌的，她的《繁星》和《春水》，就是在這種半學習半創造的潛意識的引導下寫成的。在《我是怎樣寫〈繁星〉和〈春水〉的》一文中說：「我偶然在一本什麼雜誌上，看到鄭振鐸的泰戈爾《飛鳥集》連載，這集裏都是很短的充滿了詩情畫意和哲理的三言兩語。我心裏一動，我覺得我在筆記本上眉批上的那些三言兩語，也可以整理一下，抄了起來。在抄的時候，我挑選那些更

① 《燈屋的春天》——名詩人蓉子女士訪問記，見《心臟》季刊第四期

② 見《千曲無聲——蓉子》，《蓉子自選集》。

③ 一九三二年《冰心全集·自序》

有詩意的，更含蓄一些的，放在一起。因爲是零碎的思想，就選中了其中的一段，以繁星兩字起頭的，放在頭一部，名之爲《繁星集》。」冰心讀泰戈爾的《飛鳥集》，仿用它的形式，收集自己的零碎思想而成詩集。少年蓉子在泰戈爾、冰心的詩作中，初嚐了創造的快樂，學習傚仿寫詩，而得了小同學稱許的「冰心第二」的雅號，這不是幼小童心的玩笑，而似在兩位不同時代的詩人和讀者中間，冰心和他的「小讀者」，這時已是「心有靈犀一點通」了！冰心謳歌自然，探索人生的柔美詩篇，以她深沉的愛和清新活潑、自然優美的藝術形式，浸潤著讀者的心，蓉子的心弦被冰心的詩重重地敲響了。當年嫩弱的小草，過了四十多年，冰心老人在她八十多歲的高齡中，如果能得悉受她影響而展翅飛翔的「青鳥」，今天已成爲飲譽世界的桂冠女詩人，我想，冰心老人的微笑將是甜蜜的、永恒的。當年冰心在《繁星》中曾說：「文學家呵！／著意的撒下你的種子去／隨時隨地要發現你的果實。」冰心在文學園地裏，有許多不朽的傳世之作，又薰陶、培育了一代又一代的詩人，蓉子的傑出成就，可以說，冰心是她心靈最初的啓廸者。蓉子在江陰和上海上中學的階段，「就這樣她在一個『遙遠的不可知的心靈』召喚中，寫詩，寫自己的喜悅和遐想。沒有一個人指導她，她也不想拿給人家看，只是獨自摸索著，嘗試著；她把這一過程的歡笑和寂寞，統統採擷到一本最好的簿子裏，當作自己心靈珍愛的秘密，小心收藏。」①蓉子幼小的心靈，就陶醉在詩歌世界裏。

蓉子的家庭環境，影響了她的性格，形成了蓉子的詩歌的特殊格調。羅門在《記憶的快

①《千曲無聲——蓉子》，見《蓉子自選集》

鏡頭》中寫道：「由於你一直在宗教家庭長大，父親是牧師，從小在嚴謹的家庭教育和宗教音樂的薰陶中長大，加上天性上的溫和，妳給人的印象一直都是安安靜靜與和和氣氣。」宗教與教堂裏音樂的薰陶，使蓉子詩作的音樂感特別強烈，而且感情眞摯，旋律活潑，充滿著對人類世界一顆溫柔的愛心。蓉子自己說過：「我開始摸索詩的道路與門徑，記得童年最先接觸的詩歌，不是古詩，不是律絕；至於歌德、雪萊、拜倫的詩也都是後來的事了！而是很自然的接觸到的古希伯來民族的詩歌：那些莊嚴的頌歌，那些迎接勇士歸來的凱歌，那些靜默的祈禱如大衞王的詩篇，那些歌頌神聖愛情的如雅歌。它們沒有嚴整的句法，卻有眞摯的情感，活潑的旋律，我雖未有心去模倣，它們卻多少影響了我。因此我覺得一首詩除了必須有內容有意境外，也該帶著音樂的氣息，這種音樂的氣息與其是刻板的人工律韻，毋寧是自然的生命的躍動。」①蓉子在宗教的愛的哲學感召下成長，在宗教音樂的氛圍中獲得詩的靈感和韻律。這種生活體驗，與年輕時代的冰心又何其相似！當冰心在協和女大理預科這所教會學校就讀時，她學習了《聖經》，見到教授《聖經》課的安女士房間裏，有一幅小羊與牧羊人的畫，迷途的羔羊，見到牧羊人時，「它又悲痛，又慚悔，又喜歡，只溫柔羞怯的，仰著頭，挨著牧人手邊站著，動也不動。」②這幅畫和《聖經》讓她有如斯感受：「上帝是我的牧者——使我心靈蘇醒——」《聖經》課帶給冰心的，是詩情和畫意，「從那時到現在永遠沒有離開我——。」③東方著名詩人泰戈爾的哲理詩，西方宗教的《聖經》，給冰心心靈

① 《青鳥集、後記》
②③ 冰心《畫——詩》

佈下的，是上帝的愛，大自然的愛，人類的愛。青少年時代的蓉子，酷似冰心一樣領受泰戈爾詩所留下的雋永的印象，也在宗教的信仰和音樂中培植了詩的靈感。一九五二年的聖誕之夜，蓉子寫道：「我仰望——教堂的尖頂上，有我昔日凝聚的愛，信仰與希望，今夜的鐘聲復使它們飛翔。」在她結婚的大喜日子裏，寫下《夢裏的四月》：

翠茂的園子
圍繞著這座肅穆的教堂
如海水簇擁著燈柱。
我靜靜地來到裏面，
盞盞乳白色的燈
像我的夢在發光；
還有那彩色的玻璃窗
直窺天國的奧秘。
啊！每當我來到這裏：
童年的回憶一再升起
多麼親切而滲和著憂情的
愉快記憶啊！

那是我父親的教堂
我們在其中長大

教堂是蓉子早年美感世界裏造型的體驗；古希伯來的民歌，教堂的鐘聲雅樂，宗教信仰的虔誠與肅穆，在年青蓉子的心靈裏，逐一地敞開了她美感生活裏的視覺和聽覺層面。

蓉子的一生，過的是詩樣的生活；蓉子的生活，又包圍在詩裏。自從她以純潔的情思步入詩國之後，她四十年如一日地從事這一高尚的神聖的事業。她說：「小時候我就喜歡讀詩。在我小小的心靈裏，總覺得詩人是神聖的，是高高在上的。當時愛好文藝的初學者並不像現在那樣有很多機會參加什麼文藝講習班，或向有經驗的作者請教。當時自己只是偷偷的寫，也不敢給別人看。有空時就把自己的東西拿出來看看，修改後又細心地把它抄在一本精美的筆記本裏。一九五〇年來臺灣後，就把自己的兩篇作品寄到臺灣最早的詩刊《新詩周刊》去，當時只想請他們看看自己的東西像不像詩，想不到猛地被登了出來。這種鼓勵使我開始走入詩壇。」①蓉子就是如此純眞地在詩的世界中追求，她贊賞過桑德堡的話：「詩是一扇門一開一闔，讓那些看過去的人去想像那片刻間所見者爲何。」蓉子以一片坦誠的心忠誠於詩的事業，也因此決定了她的詩觀。

她認爲詩人必須忠於生活，詩的根源必要從內心出發，她認爲寫詩苦樂參半，但不要做勉強而爲的事。她還說，「寫詩的人，有賴平日不停地從生活中汲取經驗。靈感、事實上是一種『頓悟』，所謂『深思之久，方能於無意中忽然撞着』」而詩的表現和內涵同樣重要，

① 引自敏瑜《走進蓉子的世界》，見《星洲日報》一九八三年一月十七日

是詩的一體兩面。正如黑格爾所說的：「感性的東西心靈化了，而心靈的東西也借感性化而顯現出來了。」蓉子用眞實的心靈的聲音寫詩，以詩的眼光觀察生活，對待人生。柯慶昌在訪問燈屋的女主人時，寫了一篇《燈屋的春天》，忠實地告訴讀者關於蓉子的詩境生活的感想。蓉子說：

但願我真能像你所認為的——一直生活在詩的世界裏。但是，說真的，詩人豈是不食人間煙火的神仙族類？如果是那樣的話，也就沒有真正的創作了！有人將詩人比作食桑葉吐絲的蠶，和吃青草却提供給人們牛奶的牛。也就是說：詩人從粗糙的現實生活中獲取經驗，經過吸收、提升和熔鑄的過程後才能成為一首詩的內涵。所謂「距離是美」，然而，那過程却是一種長期掙扎的過程，一個寫詩的人常常不停地和自己、和諸多的事物與現象，作有形、更多時候是無形的掙扎。

寫詩是艱苦的勞心事業，甚至在家庭生活中需要互相理解和支持：

因為一個人在創作時刻，需要絕對地安靜和孤獨，縱使親如父子或夫妻也不能代你去做，他(她)所需求的是安靜和專意，讓那首詩從全神貫注創生的種子裏緩緩地發展和形成，每當這種時刻，家人對他的諒解和尊重就是他(她)最大的助力了。

蓉子和羅門，就是這樣相濡以沫地進行詩歌創作。他們的創作是艱苦的，但又是美好的；她說：

我常覺得，生當工商業社會的今天，詩人常常是一個飽受內裏和外界世界雙重煎熬的人；如果他(她)能創造出一首好詩，讓人欣賞，讓人深深地感受到詩境的美，她給滿足了——這就是她的報償。詩人只是為美工作的人。只有完全的欣賞者才能真正輕鬆愉快地生活在詩的世界裏，享受詩境中的美。

蓉子三十多年如一日地寫詩，只是「爲美」而工作，只是喜歡詩這種表達情感的文學形式罷了。她在題爲《詩》的詩中寫道：

若我是翼我就是飛翔　是漣漪就是湖水
是波瀾就是海洋
是連續的跡痕就是路徑

從一點引發作永不終止的跋涉
涉千山萬水　向您展示
無邊的視域與諸多的光影①

既是順乎自然的選擇，又是鍥而不捨的創作毅力和精神的表現。蓉子的拍翼翔空的意志，終於使她歷涉千山萬水而走向成功，讓理想化爲現實。她曾在不同的場合，從不同的側面談到自己寫詩的理想和體驗。當她第一次成功之後，曾坦率地向讀者述說自己的夢想與現實的遭變，以及她在生活的海洋中如何讓憧憬化爲詩作，她說：

從小躭溺在翻譯小說的閱讀裏，我有過多的遐想與夢：書中的理想人物，高貴的靈魂使我欣羨而神往，我曾希望自己能代替他（她）們；山川的壯麗激起我對生命無窮的

① 見《維納麗莎組曲》詩集

歡悅，我曾渴望以旅行作終身的職業；而每當聽到從熟練的手指間，黑白的琴鍵上流出震撼靈魂的樂音時，我也曾憧憬蕭邦和貝多芬的生涯。雖然幼年也曾學過一點鋼琴；然而作為一個苦難的中國老百姓，一個平常公務員的我，朝夕為了生活而工作，這些夢想的花朵已一瓣瓣凋落在冷硬的現實石板路上了！

蓉子在「冷硬的現實」中上下求索，在生活的激浪中奮鬪，寫詩成爲她心靈深處的一種力的衝擊。她又說：

現實所給予我的是人海的無休止的浪濤衝激，善美人性的淪喪，物慾的囂張，我為此而感到窒息的痛苦與孤寂，脚底下又是不停的戰爭，驪別與流亡——這些流動的生活——感情與思想。這一份憧憬，一份抑鬱及憂憤，使我不自禁的要寫詩。①

由於蓉子在生活的搏鬪中寫詩，所以她深深體味到詩人創作的甘與苦，她把這種勞動的艱辛，看作是自己對生活的奉獻。當她的第五本詩集《維納麗沙組曲》出版時，蓉子對於嘔心瀝血的創作生涯作了如下的敍述：

作為一個詩人，有多少工作等待著他們在孤寂中完成？有多少需要克服的艱困！在時間的重重的支解和人生搏鬪的殘喘之餘來寫詩，需何等的毅力和耐心！且需不斷地和時間抗衡，征服那許多無意義的喧囂和庸俗的掣肘。生命中不全是光輝四射的時光，不時地也會飄來灰黯的雲翳掩蔽你心中的光亮。而最多的時刻却是沙漠般的長途，伴著無盡的寂寞和辛勞！不知是誰說過：「詩人註定應卜居在人類（歡鬧）的外緣——

① 見《青鳥集·後記》

外緣嘗是辛苦而無報償的地方，詩人的生活猶如放逐的生活。』以上句子中「歡鬧」兩個字是我自己加上去的，因為根據現實的經驗我以為詩人並不曾遠離人羣，他居住在人間，生活在人羣之中——若非這樣，他就不大可能寫出具有價值的詩篇；但有一點令我確信的，那就是詩人往往是被平凡的幸福遺棄了的人，他無法過一般人那種輕省的生活；同時他雖真正地生活在人羣中，他的靈魂却像是一個異鄉人，真像註定是卜居在人類歡鬧外緣的，有一種永恒的孤寂感。而他所說的放逐生活想係指內心的感受而非一定指現實的情景。在另一方面詩人却需付出雙重的憂勞和愁苦。一方面他必須在不斷的創作上獻出他的忠誠、才智與毅力；另一方面又需以其思想與才能去應付生活，應付現實上一切非詩的事情，應付許多意想不到的艱困和失望；應付這兩個不同的世界所帶來的種種矛盾、不適和衝撞——這真是一種疲於奪命的換軌啊！基於此，那些長年從事此種靈魂建樹工作的，那些繼續走此「窄門」而終不反悔的人，實應獲得社會的尊重和精神上的鼓勵而不是冷淡、諷刺或謾罵（諷刺來自你初起步時，局外人對你的不信任，冷漠來自你成名後和你一同走此窄路的伙伴，謾罵則來自真正的敵人）。①

蓉子在艱苦的創作生活裏，深深領略到創作是艱苦的事業，要讓夢想化爲現實，並非一蹴而至的事，她接着說：

每一個詩人在年輕時都會有理想有夢，為遙遠的不可知的心靈的召喚而寫詩，希望一

①《維納麗莎組曲・後記》。

天能在他的同胞中激起美麗深遠的共鳴，由於這一切祇是模糊的，不求甚解的，就以為所謂「成功」會在一朝突然奇蹟似地來臨，殊不知「創作」的艱苦實非一個好逸惡勞及心志不專的人所能長期忍受的，因為它是一種終身的契約。」①

蓉子忠實于生活，忠實于生命，她克服生活中的重重困難而寫詩，應該說，作爲一個詩人，她對社會作出無私的奉獻。她在《七月的南方》後記裏說：

> 社會不會因為你是『詩人』而給你優渥，無論是社會或家庭要求一個詩人對它付出的責任和注意，絕不較常人為少；而他們較重要方面的貢獻，人們反而不予重視（試想一個完全沒有詩的世界，該是多麼貧瘠！），因而我們對社會便有了超額的負荷——雙重的責職）：一份屬於普通人的，另一份屬於詩人的。有時我不禁會如此想，如果我們能有較多的閑暇、沉思、較適宜於創作的環境；不為過多現實上的瑣碎分心，不為生活付出太多的時間和精力，也許我們可以創作得較多和有更好的成績——即使沒有，我們又何能停下來等待？我們仍得盡一己力量去做——去工作，去面對「生存」和「現實」，然後把裕下的時間、精力和愛奉獻給繆斯。

基于這樣誠懇地忠實於生活的觀念，因此，蓉子寫詩，永遠流露出那份眞摯的感情，展現生活中的眞善美。她永遠保持那份謙遜的品格，爲寫詩作出不懈的努力。她曾說：「詩人不應該自視甚高地把『詩人』當成什麼了不起的『行業』，詩人必須首先做成了『人』，然後才能作『詩人』。一個詩人既非『超人』，也非『神仙族類』，祇有當他從事創作的時候才是

① 同上註。

『詩人』。」①要作一個詩人，首先必須「有一顆超越利害、計算、虛僞、詭詐、世俗的純粹的心。」她認爲：「一個眞正的詩人雖不一定是道德家，卻自然地會符合正義感和良知的」②。因此，蓉子寫詩，總是流露心靈深處那份眞情，她對讀者從來不隱瞞自己創作探索的艱苦和喜悅，她曾說：「寫詩的過程有時也是很痛苦的，然而，在你完成一篇作品時的那快樂、喜悅，卻也是別人所不能體會的……」「靈感，是靠平時閱讀與體驗中累積起來的。當你的心裏興起了創作意念而周圍的氣氛正好都配合時，你便能寫得很順暢，而平時從生活中所吸收的東西也就能派上用場，運用自如了。」③這位在詩壇上攀摘桂冠的女詩人，之所以贏得世界性的盛譽，的確不是出乎偶然了，我們從上面蓉子那許多自白中，深深地領略到，任何一位善良的讀者，一接觸到蓉子的詩，就會被女詩人的柔美的藝術所陶醉，被她善美的心靈所感化，被她豐富的感情所激動；蓉子以她的詩重現生活的眞善美，蓉子以她心靈的歌唱啓示人們如何對待美麗的人生，蓉子以她對自然和社會的生活體驗，引導人們去熱愛生命，熱愛生活。她的詩，比之於羅門的詩那份豪邁的剛陽之美，蓉子詩歌所呈現的婉約的陰柔之美，具有獨特的女性格調。

(二)「超越性別的限制，傳達時代的聲音——弘揚婦女文學之光

更爲可貴的，在蓉子的創作活動中，爲婦女人格獨立的弘揚而努力。本來，在藝術花園

① 見鐘麗慧《永遠的青鳥——蓉子》。
② 見引蓉子《詩人手扎》
③ 見《星洲少年》一九八三年一月廿四日。

裏，百花齊放，藝術家只有成就的大小之別，不必有性別之分。但從當今臺灣詩壇及全中國的文學園地裏，中國女作家的成批湧現，已成爲文學界的一股潮流。在臺灣文壇上，近三十年來出色的女詩人就有十多位。而蓉子一直是女詩人羣中的姣姣者。

蓉子自步入詩壇之後，一直保持着中國婦女獨立的人格；她的作品，除了描寫個人感情的感受之外，突破了婦女狹窄的生活範疇，把詩的視野擴大到整個社會人生。如對鄉土、對國家民族的感情，對現代都市文明生活的揭露和抨擊，表明了女詩人的社會觀。

蓉子在幾十年的創作生涯中，她不僅帶動羅門攀登詩壇的桂冠，共同營造家園，一起創作詩。她已飲譽世界詩壇並與羅門一起，被美稱爲「中國白朗寧夫婦」。而且在羅門詩名大振、成績顯赫的時刻，蓉子仍雍容大方地保持自己獨立的創作特色，表現自己獨特的詩歌格調。蓉子是羅門「養一林鳥聲，着滿天雲彩」的「一棵獨立的樹」，而「不是一株喧嘩的樹，不需用彩帶裝飾自己」。當她的第一部詩集《青鳥集》出版時，的確是現代詩壇上一汪在「第一個春天就萌芽了的泉水」，她像一股透徹的清泉，在五十年代初期的臺灣詩壇上汩汩流出。自此之後，她寫詩三十多年，享有三十多年的聲譽，詩作不斷，詩名與日俱增。正如高歌在《千曲無聲——蓉子》一文中所敍述的：在蓉子出現詩壇之後，「往後的日子，我們也漸漸看到一些女詩人水仙般的冉冉昇起了，開放了，吐露了或玲瓏、或清新、或婉約、或溫柔奇特的光華——林泠、李政乃、夐虹、鄭林、朶思、羅英、王渝、劉延湘、黑德蘭、洛冰……她們一個個旋舞而出，確曾譜出過詩人張默所說的『一片花團錦簇的盛宴』」。可是，隨着年月的過去，我們也先後聽到她們珊珊的步履，漸行漸遠，終至漸漸無音。可是蓉子，這位白荻筆下『自由中國詩壇祖母輩的明星詩人』，卻依然未改其性，在詩的『未言之門前』，『傾聽且耐心地守候』着，依然細心觀看着『一顆種子從泥土出生的路徑與變化』，依然在現實的海流浮沫中，昂然獨立，砌塑她那愈來愈寬濶、愈瑰麗的天體。」三十多年來，蓉子始終活躍在臺灣的詩壇上，儘管詩界後浪推前浪，一代代新詩人不斷湧現，而蓉子卻永保藝術青春，屹立於詩壇。余光中曾準確地對蓉子作過判斷，說她有「中國古典女子的嫻靜含蓄，職業婦女的繁忙，家庭主婦的責任感，加上日趨尖銳的現代詩的敏感，此四者加起來，形成了女詩人蓉子。」

的確，作爲一個女詩人，比起男性詩人來，需要有更堅強的毅力，付出更多更大的代價才能在事業上獲得成就。這恐怕是中國每一個職業婦女的共識。蓉子是幸運的，她遇到了一位志同道合的丈夫，不僅熱愛她，崇拜她，而且理解她，支持她，他們比翼齊飛。在蓉子這一方而言，也克服了許多障碍和困難。她自己就曾說過：「我永遠不忘記當我出了我的第一本詩集——青鳥集後那危險的沉默時期，設若沒有八年後的第二本詩集《七月的南方》出現，此刻我早就不再是詩人了（相信當時在我沉默了那樣久後，很多朋友都以爲我不再寫了）。」①這表明，蓉子於婚後一段時間，在詩壇上沉默了。她婚後的生活，負荷着內在和外在雙重的劇變，負荷着主婦的困惱與詩壇的風雲動蕩。她在生活的重壓與奮鬥中變得堅強起來。羅門在《記憶的快鏡頭》一文中曾經回憶他們婚後的生活說：「爲了分擔現實生活上的困難，妳仍必須繼續的在國際電信局工作，而且也相當的辛勞，下班還要看書寫作做家

①《維納麗莎組曲・後記》。

事；有時還要上小夜班，到十一點半，才能回到家。逢上風雨天，下班車又只能送到大街上的巷口，而巷子又長又深，我如果碰上明天值早班，也不能例外的拿着雨傘站在街燈下等着妳回家，有時淋得滿身濕透。但回到家中，『燈屋』裏的光，流過彼此的臉，卻較平日更爲溫馨了。」─①蓉子婚後分擔家庭的經濟困難，她必須邊工作，爲承擔一分責任而操勞。不過，應該說，這是幸福的生活！下晚班有親愛的人相接，雖苦猶甜，正如羅門自己說的，家中燈屋的光，此時此刻，比平日更溫馨了。再加上夫妻兩人感情性格上的互相適應，蓉子也以中國女性的溫柔忍讓的方式接受與忍讓。羅門在自述他的「忍讓與領情後的內疚」一節中寫道：

> 由于你一直在宗教家庭長大，妳給人的印象一直都是安安靜靜與和和氣氣的；而我年輕時，因學飛行、打足球、愛動，加上自我意識又強，所以生活上的許多事情，往往總是由於我的堅持，而使妳只好接受與忍讓。譬如家裏地方小，我寫詩，有時須要放一些背景性的音樂；而習慣在安靜中構思的妳，便難免受到影響了；又家裏的佈置與任何東西的安放，都幾乎是照我的所謂「藝術與科學化」的方式處理的，這對妳當然又是不能完全適應的；有時到外面餐館去吃飯，我雖也叫你點菜，但點了一個，我總是將菜單又拿過來自己再點，而我點的，你不見得喜歡吃，但你還是將就吃了。又妳在日常生活中，動作比我緩慢，我常常把妳催得心頭發急；的確每當我缺乏一分耐性時，便是在你心上增加一分耐性。印象最深的，是我出門常常坐計程車，而妳提着一

---
①見《詩眼看世界》第二八二頁。

大堆日用品，還是擠着公共汽車回家；看妳勤儉的樣子，再想起你滿懷感慨的話：「別人一個人作事，養一大家，都省錢買下了房子；我們兩人作事，到現在還沒有錢買房子……」我心中怎能不感動與內疚呢？也許做為一個詩人，既不會理財又有點任性，並非什麼大錯，但由於長期的忍讓，我內心對妳由于虧欠所產生的歉疚，便也無法避免了。

蓉子在家庭生活中忍讓的美德，羅門在記述中已充分地凸現了。而蓉子，她以自己獨立的意志，促進了以自我爲基礎的幸福的追求。她在生活中以妻子的身份進行新的調適；在事業上她以女性的眞實經驗和眞實的需求，在藝術的王國進行不懈的探索；在風起雲湧的社會大變動之中，儘管女性在政治、經濟、歷史、社會、文化中處於不利的地位，但蓉子好像不畏懼這一切的壓力，不斷進行女性的自我實現，這種自我實現過程，當然是指蓉子的潛在力、才華和才幹的不斷繼續發揮，是她自我對個人內在本性的充份認識與接納，並不斷邁向人格的統一，整合、和凝聚的傾向。蓉子的詩，不斷地從浪漫的稚氣而趨向成熟。這正如羅門所說的：「這些年來，妳一直都在企求透過上帝、大自然與詩的通感性，去觸及人生的寧靜面與永恒的安定感。」她時刻在追求、探索人生與宇宙之間的永恒的通感，創造出心靈的詩，以她對於自我和藝術的忠誠，對於創作的變化愈發堅實的默省，保持了自己的創作風格，她自己說過：「我願意更多地把握自己一些，而並不急於做一時的跳水英雄，去贏得片時的喝采；我願意更多顯露自己的面貌，但必須先有靈魂和實質爲後盾。」她以自己這份執着和誠懇，才終於涉過了「這沉默得如此的深潭」，終於能「站立得足夠的久，去看褪去了雲的詭謠假面的廬山眞貌。」①蓉子在婚後的三年沉默中，顯得更加冷靜、更加充實了。她的詩的內容也顯得更加廣博，以新的感覺面對世界；她建築了具有蓉子獨特豐美的「由聖經、自然與存在觀造成的三角塔。」②而且不斷地擴大自己的視野，征服女性詩人的界限，征服了自己心靈的界限，並鑄造了更具社會性和時代感的詩篇。蓉子自己還說過：「詩與藝術使生命產生耐度，在時間裏不朽。」作爲一位女性詩人，她戰勝了家務與職務的雙重壓力，在藝術的王國裏馳騁，這是多麼艱難的奮鬪歷程！有一次《心臟》詩社的記者訪問她提到女詩人的艱辛時問道：「卽使強調女權的世紀裏，做爲一位成功的女詩人，仍然是難得的，可否談談內心的感受？」蓉子坦然地回答說：「我不是一個喜歡奢談女權的人，總覺得這人世間的紛擾和爭競已經夠多的了！兩性之間大可不必再『戰爭』了。不過，做爲一個創作者來說，身爲女性是更加艱辛的。因爲創作需要專注和全心的投入，而一位女性作者一旦進入家庭，便不可否認地置身蛛網一般紛紜繁瑣之中心，柴、米、油、鹽、醬、醋、茶、丈夫、兒女，在在需要她照顧和分心——這也是她的責任；更何況現在的家庭主婦往往又身兼職業婦女，成天地疲於奔命；更何況她還要做一個創作者，眞是最不易討好的一種角色。祇因寫作是由於需要，一種內心深處的燃燒，我們不得不努力克服所有困難和一切不利於我們的因素，跋涉着這條超越利害艱苦卓絕的長途。只有在偶然得到一份友誼的共鳴時，才眞正獲得一份人間的溫馨；而果眞寫出了一首令自己滿意的好詩時，那種愉快是得了十萬、廿萬獎金也換不到

①② 見《蓉子自選集》中《千曲無聲——蓉子》。

的愉快——不打折扣的一份喜悅。」①女性詩人如何克服生活的重壓，在現實生活中體驗詩情，較之於男性詩人，要付出更堅定的毅力。她在《蓉子詩抄》的序言中也談及自己創作的甘辛。她說：「作爲一個生活在現代的婦女，生活面是多元而且匆迫的。生活與現實上的一切往往用千手來牽扯妳，要求妳的注意。特別是在我寫這篇序文的時候，諸事蝟集，眞不知從何處着手才是！此種情況和我們古代的女詩人或女詞人那種『倚遍欄杆只是無情緒』的悠閑相較，確有天壤之別——倒不是我多麼喜歡她們那種『倦慵』的生活；而是我特別羡慕她們能享有那樣多『時間的財富』，不但可供他們充份使用，還可以任意揮霍——感到用不完的無聊；相反地，生活在繁忙動亂中的我們，連點滴都得珍惜，不唯絲毫不能浪費；恒常有無法支配的窘迫：在家務與職業雙重的壓力之餘，試問我們能有多少『閑暇』來從事於創作?!這兒我所說的『閑暇』，並不單指時間；更包含了不爲紛紜世事所攪亂了的澄明如水的心——毋寧就後者是更重要的。詩的創化早已不再效十九世紀初浪漫派詩人們那樣地專門仰仗衝動的情感和『煙絲披利純』了，今日新詩追求純粹與凝練，需要嚴密地思考和冷靜的觀照，詩是靈魂在清醒、透明、豐盈的時刻所完成的，它特別需要一間安靜、孤絕可供自由思想的『工作室』；然而環繞在我們四周的一切卻是如此動盪、紛紜、複雜而且缺少美感，在在削弱你的詩想，阻斷你的詩緒，攪亂你的詩心，正像風或主婦手上的掃帚不住地弄斷了蜘蛛吐出來的絲，影響牠結網的工作一樣……在這種情況下，一位女性作者似較男詩人們需要付出更多的忍耐和毅力。而且傻得可以，因爲我們所擁有的只是時間的碎片，竟想以此來創造藝

① 柯慶昌《燈屋的春天》見《心臟詩刊》第四期。

術的完整！」多麼堅強的毅力，多麼執着的詩情，蓉子冲破生活中的繁瑣，付出了重大的代價，在詩歌的園地裏勤奮耕耘，終於到達成功的彼岸，獲得了應得的殊榮，她與羅門一起獲得了國際桂冠詩人學會頒贈的「中國傑出文學伉儷」，獲得菲律賓總統的金牌獎，成爲臺灣詩壇的一隻火鳳凰，是詩壇上開得最久的一朵菊花。

一九八九年，蓉子作爲「亞洲華文女作家文藝交流會」的主席，在會上致詞，題爲《超越性別限制，傳達時代聲音》。她一再強調女作家推動文藝工作的重大作用；她以強烈的社會責任感，信心百倍地爲開拓文藝園地而努力。蓉子說：

> 廿多年來（如果加上本會的前身——「臺灣省婦女寫作協會」，前後已有卅多年的歷史）「婦協」全體姐妹，在工作崗位上所做的努力，雖不敢説對文藝有擧足輕重的貢獻；但却也是推動文藝工作的一股不可忽視的力量，尤其在即將迎向廿一世紀的今天，大家都已首肯，在推動國家與社會進步方面，婦女與男性，具有同樣的責任與才能，創造的智慧和時代所賦予她們的使命。正如不久前一位婦女領袖所說：「推動搖籃的手，也應該是一雙推動時代的手。」時代急速變動，經濟發展有成，很多人遂一味追求官能的滿足而却心靈空虛，精神生活低落，需要我們從事文藝工作的人，來做精神上的「環保」工作——用我們的筆來大力提升和淨化已遭物慾汚染了的社會和人心。也許這不祇是某個地區的問題，而是科技物質文明極度發達後整個時代的病癥。為此，我們在此擧辦「亞洲地區華文女作家文藝交流會」——雖是小小規模，卻有着重大意義和期許的，希望不論遠近，從此我輩緊密地携起手來，抓住時代的脈動，在

生活的原野上，開創更加遼濶的天空，開拓出深刻寬廣而繁複的新的境界，超越自己的性別限制，傳達出時代的巨大聲音。①

語音鏗鏘，心智壯濶，爲女性參預文藝園地的辛勤勞績而呼喊，充滿着女性向生活中衝刺的信心，顯示了女性的時代責任感和事業必然成功的自豪意識。蓉子和世界的女作家們，滿懷信心地要開拓更加遼濶的天空，開拓出深刻寬廣而繁複的新的境界。她們要「超越自己的性別的限制，傳達出時代的巨大聲音」，自立於世界文學藝術之林，毫無愧色！蓉子傳達出女性作家的心願，道出了她們共同奮鬬的目標。她三十多年來對詩壇所作的努力和貢獻，使她已自然而然地成爲女詩人羣中的無冕之王了！

㈢「藝術」和「宗教」是最好的芳鄰

青年時代溫柔嫻雅的冰心，曾經在《聖經》的薰陶下思考人生，步入詩歌的王國；冰心的一生，象王昌齡詩句「一片冰心在玉壺」一樣，晶亮剔透，是一個典型的東方型的知識份子的高風亮節。同時，西方《聖經》中的博愛仁慈思想，也溶化在她的藝術創造之中。蓉子所走的藝術道路，頗似受了冰心的啓導。她愛生活，愛人生，愛大自然，而這種追求眞、善、美的感情又與宗教思想息息相關，這一點前面已提及。

研究蓉子的藝術思想，對於她的宗教思想是不可忽視的。丹諾說：「無論在什麼時代，

① 《文訊》總號四六期

無論在什麼國家，養成思想感情的總不外乎兩種教育：宗教教育和世俗教育。」①宗教對於人類思想的影響力是巨大的。世界著名的詩作，像但丁的《神曲》，荷馬的《奧德賽》和《伊利亞特》，都是宗教思想的具象在詩歌中再現。但丁以《永恒的玫瑰》象徵極樂的靈魂，不斷放出芬芳歌頌上帝。荷馬的史詩也把人的經驗寄托於濃烈的宗教情感的信念之中。文藝復興運動，雖強調人的原始自由的天性，追求天然的自在與和諧，但也不否定宗教思想可以幫助人的本能生長。無可否認，宗教思想對於詩人的影響，任何時候都應予以重視的。

蓉子在家庭的宗教教育中成長，濃厚的宗教意識影響着蓉子的藝術實踐。蓉子的詩，一方面表現了典雅柔和之美，其風格的幽淡靈秀，別具一格；一方面以詩歌的悠揚輕韻，傳達出一股心聲中的令人陶醉的韵味，顯現了似縹緲幻夢的天國自然之美。再加上她詩歌的和諧的色彩，恬靜高潔的情操，她的詩歌藝術表現出一種總體性的和諧氣息。不論人們在現實生活中經受多少痛苦或折磨，一旦進入蓉子詩的世界，似乎心靈深處立即溶入沉靜的海灣，可以得到安寧和憩息。蓉子詩歌所產生的這種藝術魅力，在一定程度上說來，是因爲她的藝術中深蘊着她虔誠的宗教信念的結果。

關於宗教和藝術的關係，蓉子在回答「心臟詩社」柯慶昌的訪問時，曾經作過充分的闡釋。蓉子首先肯認宗教與藝術的相依相承的關係：

就宗教和藝術的本質上來說：宗教家追求的是善，而藝術家追求的是美。然而「藝術」和「宗教」却是最好的芳鄰，相互間常常產生很大的影響力。

---

① 丹諾《藝術哲學》第四編第二章

蓉子憑着她詩人的藝術敏感，審視着宗教與藝術的相互影響，理解在當今臺灣的現實生活中，愛情、道德、藝術、宗教的密切關係。歌德早就說過：「不論你們的頭腦和心靈多麼廣濶，都應當裝滿你們時代的思想感情。」在都市生活裏，單純與複雜交錯，純潔與醜惡並存；人們的感情也在環境的支配下不斷產生變化。蓉子準確地指出宗教與藝術都是感情的產物，兩者之間互通是十分自然的心理現象。她說：

> 我們都知道，情感在藝術和詩中均佔有重要的地位；但那不是一般生活中粗雜的情感：乃是經過轉化和提升了的感情。而宗教信仰，每每在無形中提升吾人的性靈，使人擁有一份高潔的情操，令詩有更美好的內涵和境界。

蓉子接受了宗教的洗禮，不僅在於她接受宗教的博愛思想，從中吸取了西式的思想乳汁，還在於她溶合東方傳統意識，培養自己高潔的情操，並在宗教生活的陶冶中，發現了人的性靈。這種自然性靈的發現，使蓉子超越了個人生活圈子而進入社會領域，進而擴大個人的情感境界。她坦率地說：

> 「一個詩人在最初寫詩的時候，多半是從自我的感情出發；然而隨着時間的過去，年齡漸長，就不能老寫他一己的世界和個人的夢，必須將其情感與境界慢慢地推廣出去，使終究能超越個人生命的領域而與人類與萬物相感通，宗教家的博愛情懷，在此正是一種無形的推動力，當詩人具有這種宗教情懷的時候，他（她）的詩才不至於囿於極端的、狹隘的個人主義。」

在宗教情緒的陶冶中，蓉子能更深入、更廣泛地理解與洞悉生活和人生。因此可以說，蓉子的心靈是賦予濃郁的宗教色彩的。美國詩人艾略特在《傳統與個人才能》一文中，特別指出一個作家必須最銳敏地「意識到自己在時間中的地位，自己和當代的關係。」他一再強調，詩人不應該是「個人的」，「詩不是放縱感情，而是逃避感情，不是表現個性，而是逃避個性。自然，只有有個性和感情的人才會知道要逃避這種東西是什麼意義。」艾略特聲稱眞正的詩，包含着一種意義重大的感情，「這種感情的生命是在詩中，不是在詩人的歷史中。藝術的感情是非個人的，詩人若不整個地把自己交付給他所從事的工作，就不能達到非個人的地步。」蓉子是從自己的創作體驗和宗教感想之中，領悟艾略特的詩歌創作的見解的。她進一步闡說自己思想的變化：

> 以前我不能完全瞭解 T S 愛略特所謂：詩是「情緒的逃避」，「個性的泯滅」的真諦，現在，我開始有所體悟，因為在宗教裏正有這種涵容！真的，人算什麼？一個孤獨脆弱的個體算什麼？人是血肉之軀，無論怎樣健壯勇猛，智力超羣，甚至武功高强，還是有其極限。在廿世紀崇尚理性、知性的今天，個人英雄主義的時期早就過去了，詩人們更不必自我陶醉——陶醉在極端自我主義的夢幻中，那還是幼稚的浪漫主義的行徑。一個人在不斷成長成熟的過程中，必定會逐漸放棄對自我的絕對關注，而愈來愈多地關懷周遭的人與事物。記不得那一位作家說過這樣的話：「如果我不能愛他人，我也就無法愛自己。」我十分欣賞艾略特在《傳統和個人的才能》中所說的那句話，那就是「當詩人面臨某種比自己更有價值的東西時，他必然會不斷地獻出自己」，我想這就是把有限的小我融化在大我中的意思。

以有限的小我融化於大我的觀念，引導蓉子進入中國傳統哲學思想的「天人合一」的境界；這是東方思想家們對於現實生活觀察的角度，也是他們對自然與人的關係的哲學思考。蓉子在自己的創作體驗和對現實社會生活的審視過程中，中國的傳統哲學思想與她所接受的西方宗教思想又錯綜地溶合爲一。她指出：這種小我融化大我的意識，「也就是一人與他身外一切的人們合而爲一的境界，而這便是宇宙同根，萬物一體，天人合一的境界，既是哲學的，也是宗教的境界，更是東方詩人們所追尋的境界。」不過，蓉子對於藝術與宗教的關係，有着更爲清醒的認識。她並不單純以自我的宗教信仰指揮自己的藝術行爲，而是讓信仰溶化在生活中，凝煉成藝術作品。她說：「有一點需要注意的，那就是一個具有宗教信仰的人從事藝術工作的話，他應該記得把信仰先融化在生活中，而不是直接說明他的信仰或觀念。」①宗教、生活及藝術的關係，蓉子極其清醒地作如是說。也許，這也是蓉子對人類和自然的愛的哲學。

在蓉子的詩集裏，我們可以讀到她那宗教色彩強烈的詩篇，像《鐘聲》、《禱》、《老牧人的一生》。她寫教堂尖頂發出的鐘聲，凝聚着她昔日的愛、信仰與希望，在那一九五二年的聖誕之夜，詩人在鐘聲中祈求智者的引領，在迴盪的鐘聲中反思歡樂的往昔和對未來的預想。

那時的鐘聲，
如同我的笑聲，

① 以上引文，均見《心臟》詩季刊第四期，柯昌慶《燈屋的春天》

飄散在青色的草地上。

今日的鐘聲，
如同我的思潮，
起伏在多風雨的海上。

而在《老牧人的一生》中，她歌頌郭馬西牧師在虔誠信仰中「將有生之年全部奉獻，直到他回歸天家的日子。」這是一個忠誠謙卑的牧者：

當他安睡，沒有顯赫的儀仗隊
世俗的新聞紙上也不刊載他的名字
然而他的羊羣 書本和
園裏花卉都會深深地將他懷念！

而《禱》詩中，詩人的祈禱不僅表示虔誠的信仰，而是抒寫激盪的內心世界排除外界紛擾的煩惱，現實生活。「重重紛擾」，使詩人的心企望在宗教信仰中得到解脫和安寧，這時候的詩人，已把信仰融化在生活之中了。蓉子唱道：

海水在不遠的腳下怒吼
伸舐它重重的紛擾——
翻滾 旋轉 奔騰 嘶吼

引我　攜我　神
救我脫離此亂盪　來自近處
遠處　那欲撕我成碎的紛擾

倘我被撕成碎片
祢如何再補綴？
倘我銹蝕
祢如何再磨光？
——還我甯悅的故我

詩人在紛擾的生活中，心靈深處激起了不安和動盪，在祈禱中，信仰使人獲得安寧，並在不安、崩潰和眩暈的生活狀態中，渡引她達到理想的彼岸。她深情地寫道：

請為我調整那距離　以祢的慈惠
賜我不遠處的山崗　任海激盪——
助我柔弱的心能耐此震盪　釋我
從不安崩潰和眩暈　引我
跨越此波濤的狹谷！

即使蓉子在周遊歐洲的時候，她對歐洲各國的大教堂、聖禮堂等宗教聖地及以宗教故事爲內容的繪畫藝術，也寄予特別深厚的情感，描繪得細緻詳盡！

蓉子的宗教信仰，在她性格陶冶的過程中，在她的藝術創作生涯裏，都具有深刻的影響。她家中三代是基督徒，因此，宗教詩的活潑旋律和音樂氣息，一直流動在蓉子的創作精神之中。高歌在專訪蓉子時，蓉子曾向他坦誠地說過：「有時候，爲了表達某一心緒的動盪，我心中會首先響起一種應和的旋律，由這旋律發展下來就成了詩。有時就因爲一首詩的音樂性找不到了，我就停止了它的創作。我的詩必須有我的感覺和旋律。」在每一主日，教堂的鐘聲、琴聲，教堂的斑爛的玻璃色彩，教堂裏的虔誠氣氛，都給予蓉子以美感生活裏的視覺和聽覺層面，使她在自己的詩歌的美感世界中坦誠地表露她的宗教情感。她的創作世界，友誼、愛情與生活，都充溢着天然的情趣，並深深地打上宗教信仰的烙印，她自己也恪守着宗教哲學的博愛的宗旨。

二、蓉子詩的創作歷程

徐志摩在《羅曼羅蘭》裏說過這麼一段話「一個偉大的作者如羅曼羅蘭或托爾斯泰，正像是一條大河，它那波瀾，它那曲折，它那氣象，隨處不同，我們不能劃出它的一灣一角來代表那全流。」了解一位作家，必須全面地把握他在不同階段中所湧現的波瀾、曲折、氣象而後窺其全貌。

蓉子近四十年的創作活動，形成蓉子的一個完美的藝術整體：早期浪漫「青鳥」的歌唱，成熟了的詩格「維納麗沙」的超越，晚近的《這一站不到神話》的對生命本質的探索，經過了幾次跨度極大的跳躍，成就了詩國中的天之驕子，高高翱翔於廣漢絢爛的藍天之中。蓉子是臺灣女詩人的驕傲，是中國創作界的驕傲，她像冰心那樣，在中國特定時代的特定土壤上成長，並作爲時代的地域的女作家的標幟！

如果說，羅門的詩，似有「黃河之水天上來」的一瀉千里的狂飈之勢，以一種雄渾、剛勁而又深邃的詩風震懾讀者，那麼，他初期詩歌創作門師蓉子的詩，就像潺潺的小河水，像涓涓的細流，像靜靜的湖波湧起的漣漪。她以一種婉約、柔和的詩風，浸潤着讀者的心田。她的詩，像在夢的輕波裏依洄，像湛藍高空中的一條金色的光痕；詩中充滿着熱愛自然、熱愛生活、熱愛世界的濃馥的人情味。我們讀蓉子的詩，就好似置身於一個和諧、靜謐的安寧境界，傾聽那用輕柔吳音訴說心聲的輕聲細語；有如在溫暖的陽光裏偃臥青青草地上聽初春的第一聲鶯啼；有如在月夜的沙灘上靜聽平靜的海波拍打沙地；有如在深黝的密林中側聽百鳥齊喧；有如在遼濶的原野上看到蒼茫遠水；又有如在曉風殘月中靜靜地吹拂柳絲的情景；當然，有時候，又有如在生命的舞臺後聽到一陣陣微聲的嘆息。蓉子輕輕地、慢慢地歌唱歡樂的人生，抒寫對幸福理想的憧憬。蓉子也一步步地走向深不可測的大社會，窺測都市生活的奧秘，探索生命的本質，觀察或接觸到人情、事象和物態。她從不把自己關閉在幸福寧靜的燈屋，而是勇敢地走向社會，走向世界，用悅耳的女低音或女中音柔聲歌唱；她的詩，以一股愛撫的韵味，似在熨平社會的創傷，似在給善良人們以平靜的、愛的慰籍，似在傳達一聲聲人生的關切。蓉子的詩，讓讀者的心靈被融化；引人走進菊花盛開、青鳥翔飛的寧靜大自然裏，讓人陶醉於雅潔、安靜的情操之中。

蓉子的詩具有驚人的藝術魅力！她的詩風，是那麼純樸，詩情是那麼誠摯，詩韻是那麼柔美，眞是麗不染俗，巧不近纖，姸心妙手，融眞、善、美的藝術於一身！蓉子的詩，呈現出一種淡素之美，幽靜之美，不論天籟人籟，長吟短唱，都自在流出，顯得自然淡雅，令人心醉。

蓉子的詩具有她獨特的創作內涵和格調，蓉子就是蓉子，她以自身的生活體驗，一步一個脚印地創造藝術，抒寫人生。在《蓉子詩抄》的序言中說：

> 身為一個創造者，或從不感到他（她）必須完全依照一種流派，服膺一種主義去創作；而且文學上或藝術上的任何流派或主義每係針對前一個流派的反動，因而也往往有「矯枉過正」的弊端。倘若創作者自囿於一種狹隘的主義去創作，則勢必至於在接受了其利之外也接受了其弊！與其那樣，還是讓我們服膺個人心靈的引導去創造吧！那才是真正能表現「自我」而不流於模倣、虛擬或集體性的時式。」①

蓉子在她的創作實踐中，堅持以個人的風格，寫個人眞實的生活體驗，不附和流俗，眞實地反映生活，表現自我。

對蓉子的詩歌，也像上文探索羅門一樣，分爲幾個創作時期，各個時期的詩歌，也都呈現着詩人前進的足迹。

㈠摸索、徬徨與悠久的期待——《靑鳥》時期。

① 《蓉子詩抄》序。

李商隱的《無題》詩云：

相見時難別亦難，東風無力百花殘。
春蠶到死絲方盡，蠟炬成灰淚始乾。
曉鏡但愁雲鬢改，夜吟應覺月光寒。
蓬萊此去無多路，青鳥殷勤為探看。

蓉子《青鳥集》中的青鳥，是幸福的象徵，其根源應出於此。

《青鳥集》是蓉子一九四九年至一九五三年的詩歌結集，是她「最珍惜的處女詩集」，是詩評家所盛譽的臺灣第一本女詩人專集。一九七七年，在愛書人的「我的第一本書」欄目中，一九八二年七月這部書重版時，作者所寫的前言中，都禁不住寫出她對這部詩集的欣慰、珍惜之情。在詩集的後記裏說：

這本與讀者第一次見面的詩集，是由初選的一百多篇內再選出來的四十一首，包括自卅八年（一九四九年）到四十二年（一九五三年）這五年內的一部分東西，當然不能算是成功的作品，我祇是在作着各種嘗試；至於卅八年（一九四九年）前寫的，那更是膚淺幼稚的習作，不足公諸於世的。由於個人修養的淺薄和技巧的拙劣，這本書給予讀者的貢獻也許是太微弱了，我僅僅把它作為我寫作道路上的里程碑，用以紀念我過去的摸索，徬徨與悠久的期待。更揭示我路途遙遠，我沒有理由滯步或自滿，這兒我虔誠的希望文壇前輩及讀者們善意的批評和指教。

這是詩人在一九五三年寫的後記，寫作人謙虛的美德，溢於紙外！實際上，《青鳥集》出版對於臺灣詩壇的震動，是詩人所始料不到的。《青鳥集》的出現，蓉子以《青鳥》的姿態，飛舞在她自己的藍天白雲中。

高歌在《千曲無聲——蓉子》一文中寫道：「像所有天才早熟的詩人一樣，她的第一本詩集，使這個蓄着短發、純眞、美麗、圓圓面孔的少女，一瞬間便被人推舉了起來，造成那個年代裏，詩壇一盞美好的消息。」

年青的羅門讀到了這部《青鳥集》，他說：「我看過蓉子的《青鳥集》，那時，我的心靈起了一種奇異的波動，及至見到她本人，更有一股強烈的衝動，我要捕捉這隻青鳥。」①

詩人番草評論這部詩集，「蓉子小姐的《青鳥集》，是她的第一部詩集，同時也是自由中國第一部女詩人的詩集，這在我國沉寂的詩壇上，不能不說是一件可慶賀的事。」②當他讀完《青鳥集》的時候，詩人番草的感受是：「覺得是一串晶瑩滑潤的珍珠從我的手指間溜過，按卷回思，又覺得那珠串散入夜空，化作無邊熠熠閃光的星斗。」

詩壇上出現了《青鳥集》之後，引起轟動。鐘麗慧在《永遠的青鳥——蓉子》一文中記述：「尤其在民國四十二年（一九五三年），她出版《青鳥集》，這本『自由中國第一本女詩人專集』轟動文壇，因爲在那個戰亂初歇，文壇荒蕪的時代，這樣一本溫柔纖細的詩集，好比一股甘泉，滋潤盡是陽剛之氣的詩壇。同時明眸皓齒的美麗女詩人，人如其詩，溫柔、

① 李宗慈《燈屋三十年》。

② 番草《晶瑩的珠串—讀《青鳥集》》。

靈慧且嫻淑，一顆升起的閃亮明星，怎不令詩壇側目。」《青鳥集》給當時臺灣詩壇吹進一股清新的風，溫馨而柔潤。蓉子在卅年後回憶這部詩集發表的景況時也說：「當年由於『綠肥紅瘦』的緣故」，《青鳥集》帶給詩壇的是十分驚喜的信息。詩人對當時社會的讚許，感受良深！

出版這部詩集的緣起，是由於前輩詩人的鼓勵。聰慧、勤奮、好學、謙遜而又具有詩的藝術稟賦的蓉子，從公務員的普通的工作崗位上，步入詩國，這決不是偶然的機遇，而是詩人內在的優秀藝術素質及外在藝術環境的合力所使然。蓉子到臺灣之後，面對不同於大陸風光的美麗寶島的好奇，寫作的夢更加濃郁了。蓉子說：「年輕時我不但愛詩，也崇拜眞正的小說家，因從前也看過不少翻譯小說。竟然自己無法決定，如果眞的做作家時，究竟應該成爲詩人呢？還是去做一位小說作者？因爲覺得兩者我都喜歡，又均無絕對把握，想着想着，自己竟然矛盾而苦惱起來。突然於四十年十二月間，看到了由幾位當時已富盛名的前輩詩人葛賢甯、鍾鼎文、紀弦等。在《自立晚報》上創刊《新詩週刊》。作爲一位愛好詩的讀者來說，宛如在沙漠中忽然聽到泉水聲那樣欣喜，不過，最初我仍以做一位貪婪的讀者而自足，不敢希冀加入那高遠的作者行列。突然間，一個意念掠過心中：既然這幾位都是前輩有成就的詩人，那麼，他們一定能幫我解決心中的疑惑——我是否已寫出眞正的詩？而這一點對當時的我來說，毋甯是十分重要的，因爲我已在心裏下了決定，如果有經驗的詩人們認爲我並無寫詩的才能，那麼我決不再浪費自己的時間和精力於詩的創作上面——我將從事另外形式的創作。當時我之所以那樣的徬徨，是因我在出版《青鳥集》前，從不曾接觸過任何有關詩的創作理論，對於詩僅憑感興去創作；卻缺乏理性的批判能力。」①但當蓉子一旦步入詩國，她才華橫溢，第一首詩就呈現她的智慧和能力，《爲什麼向我索取形象》（發表時題目爲《形象》）一詩，送到前輩詩人手上，竟猛地被登了出來，蓉子回顧說：「記得那是《新詩週刊》第四期上，當看到自己的拙作竟能發表在由自由中國著名詩人通力合作所創辦的純詩刊上時，那種高興和興奮之情，不下於一個初出道的寫詩者，突然間中了廿萬新詩大獎那般雀躍哩！」②蓉子還詳細地談及前一輩詩人對她培養、鼓勵的過程，她又說：「《青鳥集》內所收篇什，全係我卅九年至四十二年間的少作。有一個很湊巧的事實，那就是民國四十年前後，當自己開始正式在詩壇發表作品時，也就是自由中國最早的一份詩刊——《新詩週刊》創刊不久的時候。這份具有歷史性的詩刊，乃由前輩詩人葛賢寧、鍾鼎文、紀弦三位發起並輪流執編務，不久更加入了覃子豪先生和當時紅過半邊天的李莎，陣容就更堅強了。我從第四期開始在其上發表《形像》一詩。接着《新詩週刊》第五期就發表了我後來用做集名的《青鳥》。由於當時幾位詩人主編對我作品的一致鼓勵和認定而大大地增強了我從事詩創作的勇氣和信心，從此，成爲新詩週刊上『經常且主要的作者之一』（紀弦語）。」蓉子經常在《新詩週刊》發表詩作，《文壇》、《詩誌》、《現代詩》、《日月潭》、《幼獅月刊》等刊物也發表她的詩歌。《青鳥集》是由《中興文學出版社》於一九五三年十一月間出版的，收集了蓉子一九五三年十一月以前的作品；這部詩集，正如詩人自己所說「這集子裏

①②《燈屋的春天》。

的作品留下了我年輕時代不再的履痕，代表我昔日的夢想和追尋以及通過詩、對生的感受與認知。正如已故詩人覃子豪先生在評我的《青鳥集》時所說的：『作者將她的嘆息、哀愁、希望和理想，眞摯地表現在詩裏，而成爲極感動人的詩篇。』」這是蓉子藝術生涯中的青春之歌，它展現了蓉子青年時代的才能和理想，留下了最可珍貴的紀念。蓉子在詩集再版時滿懷激想地說：「《青鳥集》的可貴處，不在於它是詩評家筆下的『自由中國第一本女詩人專集』；而在於它似乎突然間爲我敲開『詩國』那莊嚴厚重的大門，爲我墊下了卽將在詩的長途跋涉的第一塊里程碑，也眞實地爲我留住了過往那一段時間中的履痕。我們知道，一首詩完成後，就擁有屬於它自己的『藝術形體』——不與肉身形體共存共歿於時間中的形體，正如出生於前一世紀的那位美國詩人在《生命的頌歌》中所說：『時光飛逝，藝術長存』的道理。雖然日升月落，過往的時光不再；祇爲年輕的生命中充滿了夢和詩，憧憬與等待，碰巧我把這種內心的感受表現出來，使之具有了詩之形貌，從而也留住了那一年代中的種種感受和心境，對我多少是乙件神奇和寶貴的經驗；而我更願將我這份『詩的經驗』和讀者——特別是新生代的讀者分享。」①蓉子曾爲跨出成功的第一步而感到興奮，又爲成功後的躍進感到惶恐。她說：「《青鳥集》出版後（甚至尚未出版前），竟獲得了遠超過我應獲得的反響和注意，以及一些加諸『女詩人』的美譽——確切地說，那不過是前輩或讀者對我的鼓勵。只是在初嚐擁有了第一本自己詩集的興奮之後，漸漸地也有一份惶恐，因不知將如何更美好地跨出下一步？」蓉子邁出了成功的第一步，這一步是堅實的，令人自豪的！

① 《翩然飛囘的『青鳥』》見《青鳥集》（重版）。

《青鳥集》一共收錄四十一首詩。詩集的內容，在第一版的封面圖案已形象地昭示出來，這是作家、畫家所設計的詩册封面，蓉子記述道：「白色的裙衣、幾點疏星、背景是一片灰藍色的天空，只有《青鳥集》三個字是紅的，連我的名字都是白的，整個封面十分淡雅有致，也許正象徵早期的詩壇那份寂寥、空濶與純樸吧？」內容與形式一致，封面設計的素樸、高雅、疏淡，的確代表了這部詩集的格調。《青鳥集》裏的詩，充份地展現了中國詩歌傳統的淡郁、婉約的氣質，表現了一份少女青春時期的期盼和寂寞，一份中國女詩人所特有的期待時寧靜的境界。正如番草所說的：「蓉子小姐的詩裏充滿着一種寧靜的寂寞與淺淡的悒鬱，這是李淸照的氣質，也是白朗寧夫人的氣質，這是古今中外女詩人們傳統的氣質。讀她的詩，如像在寂寞的林間諦聽寒泉的琮琤，這是她智慧的光采。」①

這是一册青春的咏嘆調，是一册如幻似夢的理想曲。這四十一首精緻、樸實的抒情短詩，蓉子的淺吟低唱似蕭邦的小夜曲，撥動着讀者的心弦。在這部詩集裏，我們也更多地窺視到冰心、徐志摩的詩歌的影響的痕迹，那詩意，那詩韵，那詩情，引發起我們對新詩的許多聯想。

西元一九二一年十一月九日，冰心曾寫下一首短詩，題爲《詩的女神》：

她在窗外悄悄的立着呢？
簾兒吹動了——
窗內，

---

①《晶瑩的珠串》見《青鳥集》附錄。

窗外，
在這一剎那頃，
忽地都成了無邊的靜寂。
看呵，
是這般的：
　滿蘊着溫柔，
　微帶着憂愁，
欲語又停留。

年輕時代的冰心，在等待詩的女神降臨到她心靈上的期待，是那麼地眞摯與充滿靜淑的柔情。在蓉子的《青鳥集》中，有許多詩篇都表現出這一份靜謐的期待的詩境，表現年輕女詩人對藝術、對眞理、對生活的熱切追求和尋找，其詩歌的韵味，似從冰心詩中幻化而出。蓉子的《爲什麼向我索取形象》一詩，是她的成名作，我們可以從對照中，從蓉子詩中看到冰心所呼喚的詩神的倩影：

為什麼向我索取形象？
　為在你的華冕上
鑲嵌上一顆紅寶石？

為在你生命的新頁上，
又寫上幾行？

為什麼向我索取形象？
如果你有那份真，
我已經鐫刻在你心上；
若沒有——
我恥於裝飾你的衣裳。

為什麼向我索取形象？
歡笑是我的容貌，
寂寞是我的影子，
白雲是我的蹤跡，
更不必留下別的形象！

冰心筆下詩神的純潔、溫柔、憂鬱和多情，是女詩人理想中詩人的形象。蓉子的詩人形象的眞誠、樸實、歡笑、寂寞和飄忽，不也與冰心理想中的詩的女神在氣質上有相同點麼！

徐志摩的抒性詩，倡導了又一派詩風。在四十年代的動盪歲月裏，給當時一批青年詩人以巨大的影響；蓉子也愛讀徐志摩的詩。在蓉子這部處女作裏，我們也窺見徐志摩抒情詩的痕迹。如徐志摩的《爲要尋一顆明星》：

我騎着一匹拐腿的瞎馬，
　向着黑夜裏加鞭；——
　向着黑夜裏加鞭，
我跨着一匹拐腿的瞎馬。

我衝入這黑茫茫的昏夜，
　為要尋一顆明星；——
　為要尋一顆明星，
我衝入這黑茫茫的荒野。

累壞了，累壞了我跨下的牲口，
　那明星還不出現；——
　那明星還不出現，
累壞了，累壞了馬鞍上的身手。

這回天上透出了水晶似的光明，
　荒野裏倒着一隻牲口，

黑夜裏倒着一具屍首，——

這回天上透出了水晶似的光明！

徐志摩這首詩，用簡單的句式，表現詩人對理想的追求。全詩用疊句貫串，稍加變奏。而蓉子的詩，也善以疊句貫串詩意，寫得更加精煉。同樣表達詩人對理想的熱烈追求，那種在曠野的茫茫世界中尋找理想的構思，那堅定的「我」的毅力，頗有異曲同工之妙。不過徐志摩以他男性的方式，寄詩意於「騎着一匹拐腿的瞎馬」，「衝入這黑茫茫的昏夜」，「衝入這黑茫茫的荒野」，意境淒冷沉寂；而蓉子詩則以女性的敏感，在「跑遍了荒涼的曠野」之後，因「找不到那顆星「而」痴痴地坐在河岸邊。」詩意更近似淒迷祈待，她「看青螢繞膝飛」，繼續在尋找希望之星。在詩歌的形式結構上，兩者同樣採取重疊的詩句和詩韻，抒發內心的激情都是運用一、四重疊及二、三重疊的方式抒寫，請看蓉子的《爲尋找一顆星》：

跑遍了荒涼的曠野，
為尋找一顆星，
為尋找一顆星，
跑遍了荒涼的曠野。
找不到那顆星，
找不到那顆星，
痴痴地坐在河岸邊，
看青螢繞膝飛。

看青螢繞膝飛，
痴痴地坐在河岸邊。

「篇終接混茫」（杜甫語），詩盡而意未盡，在有限的藝術形式中閃現無盡的情思。蓉子詩歌的韵味，更多的是繼承《詩經》以及傳統民歌的特色，而徐志摩詩的內容和押韵方式，更多的是接受西方詩歌的影響。當然，我們不能判定，蓉子寫《爲尋找一顆星》這首詩時，是否已讀過徐志摩這首詩，從而借鑒前輩詩人的創作手法，但在這種極其偶然的巧合中，從中可以窺測到四十年代新月派詩歌那種輕煙似的微微的哀怨，感喟式的追求，以及藝術的靈性，被詩人蓉子在有意無意之中所接受了。徐志摩有一首令人難以忘懷的詩《我不知道風——》盡管星轉斗移，時間已越過半個世紀，這首歌美麗的氣韵仍神奇地感染着讀者如：

我不知道風
是在哪一個方向吹——
我是在夢中，
在夢裏的輕波依洄。
（第一節）

我不知道風
是在哪一個方向吹——
我是在夢中，
黯淡是夢裏的光輝。
（第六節）

詩中那一份夢幻裏的光輝，寫得那麼迷惘。柔和，那麼輕盈飄拂，韵味十足，筆鋒上的感情逼人而來，悠然的歌聲令人迷醉。徐志摩鑄造意境的藝術才華，也令人心折了。如果我們刻意讓蓉子的詩與志摩的詩對照，似乎隱約地看到一代詩魂的再現，其追求，其詩韻，又何等接近。

有人還說，蓉子是中國的李清照！番草說蓉子詩有李清照的氣質。李清照詞的「知否？知否？應是綠肥紅瘦。」①的用字之工，詞意之深，「莫道不消魂，簾捲西風，人比黃花瘦」②的淡淡的哀愁，「尋尋覓覓，冷冷清清，淒淒慘慘戚戚」的悽迷婉絕，在蓉子詩篇裏，我們如果細心玩味，似乎也見出痕迹，因爲都呈現着一種寧靜的寂寞與淺淡的悒鬱。」

但是，蓉子是屬於她自己的。她既不是冰心，也不是徐志摩，更也非李清照。蓉子以她獨特的內美，以她獨有的性靈的光輝，脫穎而出，活躍在五十年代初期的臺灣詩壇上。《青鳥集》中的四十一香詩，多數抒寫詩人自己的內心世界，更多的是寫少女對現實生活的夢幻式的探索和思考，充滿着恬靜的美和溫柔的愛。

(1)記錄詩人對眞、善、美的人生哲學的思考

在這部詩集裏，似一位純潔無瑕的少女在進行內心的獨白，她在探究生命的價值，認識人生的甘苦進程，對生活中的眞、善、美進行細緻的剖析。

---

①《如夢令》（昨夜雨疏風驟）

②《醉花陰》（薄霧濃雲愁永晝）

蓉子的詩，往往以精妙的比喻和豐富的想象，寓以深刻的哲理。像《生命》一詩，提出她對生命的價值的思索：

生命如手搖紡紗車的輪子，
不停地旋轉於日子底輪軸，
有朝這輪子不再旋轉，
人們將丈量你織就的布幅。

詩人所崇尚的，是奮鬪的人生，她以紡紗車比喻生命，在旋轉過程中延續，以「織就的布幅象徵生命的價值，頗有宋代哲理詩意味。又如《小舟》：

劃破茫茫大海的，
不是白晝的太陽，
不是夜晚的星星，
也不是日夜吹着的風。

劃破茫茫大海的，
是一隻生命的小舟……

這短短的三言兩語，似隨意揮寫，卻蘊藏着樸素的哲理：生命之舟劃破茫茫大海，在無邊的海洋中搏鬪。含蓄的筆墨抒寫深沉的思想，把抽象的道理形象化。就如她的名作《青鳥》：

從久遠的年代裏——

人類就追尋青鳥，
青鳥，你在哪裏？
青年人說：
青鳥在邱比特的箭簇上。
中年人說：
青鳥伴隨着「瑪門」。
老年人說：
別忘了，青鳥是有着一對
會飛的翅膀啊……

青鳥，是中國神話中西王母的使者。蓉子以青鳥作爲人生各個不同階段的理想象徵，以理想發爲言詞，人們所尋找的青鳥，是愛情，是事業，是老年人所勸戒的奮鬪的人生：「會飛的翅膀」一句，暗示着勸勉，也象徵着自由與奮力向前，寄托着無窮的希望。蓉子的一生，也像這長着一對「會飛的翅膀」的青鳥一樣，在詩歌王國的藍天中飛翔，越飛越高，越飛越遠，飛越大洋九洲，成爲世界舉足輕重的女詩人。她特別喜愛自己這首詩，並以此命名自己的第一部詩集。

蓉子的理想是什麼？她在人世間尋覓生活中的眞、善、美，謳歌人類的愛心。詩人在《三光》中唱道：

何處尋覓，
至真至善至美？
它們——
在嬰兒甜睡的酒渦內
躲藏；
在初戀女深深的眸子裏
盪漾；
在老人淨潔的白髮上
閃亮；
好像那天上三光，
永恒地將人間照耀。

詩人追尋生活中的眞、善、美，描寫人類的愛的詩歌，比喻新巧，詩情濃郁；面對茫茫的世界和複雜的人生，年青詩人的人生觀及宇宙觀顯得那麼單純，那麼聖潔。像這首詩，詩人篤認眞、善、美是人類永恒的追求，那「嬰兒甜睡的酒渦內」的無邪，那「初戀女深深的眸子」的純潔，那「老人淨潔的白髮」的超然，都是善良美好的人生境地，組構成人類生活中的潔淨崇高的情操，人的高尙與尊嚴，有如天上的太陽、月亮與星星一樣地永恒。詩人選擇「嬰兒」、「初戀女」、「老人」這三個不同階段的人生象徵，代表了人類生命的全過程，表現了詩人的藝術概括能力。又如《楫》詩，則進一步表現詩中柔中有鋼的堅強個性及獨立意志，蓉子把抽象的道理形象化，假借楫的特徵的描繪和兩段對話的爭駁，把她的奮發堅強的意志以及勇於向生活拼搏的人生哲學，給予形象的說明。她把自己比做行舟的「楫」，在澎湃的大海中奮進。

人們說我的楫是銀的，
美好而易折曲；
人們說我的楫是銀的，
只能在湖上悠游。

我說我的楫堅直如鋼，
是夜晚的月華鍍上了銀輝，
是白日的浪花鍍上了銀輝，
它已經在海上搖盪。

人們說我的楫是銀的，
美好而易曲折，
人們說我的楫是銀的，
只能在湖上悠游。

我說我的楫堅直如鋼，
它已經在海上搖盪，
在白晝它是銀色的浪舌，
在夜晚它是銀色的月光。

在人生的道路上，是軟弱悠游？還是堅強搏鬪，蓉子滿懷着積極進取的信念，激情飛揚。全詩分四節，兩節是重複的，敍說「人們」的片面，藉以襯托「我」的剛強意志：人們說她的楫是銀的，只有表面的光華——美好而易曲折，經不起狂飇巨浪，只能在平靜的湖面上悠游。而她卻堅毅的回答，她的楫堅直如鋼，第二節寫夜晚的月華及白日的浪花爲楫渡上了銀輝，第四節寫楫已在海浪中擊浪向前，它已成了「銀色的浪舌」和「銀色的月光」。以含蓄象徵的手法，抒寫楫在海上不屈地搖盪，意味着她在現實生活中不屈不撓的堅強意志力，托物顯志，意境新穎，音節和諧，以反復的咏唱增強詩歌的音樂性。

蓉子所尋覓的人生理想是「人性的完美」，只有完美的人性才是最可「珍貴的光輝」，爲了這一目標，她可以排除一切「煩厭」、「心驚」和俗念。《覓尋》一詩，詩人借對淘金者的歌頌，抒發她對於人生的眞諦的追求：

覓尋人性的完美，
如在過多的砂石中，
淘取金粒。

雖然單調的砂石，
　令我煩厭，
流水的潺潺
　使我心驚，
而我仍不甘於留停。

淘取金粒，
　不是為了指環，
是為了它珍貴的光輝。

只有眞才是美，詩人認定一切人爲的編造都因失眞而失去美，她在《笑》詩中寫道：

最美的是
　最眞。
啊！
　你聰明的，
為甚麼編織你的笑？
　笑是自然開放的小紅花，
一經編織——
　便揉皺了！

詩的形式小巧玲瓏，風格清新優美，感情上蘊含人生哲理。生活中有污暗面，詩人卻保持着一顆純潔的心，不願點染，像《休說》一詩：

休說我不愛紅花，
我懶於採擷，
當庭園內花朵不够鮮美。

休說我不愛流水，
我不能掬飲，
當溪澗內流泉不够清瑩。

休說我不愛星星，
我不想走出去，
當藍天滿佈愁雲。

詩人所追求的是完美。詩言志，《休說》詩中呈現了蓉子對純潔的辨認。在《我寧願擁抱大理石的柱石》一詩中，也傳達出詩人的心聲，她對美的執着的崇高的感情，對邪惡的嫉恨，都是詩人情感的反應。

我寧願擁抱大理石的柱石，
它冷冷的嚴峻的光輝，

使我心折！

詩人崇尚大理石柱石的「嚴峻的光輝」，更加心折柱石的支撐力量，柱石默默無聲地

頂立着拱形的大廈而直立着，

久久地支撐那偉麗的穹窿

不使傾斜。

除此之外，柱石的特質還在於正直，

它不會說諂媚的言語，

也不會說虛謊的話，

夜晚我走過——

它沒有彎腰向我鞠躬，

一如在白晝。

這一切，都是柱石「沉默而靜美」的正直不阿的特質，與那些「隨風飄搖的小草」迥然不同，獲得了詩人的讚賞和熱愛：

它肯定「是」，

否定「非」。

它直立着，

沉默而靜美。

於是我不自禁地

　　走去擁抱它，
　　不顧踏過那些隨風飄搖的小草！

詩人向往純樸境界，因此在詩歌中，一而再地抒發心靈深處對生活的求索的目標。這些詩篇深情、摯着、樸實，沒有少女的世俗要求，卻顯示了一顆純潔善良的心，表現了她內心凝聚的愛、信仰與希望」。

蓉子有一個「平凡的願望」，她只希望當一個普通的人，在社會的海洋中與普通人一樣奮鬥，她愛人們，也希望自己生活在愛中，「平凡的願望」一詩，就表達了她的內心的呼喚：

　　不甘於做奴婢，
　　也不擬做女神。
　　　附庸
　　　太侮蔑；
　　　至尊
　　　太寂寞。
　　啊！我們的願望，
　　不過是做你們弟兄似的姊妹。

於是，她決心投身於生活的海洋之中，在艱難的人生中拼搏。《風雨》一詩，寫的就是這種心境：

雲低
山隱。
微風輕吹，
細雨飄零。
我從窗櫺俯視，
清新的涼意沁入心懷。
我要下去——
和風雨為伍！

雲黑
天黯。
風揚衣裳，
雨淋髮梢，
棕櫚道上漫步，
清絶的明快填塞心頭。
我要前去——
和風雨同行！

雲低、山隱、微風、細雨的意境，雲黑、天黯、風揚、雨淋的時光，環境雖然惡劣，她卻願拋棄舒適寧靜的生活，投身到大自然的奮鬪之中，「和風雨爲伍」，「和風雨同行」，她不願做綠蔭下的一泓池水，而寧願化身爲一片雨雲，加入海洋的洪濤。她在《不願》一詩中，再一次向讀者表明自己的心迹：

不願做綠蔭下的池水一泓，
沒有風兒吹拂，
鏡水獨自消瘦。

不願做綠蔭下的池水一泓，
縱有風兒吹奏，
素波止於池沼。

不願做綠蔭下的池水一泓，
寧願化身為一片雨雲，
加入海洋洪濤！

輕柔的細語，訴說詩人心靈深處的願望，她不願過「沒有風兒吹拂」的對着平靜如鏡的池水「獨自消瘦」的生活，也不願於「縱有風兒吹奏」的「素波止於池沼」的平靜的環境，女詩人的詩意，一步深似一步地接觸到她內心的浪濤，她的話語似越來越宏亮，她的意志越來越堅強，短詩通過層次遞進，最後托出詩人心靈的呼聲，她「願化身爲一片雨雲，加入海洋的洪濤」，在生活的海洋中擊浪拼搏，這才是人生的歡樂。因而，在詩集中，詩人又唱出她在對崇高人生的求索過程的獨立的人格，對自己的意志力和才能的自信，對克服困難走向成功彼岸的堅強決心。《菊》和《樹》二首，表達的是這種可貴的精神。詩壇上讚頌蓉子爲永不凋落的菊花，的確代表了蓉子的性格，她不俯仰隨俗，孤芳自潔，向既定的目標前行，像「菊」：

春天——
　百花爭妍的時候，
我看不見你的影子！
夏日——
　那濃郁的季節，
我仍不聞你的花信，
到了秋天，
　羣芳都已消逝，
你却獨放奇葩，
亭亭玉立在寒風裏。

詩人愛你高潔的風姿，
我却愛你那顆精金的心。
因為培植你的，
不是和風暖陽，
乃是悽厲的寒霜！

秋菊，是歷代詩人咏嘆的對象，詩人們歌頌秋菊的傲霜厲雪的性格，在百花凋零的季節里，傲然盛開於寒秋之中。蓉子所愛的菊花，是那春夏繁華時不附時俗的特性，是那寒秋中亭亭玉立的風姿，更重要是那被悽厲的寒霜培植的「那精金的心」。這顆精金的心是詩人蓉子靈魂的偶像，她的一生都用這一顆精金的心，對待藝術，對待人生，被臺灣詩界公認爲詩壇上開得最久的菊花。更加可貴的是，蓉子所遵循和謳歌的，是獨立的人格和對自由幸福的追求，作爲一位新時代的女性，她尊重自身的獨立，自信個人的奮鬪能力，這種自強、自尊、自重的心態，是現代城市裏知識女性的內心潛在意識；不攀附外界的力量，財富或權勢，任憑自己的個性在自然及社會中適意地發展，並追求自我成功的道路，塑造完整的、自我的形象。她以「樹」爲象徵，高唱「一棵獨立的樹」的自豪和欣慰，「樹」詩中詩人不無驕傲地唱道：

我是一棵獨立的樹——
不是藤蘿。
從日光吸收能力，

從大地吸收養料，
伸展無盡的枝葉，
在無邊的空氣之海，
我的根幹支持着我，
成為一個彩色的華蓋。

大樹給人們帶來歡樂，大自然也給予獨立的樹以歡樂。

原野裏、
風常為我伴奏，
雨時時為我洗刷衣履。
我喜歡太陽的燦爛，
也喜歡月的柔美，
還有那星羣的閃爍，
四時的遞嬗。

詩人所傲驕的，是能成爲更大的樹，蔭庇更多行人，承載更多歌聲，即使是冬日到來時褪下了枝葉，無聲地安息，但她所驕傲的，在於我是一棵獨立的樹，不是攀附樹身的藤蘿。獨立的意志，對生活的深沉的思考，表現了青年女詩人的成熟。

(2)贊美生活、謳歌自然是貫穿《青鳥集》中的主題

這部詩集，詩人抒寫着一顆青春純潔的心對于生活的感受。天空中七色的彩虹，可以讓詩人忘記雨的悽楚：

浸沉在為雨密封的小屋，
我多渴望見你七色的笑顏。
你凝聚的奇美光弧，
就像那海上發光的長橋，
皈依了無際的迢渺。

——《虹》

敲打屋簷叢樹、庭園石階的細雨，卻引起詩人無邊的聯想：

我聽得出這是一首悲涼的 Melody
如飛離弓弦的箭梭梭的聲音
如紅炭掉落水槽嘶嘶的聲音
如響亮足音顛躓蹙蹙的聲音
如悲傷冷泉流過潺潺的聲音
如蟲豸啃噬綠葉寂寂的聲音
如秋風吹葉辭樹颯颯的聲音
如廖廓教堂內獨自喃喃的祈禱聲音

——《雨》

詩人捕捉自然界雨聲的細微變化，點點滴滴的雨聲化出種種不同的心境，飄忽、美麗的白雲，如夢似煙，在詩人的觀察中幻化成千百形態：

是幾隻潔白的天鵝
悠游過明淨的湖水
有一羣柔順的綿羊
倦憩於清澄的溪邊，
像掀天的白浪
掩蔽了湛藍的大海……
朝陽是你青春的光彩，
烏雲為你憤怒時的嘴臉，
絢爛的晚霞
如你盛裝的晚禮服。

——《雲》

雲彩的蹤影，是「美的極致」，連娟好的嫦娥也不能逾越雲之美，星星也甘爲雲裝飾裙衣。詩人以藝術的眼光，欣賞那變化萬端的雲彩，那輕逸、飄忽的情思，完全是內心感觸的自然流露。靜靜的水影，也勾引起蓉子的詩情畫意，在那幽靜的湖面上，她在靜悄悄之中，窺見水的影子，看到一首悲涼的詩，飽含着溫柔的情思，呈現出淡淡的愁意：

從陰鬱的林木，

從睡眠的湖水
從幽涼的石上，
你——
悄悄地，
悄悄地
掠過去
鳥不知曉！
魚不知覺！
我徒然貼我的耳朵在
小草的胸前。
等時間似數不清的
鳥的膀翅拍過去後……
我忽然從那些
屬於往昔的紅牆上，
看到你掠過後，
所留下的一首
蒼鬱而悲涼的詩，
遽知你曾經滄海！

——《水的影子》

在寧靜的水影之中，蓉子窺見生活的蒼鬱悲涼的痕迹，了解到滄海桑田的人生。大自然的風雲變幻，水影湖波，在詩人的筆下，化爲美麗神奇的景致，清麗而又柔和，點點處處，散發着生命的氣息，引起詩人的萬千思緒。她往往寓情於景，在字裏行間顯露出樸素而又深邃的哲理，給人以無窮的聯想和啓迪。

蓉子筆下的大海，也是如此地蔚藍安靜，神奇而奧妙。《午寐的海》既寫海的靜謐，也寫海心的激盪；她最了解大海的性格，但她對大海更多地滿蘊着溫柔，對大海有着透視力。把海人格化，寫出海的壯濶，海的藍極綠極的自然的美。她先寫午寐中靜靜的海：

你是靜靜地伏臥着，
光鑑如一面藍色的鏡子，
沒有絲毫凸凹的痕紋
如斯的安靜
如此的孤單，
依傍着沒有顏色的沙灘。

繼而描繪靜態的大海：

散失了你的
千萬頃綠葉，
凋落了你的

萬千朵玫瑰，
收斂起你，
快樂跳動着時
閃光的衣裙，
和那不時露出的
黑色綢裏。

這時候的大海，柔美而又寧靜，有誰能說：「海是陰狠莫測倔強又冶蕩的呢？」但詩人深深地了解大海的性格，她理會到大海有狂飇怒吼的另一面：

因為你激盪的海心
永不會平息，
你狂飇的怒，
永不會終止。
於是每一片浪花
都倏然地站起，
準備着異口同聲地
唱出這世界上
最豪邁嘹亮的歌音！

但是爲什麼大海有時洶湧，有時平靜呢？詩人認爲這是大海的性格，不是任何人能左右的，她唱出：

海將永遠隨着自己的任性，
或醒或睡，
或歌或沉靜。

詩人一貫歌頌獨立的性格，也許是從大海獲得啓示。如還以最美的語言歌唱海的女神，所塑造的女神形象，美麗：活潑、自尊、幸福，是蓉子理想的化身。

我是海的女神
我翺翔在海上，
雲霞是我的長髮，
星月是我髮際的裝飾。
我揮淚成雨，
步履生風，
每當我來臨時，
海水們便羣起歡躍。
但我的臣僕——
憤怒的鱷魚與蛟龍，
常愛違反我的禁令，

暗暗地襲擊人們；
而我行動時所生震盪，
更常在無意中，
傾覆他們所乘的小舟。

宇宙的王子太陽，
是我的諍友，
他普愛衆生，
有偉大的力與心魂。
每當他衣衫的影子，
飄拂過海面時，
水族們都引頸期望。

他來了！
蛟龍不敢咆哮
我也豪氣盡消
將我金黃色海水般鬈髮
梳成柔麗寧貼的樣式

——這是旅人們最幸福的時刻。
為此，人們都盼我肯嫁給太陽王子；
可是啊，我却不願捨棄自己的領域！

——《海的女神》

這是詩人一九四九年六月九日寫的詩，應是詩人最早的詩作了。蓉子自己在敍述生平時說過，一九四九年二月奉調到臺北，「初次接觸到亞熱帶情調的海灘和椰子樹，令我有一種全然新鮮的感受。詩是五節，次第爲：女神的美麗及她在海上的威力、女神的領域自由和美好、女神臣僕的肆虐、太陽王子的吸引力、海的女神對太陽王子的熱愛和對大海的眷戀。海的女神是年輕女詩人理想的象徵，她熱愛大海，熱愛生活，有着金色的夢想和憬憧。女神的尊貴，大海生活的愉快自足，大海中的咆哮，宇宙王子的偉大的力與心魂，女神對王子的溫順，但她又不願捨棄大海的領域。這是一個美麗的神話故事，抒寫了夢幻的想像和對幸福生活的憧憬，都付托於美麗的海的女神的形象，正當女神見到太陽王子的時候，「將我金黃色海水般鬈髮，梳成柔麗寧貼的樣式——這是旅人們最幸福的時刻」，既是誇大的描寫，又是現實海景的寫照，詩人讓浪漫筆調植根於現實生活的基礎上，寫出了一支令人神往的、滿懷激情的海之戀歌。整首詩優美生動，想像豐富奇特。蓉子把海人格化，把女神的形象描摹得有神有韻，與冰心《往事》（十四）中的女神描寫，具有異曲同工之妙。蓉子寫海灘，呈現出一片對海灘的溫柔的愛，她寫海灘月夜的悠靜：

沙灘多瘢痕，

今夜月如鈎。
聽，遠處的聲響起了，
歡躍的心醒了！

遠處海潮的響聲敲擊着詩人的心弦，她以輕鬆的筆調突出海灘的美及它給人的樂趣，詩人委婉細膩地描寫海潮退去時海灘的景象，先寫詩人聽到濤聲時的想像：

啊！這回海潮該捲去
那些斑剝的小石與螺殼。
露出海灘光潔似錦。

再寫詩人在濤聲中回響刹那中的靈感和打算：

我要用跣足在上面走過，
再留下永不褪色的印痕。

頗有哲理意味。最後寫潮水退後的沙灘痕迹：

但潮水已漸後退，
沙灘還是凹凸，
螺石更多，更深——

詩意深沉含蓄，韵味十足，詩人對海灘的情意與詩行已渾然一體了。

詩人熱愛生活，她讓幽邃的思想，安閑的氣度透過自然的詩趣展現而出。她描摹晨曦，寄托了對生活甜美的愛，像《晨的戀歌》：

猛記起你有千百種美麗，
想仔細看一看你的容顏，
——日已近午
何處再追尋你的蹤影?!

她批評大地的貧瘠，願「化身爲一把火」，「願沉默的泥土和我一般的情熱」，爲大地作出無私的奉獻。如《貧瘠》，她把人生的拼戰意識與奮鬭觀念溶化於廣寞無垠的沙漠描寫之中。如《寂寞之歌》：

走進無垠的沙漠了——
濛濛的黃沙打濕我衣袂，
駱駝的脚步是那樣緩慢啊！
我的心因悽涼而戰慄。

但我催不快胯下的牲口，
須耐牠一步步走盡！
那麼——
讓我點起一支寂寞的歌，
將無垠的沙漠劃破。

這一支寂寞的歌，唱出心中的哀愁，沙漠的漫漫，最後「將無垠的沙漠劃破」一句，畫龍點睛，點出了她在這濛濛的黃沙天地裏的奮鬭和希望。詩人把自己生活的立足點，安置在宇宙大地的坐標之中，讓自己的理想和意志，附托於大自然的千山萬壑、陸地海島的歌唱。《立足點》一詩，頗有哲理性地歌頌自己的生活坐標和努力的起點，表現自己堅強的毅力：

只是一點點
一點點地上坡
一回身——
已是萬壑峯轉

在這萬壑高山的立足點上，視野遼濶，可以瞭望宇宙大地：

遠處的小草
近處的大樹

遠處的蜂窩
近處的城廓

近處的陸地
遠處的海島

近處的宇宙

遠處的星球

詩人在瞭望中悟出上坡的快慰，登高遠望，對世界一覽無餘，在「近處」、「遠處」大自然的流覽之中，悟出人生的哲理，最後與開篇對照，唱出走下坡路的另一種感受：

只是一點點

一點點地下坡

猛抬頭——

又是聳天的山巒

一點點地上坡，置身於萬壑高峯之中，一點點地下坡，就在聳天的山巒之下，人生的立足點由此悟出。此外，像《落》詩中，「從灰色的泥潭」「到青青的高山」的落差中，悟出人生的價值，《當木香花開時》一詩，擬一個小女孩的夢，描寫夢境中美麗的大自然，覺悟到生命呈獻給一個「神聖底永恒」，《都是一樣》這首富有韵味的詩篇，又從蘭草對大自然感受的角度，悟出尋找理想的途徑「都是一樣」，詩人全心全意地擁抱大自然，又在大自然中產生之頓悟與激情，寓於大自然萬物的隨意描寫之中。

(3)對純潔愛情的歌頌

詩集中的贊美帶理想化的，極其純眞的高尙情操，也反映了一個少女對眞誠而又純潔的愛情的響往。《愛神》一詩，詩人在那輕聲細語之中，把內心意念表露得十分眞摯，顯示了一種純情美：

愛神不是盲目的。
　她的眸子清冷如秋水，
她的心腸如鍊鑄精金的火，
　踏着柔美的步子，
不喧鬧，也不爭噪。

　一切虛偽
將戰慄於她的明目。
　一切卑慾，
將消熔於她聖潔的火。
　從此，這世上長出無刺的玫瑰，
它的葉子是清涼，
　它的花果是甜美，
雖在嚴寒亦不凋零。

詩人所歌頌的是純眞的深情和聖潔的愛，摒絕虛偽與卑慾。蓉子對愛神的一聲聲低吟淺唱，那柔美能使人迷醉，那甜蜜令世界萬物生輝；她那聖潔的火，消熔了醜惡，願世界永遠開滿了無刺的玫瑰，結滿甜美的花果。這是少女的純眞的夢幻，也是詩人的富有詩意的理想中的愛神；也是在這首詩創作之後不久，愛神終於翩翩降臨蓉子的心扉。她的《告訴我》一詩，把自己飄逸的、溫柔的風度與神思音樂化了；

南風吹來——
小溪激起了漣漪，
告訴我你的名字。

寫南風輕拂中的初識。

鳥聲低唱
綠葉携帶了想望，
告訴我你的形象。

綠葉中的鳥聲唱出了心中的希望。詩中以山流淙淙鳴響象徵心靈的訴說，以「白雪皚皚，爐火正殷」象徵心底的純眞與熱烈，以「花樹長大時，根也更深了」象徵純情的永恒。全詩用「告訴我你的名字」、「告訴我你的形象」、「告訴我你靈魂」、「告訴我你的心」、「告訴我你沒有改變」的感情層層深化馳進，從自然場景的變化陪襯內心的趨向深沉，詩人從大自然中攝取靈感，抒寫性靈，自然而又豐富；以迂迴復沓的形式，構成詩的深邃的意境。又像《變化》一詩，以春、夏、秋、冬的變色的描寫作爲感情遞進的比喻，詩韻和諧，詩意幽美：燦爛的春陽，百花盛開的盛夏原野，淡淡悽清的秋色，凛冽嚴寒的冬日，愛的希望在季節輪轉中變化，在幻想中消逝，抒寫感情中的淡淡的哀愁。

《青鳥集》還有對故鄉懷念的《鄉愁》，有對民族英雄的歌頌的《草原上的英雄》，有對歲月流逝的感觸如《日曆》，有聽胡適博士演講後對人生價值的聯想如《無題》。這些作品，都是詩人對青春的思索。蓉子這部成名作，眞實地反映了她青春時代心靈深處的顫動，描繪了一個至善至美的精神世界。她讓自己獨特的眞面目呈現給感知者，是詩人追求自我實現的心靈之歌。正如番草在《晶瑩的珠串》一文中所說：「詩是生命的光輝，如果生命是一個晶瑩的發光體，它才能發出光輝，凝成爲詩篇。屈原自稱他『紛吾旣有此內美兮』，他所說的那樣『內美』，便是詩人必備的禀賦，有此禀賦，生命才能從內向外發生性靈的光輝，蓉子小姐是有此種『內美』的，也許她的詩句還有一些可以『推敲』的地方，但她所具有的詩人之智慧與情操，是極其充份而完整的。」①這部詩集已展現了青年時代女詩人蓉子的智慧和品格，以及她的詩人的氣質和才能，她以淡雅、純樸、幽逸的風貌出現在五十年代初期的臺灣詩壇上，引起一時的轟動。蓉子自己說過：「《青鳥集》出版後（甚至尚未出版前），竟獲得了遠超過我應獲得的反響和注意，以及一些加諸『女詩人』的美譽——確切地說，那不過是前輩或讀者對我的鼓勵。只是在初嘗擁有第一本自己詩集的興奮後，漸漸地也有着一份惶恐，因不知將如何更美好地跨出下一步？」具有謙虛品德的蓉子，在成功和榮譽面前，她作出了什麼選擇呢？

① 見《青鳥集》附錄

(二)靈魂成熟的季節——《七月的南方》時期

人的一生，是一個不斷選擇、不斷思考的過程。在臺北複雜的都市生活裏，詩人所接觸的社會遇到的事物越來越複雜，很難永遠保持着一顆童心，孤立地、簡單地、以平面的方法去了解生活，描寫生活。商業化城市的衝擊，逼使詩人對於都市生活進行多元化的思考。星河移轉，詩人無法廻避時間和時代的推進，在這「現代化」的急流中，年輕、單純的蓉子，在現實的劇變中深沉地思考，她從幼稚逐漸走向「靈魂成熟的季節」。

高歌在專訪《千曲無聲——蓉子》中寫道：「《青鳥》出版以後，蓉子突然異乎尋常的沉默了下來。尤其在她婚後，在她從『王蓉芷』變成『羅門夫人』而後，她的一連三年多的緘默，固執而深沉，使她的名字彷彿跌入風後的行雲裏了；她的聲音變成一種餘韻，她的晶瑩明澈，也似已成了一份婉轉的回憶。

這是詩人的蛻變時期，沉默意味着心靈在動盪與變化之中。

西元一九五五年四月十四日，蓉子與羅門結婚了。幸福的愛情像夢一樣靜靜地打門蓉子的心扉。在那「夢裏的四月」，「濃蔭中有陽光瀰漫／樹叢中有鳥聲啼唱／空氣裏洋溢着芬香」，詩人將「和愛者去趕一個新的程途」，詩人要適應生活上的變動，負荷着家庭主婦的繁忙和困惱。時代的激流也在不斷引起詩壇上的風雲動盪，詩人面向這繁忙的人生，在思考、在選擇應走的道路。蓉子在《 七月的南方 》後記中說：「七月的南方》是我第二本詩集，距離《青鳥集》的出版，已是整整八個年頭了！時光的流速，連自己也不免驚訝，八年的時光，在過去這一段生命中該是多麼寶貴！而我竟任憑無數個日夜默默流走而不留下一點影兒……事實上詩人並沒有讓時間白白地流逝，她以退爲進，開始了她詩歌生活旅程的新的飛躍。

蓉子說：「若說我底第一本詩集是多夢的心靈偶然的事物，則第二本詩集確然給我帶來了與現實掙扎的痛苦的體驗，其結果是對於詩的愛更執着了一份。」（《維納麗沙組曲》後記）詩人敢於面向複雜的人生，清醒地體驗現實生活，正視無可廻避的變動的社會，調整自己的生活和藝術創作，她要向現實衝刺了，在《後記》中她坦率地告訴讀者：「我原係最不善於解釋自己的；但不容否認的是自四十五年（一九五六年）以還，無論就整個詩壇或我個人的生活來說，均遭逢莫大的變動。一個人要同時適應這兩個劇變，如果他（她）不是渾渾噩噩，盲目附從的話，該不是那麼容易就能適應的。」的確，要讓自己獨立的主觀意識適應客觀環境，這不是很容易的，必須有一個思考、選擇和調整過程。詩的創作也如此。蓉子說：「猶記得詩壇『劇變』的浪潮初起時，很多人以迫不及待的跳水之姿，迅快地躍入這一股衝激的流中，（也不管自己是否已熟諳水性）。由於這一股衝力太大，許多人祇能跟着這股洶湧的浪潮前去，而完全淹沒了自己——我願意更多地把握自己一些，而並不急於做一時的跳水英雄，去贏得片時的喝采，我願意更多顯露出自己的面貌，此必須先有靈魂和實質爲後盾。我過去的久久緘默和這兩年的再發表，可以作爲這種態度的說明。倘若我無眞實的創作意欲，我就不勉強自己來發出聲響——即使那是不快樂和易引起誤估的。（人們會認爲你詩的生命已死）」蓉子多年的沉默，是堅持在詩作中保持完美的眞我。

《七月的南方》時期，詩人的創作比以前更爲艱辛，她「要克服氾濫的『告白』式的情感，未冷凝的創作衝動；也要克服現代人過份緊張忙碌的生活所加諸我們的種種限制和不利於詩的因素。」詩人深深地懂得，藝術對於詩人來說，要求越來越嚴格了！而適於創造高層次藝術品的時空和環境愈來愈不如人意。社會生活的都市化，像大海的潮汐，震動着詩人的心。這時候，詩人羅門已經以新的姿態投身於都市詩的開拓，並且在詩壇上引起了日益非凡的廻響。蓉子對於現代都市生活，對於人與周遭的不斷變化，對於都市這個包容異同的空間，以她獨特的性格作出富有蓉子個性的反應。這也是現代社會中，人對都市的繁華與貧瘠的種種交涉層面的理解，也是都市文化對於每一個人襲擊之後各自不同反應。香港女作家張愛玲，在她的《公寓生活記趣》中，表達了她對都市文化生活的敏感反應：「我喜歡聽市聲，比我較有詩意的人在枕上聽松濤，聽海嘯，我是非得聽見電車響才睡得着覺的，在香港山上，只有冬季裏，北風徹夜吹着常青樹，還有一點電車的韻味。長年住在鬧市裏的人大約非得出了城之後才知道他離不了一些什麼，城裏人的思想，背景是條紋布的幔子，淡淡的白條子便是行馳着的電車——平行的，勻淨的，聲響的河流，汩汩流入下意識裏去。」①生活在三〇——四〇年代，置身於初步現代化的都市上海和香港的作家——張愛玲（清朝大臣張佩綸的孫女，她的祖母是李鴻章的女兒），對城市的喧囂已有如斯的感受，何況處於五〇年代的臺北都市生活的蓉子，能永遠保持田園式的松濤和海嘯的寧靜？而不被都市文化所沖擊嗎？顯然，答案是必須受都市文化的影響。蓉子詩意的魅力，就在於她對都市生活作出個

① 《流言》，臺北：皇冠一九六八年重印

性化的感受和體認之後，一方面，留神、注視現實，作嚴肅的思考；在歲月的磨煉中，得出自己的堅信不疑的結論；一方面，在對都市變化的不斷思考、不斷選擇的追尋中，在對複雜的都市文化的反思中，用多種表現手法，揭示生活中存在的問題，剖析社會的本質，讓傳統的與現代的觀念，在商業社會的漩渦與撞擊中，得以熔合。這就是蓉子的獨創的天才表現。由此，在一段時間的沉默之後，蓉子對詩的藝術更加忠誠也更加成熟了；她再次出現詩壇所發表的作品，體現了蓉子在現實生活裏開發出來的全新的感覺，詩的形式或內容，都「以新的感覺面對世界，像一隻羽化的蛾」，在蛻變之後，進入了一個更新更高的創作階段。這時候，詩人的創作更豐富了，在五〇年代末期，又以優美的詩篇，廣濶深遠的詩意，贏得詩壇友輩的讚譽。余光中稱她爲自焚新生的「火鳳凰」，並著文介紹說：「中國古典女子的嫻靜含蓄，職業婦女的繁忙，家庭主婦的責任感，加上日趨尖銳的現代詩的敏感，此四者加起來，形成了女詩人蓉子。」①

終於，一九六一年十二月，蓉子出版了第二部詩集——《七月的南方》。它爲蓉子的創作世界，獲得了更高的聲譽。高歌在《千曲無聲》一文中說：「這充滿光、影、繽紛的色彩和聲音的詩集，洋溢着一股新鮮而說不出的詩味，一種生命的感覺時時流動其間。這本詩集把她的知名度，大大的推廣了一番。詩人張健、劉國全、藍采、張秀亞……等人，都曾一再在各刊物上，撰文評介。她的堅忍和沉默不曾白費。她已正式親炙了『一樹欲融的春天和逐漸上升的燦美』。」

① 見《女詩人——蓉子》——文藝生活第二期

這部詩集的作品，多數是五〇年代末期所作。蓉子在《後記》裏說：「收集在這本集子裏的廿四首詩，除極少數幾首外，多半爲近兩年間發表的新作，（當然不是全部，最少我刪掉了其中的三分之一以上）。由於感受和表現手法不同於前，風格也自然和《青鳥集》時期不盡相同，因爲『變化』乃是詩所必要的，一切藝術也莫不如此，如果缺乏這種不停的『變化』，創作就要僵死了！當然，這些詩篇不會全然令人滿意的；但只要我確知我是在進步中，或集中能有少數經得住時間的考驗，也就夠安慰的了」蓉子的此種態度實在令人敬佩！

蓉子對都市文化的認同，與別的詩人的思路有異。她寫都市生活的目的，是有意在都市的迷離混亂的現象之中，「尋訪出一個出路——大自然的和諧與完整，壯麗與永恒。」①因此，這部詩集中，往往呈現出詩人探索生活變化過程的痕跡。這裏面，那熔城市文明於大自然的寂靜和諧之中的鳴奏曲，唱得那麼和協，對生活的探詢又顯得那麼幽雅，這與羅門的雄渾、急促的詩歌節奏，形成截然不同的格調；它呈現着濃郁的女性文學的柔美溫和的色彩。詩中所深蘊的意念、詩境，讓讀者感受到詩人靈魂的方向，心靈的悸動。

本着這樣的基本認識，我們在探討這部詩集內容的同時，深入詩人的詩歌世界裏進行領會，可能會更恰當一些。

首先，表現了詩人的蛻變過程。這個過程，是在現實世界變化引起思想觀念對世界的撞擊時發生的；詩人突破自我框框，在適應、理解與創造中完成的。

一九五〇年六月一日，蓉子在《現代詩》刊上發表了《碎鏡》一詩，明顯地標出她從現

---

① 見《千曲無聲——蓉子》

實中掙扎出來的痕跡：
誰知我們能登陸明天——
明天與明天　是叢生在我們航線上的
一些不知名的島羣！

哦！從碎裂的寧靜裏：
有多少散光的投影？有多少煩瑣的分屍！
有多少海在城內、溺斃了顏色和形像！

（從滿罎雜色的鷄毛酒
　我如何能一掬醇芬！）

總是零　總是負數
總是逆風而行
且不住地死亡
這種持續的死、使我衰弱！

日子是跛脚的

因在不甚透明的夜裏
我不悉你的笑容屬於那一種花卉
我僅知我丟失了　啊！太多
每當風聲走過
就落下很多塵的波影　很多夢的虛幻！

隨着生活視野的擴大和閱歷的加深，蓉子清醒而痛苦地認識現實，青春時代的浪漫幻想減弱了；在思想轉折的時刻，既無法對她所信仰的愛的哲學告別，又深深地受到現實生活無情的干擾，感情上產生迷惘，對「明天」懷着疑問；《碎鏡》這一題目，已具有象徵意味，詩中寫到寧靜「碎裂」了，從碎鏡中看到生活陰影的斷片：「散光的投影」，「煩瑣的分屍」，「海在城內溺斃了顏色和形象」，詩人懷着失望的悲哀，以形象的比喻訴說內心的失落感，她以「跛腳」的意象形容日子的不完美，以「不甚透明」描寫夜色的黝暗，以「我不悉你的笑容屬於那一種花卉」寫對自然的突然陌生，以此引起對生「丟失」「太多」的感嘆。詩的結語迷離彷彿，寫在風聲中「落下很多塵的波影，很多夢的虛幻」，詩人以鏡之碎寫心靈的紛擾，抒發她在洶湧的生活浪潮面前，在衝激的潮流中內心世界的變化，在那不安與破碎的世界裏，詩人在頑強地掙扎，這與「青島集》中「痴痴地坐在河岸邊」「看青螢繞膝飛」的「爲尋找一顆星」的寧靜思考，已是另一種心態，這裏所呈現的是一顆被干擾不平靜的心。

《亂夢》一詩，更加充分地抒寫這種紊亂的情思在詩人的靈魂深處的激烈碰撞。「青鳥」時期的「多夢心靈」，少女時代的美麗夢幻到此時已發生了極大的變化；《亂夢》所表現的，也是一個由於「現代」將詩人推進紊亂、不安與破碎的世界裏的精神狀態，是她在現實中掙扎時托諸於夢境的紊亂心態的呈現。詩中用一組組幻覺的斷片，思維的一刹那的意念，似斷似連的各種意象，形成一支色彩斑駁混雜的歌。這支歌，唱出了矛盾、掙扎中的心靈世界，表現了詩人長期沉默之後，力圖成爲「蛻化的蛾」的激盪思緒和蛻變的全過程。她「既願意更多地把握自己一些」，「願意更多顯露出自己的面貌」，但同時又深深地領會到，「必須先有靈魂和實質爲後盾。」她以這份執着和誠懇去介入「現代化」的急流，讓靈魂在掙扎中蛻變，進入一個新的階段。這首詩就是抒發這樣一種情感。開篇的一組雜亂的夢，已點出「沉默非金／——乃幽寂的灰路／或爲風捲去的沙塵」，以灰濛濛的風沙象徵現實的雜混。而現實和詩人的思緒如何結合在一起呢？

現實是風雪掩蓋的冬天
嘆息寓居在你金色的羨慕裏

緊接着，各節詩意都相繼描述夢中的紊亂現象和思緒。詩人所寫的一片片的夢幻，一個個的夢魘，都無聲地、重重地壓在她的夢裏的潛意識之中。第一組是：

我乃一無聲的空白
一孤立在曠野裏的橋
一擱淺的小舟
有迷失在水天間的那種沮喪！

這是在水天之間的迷惘，「曠野裏的橋」與「擱淺的小舟」，都是她在「水天間」迷失中的幻覺，象徵孤獨和無依。第二組是小屋中的刹那間領悟：

時間傴迫着
擠我們於無窗的小屋
迷濛的始終不能清晰
明晰的却是殘缺、謊言和醜惡
社會、社會不讓我們
看它底眼睛

這是現實的醜惡對詩人思想的困擾。第三組以河上躞蹀的游魚連續上面的思緒：

有一尾魚竟日躞蹀在這
不透明空漠的河上
不敢回顧
怕引起一池粼粼苦笑……

第四組以雜亂的早晨襯托苦痛的心境：

所有失敗之允諾
一種殘忍的苦痛
早晨的沁冷為廚房烘焦
剩下正午 剩下夜
剩下雜亂頭髮的陰影

　　一些亂夢

第五組寫內心不平的呼喊：

　　像一千種夢魘　可怕的蒼白的雨
　　疲憊而不能憩息
　　而我們的優異對於某些人
　　尚沒有一枚草莓的價值

緊接着寫自己在夢中掙扎的強烈願望：

　　夜、戴面罩的回女
　　夢是欲風的翅衣，欲蛻化的蛾

詩人以欲蛻化的蛾象徵在掙扎、在蛻變中的自我，期待沉默之後的新的自我的出現。最後寫在沉默中的思考：

　　久久地被困於沼澤地的泥濘，
　　我將如何？
　　我將如何涉過
　　這沉默得如此的深潭！

這是繼《碎鏡》之後的一首靈魂掙扎之歌。蓉子要在這「沉默得如此的深潭」中，展欲飛的翅衣，成為欲蛻化的蛾，她要涉過「深潭」，讓自己從泥濘的沼澤地裏，從困境中擺脫出來。終於，她在上下求索的過程中，逐漸加強了掙扎的信心，堅定了向生活挑戰的毅力。一九六一年九月七日發表的《我們踏過一煙朦朧》的詩篇中，表達了詩人和現實生活的抗爭情緒：

我們踏過一煙朦朧
但不是瑩月耀地的花間路
偶然翹首
那光浮在蛛網的層樓
繫所有重量於
一絲懸盪……

無定、枯萎、焦愁
扮以無數鬼臉傾訴
雲的假面正濃
追問的電光裏
是回音被淹沒不聞
在風中

但我相信
我會站立得足够的久

去看褪去了雲的詭譎假面的
盧山真貌

唐代詩人杜牧的《泊秦淮》詩：「煙籠寒水月籠沙」的朦朧背景，爲「商女不知亡國恨，隔江猶唱後庭花」的醉生夢死主題作了襯托。使《泊秦淮》一詩成爲千古絕唱。蓉子這首詩，也是以「一煙朦朧」的夜色作爲詩意的基調，社會的險惡，似「繫所有重量於一絲懸盪」的蛛網，人間的虛僞，是那樣的「無定、枯萎、焦愁」，詩人通過「雲的假面正濃」的意象，象徵着社會對現實醜惡的掩蓋，以風馳電閃象徵社會的動盪，而那一煙朦朧的靜謐，一掛蛛絲的寂靜，從極靜中轉向風馳電掣的極動，以動靜兼致的手法，反映風雲動盪的現實，而詩人終於保持着獨立的自信，她會「站立得足夠的久，去看褪去了雲的詭譎假面的盧山眞貌。這是詩人從「碎鏡」的「碎裂」的寧靜裏，在那「 跛腳 」的日子的夢的虛幻中所悟出的道理，是她從「沉默得如此的深潭」中走出之後「踏過一煙朦朧」時所面對的嚴酷的現實而得出的結論。一九六〇年至一九六一年這一段時間裏，詩人的觀念世界中，經常存在着傳統與現代兩種意識的撞擊、鬪爭和錯位。像《白色的睡》這首凄美得動人心魄的歌，唱出了她內心的迷離和一種「甚深的期待」，她在那「失去預言的日子」裏，抒寫着靈魂的寂靜：

像滿園蘭蕊
你禁錮的靈魂
正翕合着一種微睡
一羣白色音符之寂靜

——我的憂悒在其中
在紫色的花蕊。

在那白色的睡夢中，世界在喧鬧，在蕩漾，詩人通過豐富的意象，托出那顆在寂靜的白色睡夢中的動盪的心：

儘管鳥聲喧噪、 滴瀝如雨
也喚不醒那睡意
冷冷的時間埋葬了歡美
冷冷的靜睡不再記起陽光的顏彩
鳥聲滴滴如雨 濾過密葉
密葉灑落很多影子
很多影子 很多萎謝 很多喧嚷
我柔和的心難以承當

詩人的詩思及詩境，柔和委婉，讓自然界的點點滴滴的雨聲、落葉的聲響以及密葉灑落的影子，喧染夢境中的詩情畫意，她那「甚深的期待」的深沉的情愫，也於「柔和的心難以承當」的體認中湧出。

代表蓉子這一時期的思緒、最典型的作品還是長詩《七月的南方》。詩人以《七月的南方》作爲集子的名字，其意義也在此。蓉子自己在《後記》裏說：「我選擇《七月的南方》作爲這個集子的名字，並不意指它是集中最好的一首詩，只因我拙於爲詩集取名字以及就某種角度來說，這首詩還多少有一些代表性，代表我嚮往的靈魂成熟的季節——智慧、繁茂與陽光照耀下的豐美；特別當『現代』將我推進一紊亂、不安與破碎的世界裏——一種屬於精神上的狀態，爲要由紊亂恢復秩序，由不安回復寧靜和由破碎回到完整的渴念，遂引我去同和諧、永恒的大自然發生聯繫。」這首長詩表明了蓉子在成熟中對於整個世界的理解與把握。她在對現實的反省與評價的過程中，在紊亂的夢境之後，清醒地整理自己的意念，從紊亂到有序，從不安到寧靜，從破碎到完整，詩人又將生活中的千變萬化與和諧、永恒的大自然整合在一起。《七月的南方》代表了詩人所「嚮往的靈魂成熟的季節——智慧、繁茂與陽光照耀下的豐美。南方屬何處？這是詩人理想中的世界，是從擺脫都市生活之後所奔赴的聖地。她指出，這南方是「從都市灰冷建築物的陰暗／繞過鳥聲悠長的廻廊」呼喚詩人的南方，「以一種澄澈的音響／以華美無比的金陽／以青青的豐澤和／它多彩情的名字。」《七月的南方》所歌頌的，是南方成熟時節的優美；蛻變後的詩人，讓自己廣博的知識，渾厚的氣度，壯濶的心智和豐富的想像溶合在大自然的和諧與永恒之中。南方的柔美吸引着詩人，因爲「靈魂的方向從記憶中升起／翠嶺遠映低廻／蔦蘿向南方纏繞／羣鳥向南方展翼。」詩人到南方，是去「追蹤他暖暖的足跡／去探詢靈魂成熟的豐盈。」詩人渲染了南方百花燃燿的瑰麗，成熟季節的完美，一派南方的繽紛，南方的華彩。在那迷離沉亂的城市生活裏，蓉子於大自然中探詢靈魂成熟的豐盈，體驗南方的燦爛的艷美，詩人又回歸到大自然中享受寧靜與和諧了。

其次，剖析和指責現代都市文明：

蓉子從大自然及個人的寧靜世界裏走出來了；她面向都市，面向嘈雜的生活，對城市文明進行大膽的剖析，在那城市的「赤裸的、光艷的、暴戾的」夏日裏，詩人指斥都市夏日的疲憊；

疲憊於血的顏色，火的烤灼，
爵士的喧嚷，搖與滾的瘋狂。

——《夏》

臺北的夏天，被熱所烤的，詩人對如此都市文化生活，給予眞實的解剖，她以多種觸動人心的比喻，揭露夏的狂燥與難堪，像：

七月是出戰的蟻羣
被攪動過的蜂窩，以及每一特殊節日
臺北街頭的人潮洶湧
圍着一個中心
以密疊的磚之姿
砌成一座蒸騰着水汽的建築

城市裏人潮的灼熱，令人不堪忍受：

這一季節的統治者乃一
燥切的君主
幾乎把他的臣民全部趕入

亢旱沙漠的地牢——
尼布甲尼撒王升起了烈火的窰
高熱吸去了我心中最後的一滴蜜
赤道上的靈魂在喘息
所有的人們若非被囚也都醉了
他們的臉因飲過量的GIN以致微紅、酡紅甚至猩紅
像一羣在融臘地板上跳舞的瘋人

——《夏天的感覺》

在蓉子的筆下，已開始揭示城市生活的匆忙，都市的喧囂，街區的擁擠；她無情地揭露和斥責城市生活的雜亂，攪動得人不安、驚悸。詩人寫淸晨城市的匆忙：

位此、面向空氣
面對按鈕的人羣
能的波濤層層盪開
看不到背景　只聞聲息
聲息來自霧中——
乳色未明的霧
誰悉你來自高山深海
奮脫諸索蛇纏的臂

匆匆趕上
這一班時間的列車
詩人揭示城市之夜的殘敗凋穢：
車燈急速逼射你的眼睛
喘息未定　而
人們判決　以衆多複眼的矇朧
黯淡了天上的雙子星座
而在夜晚螢光燈的照明下
固有的美麗都殘敗：
綠色甜美的流水不再
澄潔的藍色變得凋穢
紫色的時刻是如此沉暗
消融了白色晴朗積雪的記憶。
詩人指斥城市的喧囂，她指出：
一庭的喧囂無法推拒
高翔的鷲鷹
落下陰影
遠古的墳塋

埋葬了完美
唯釘錘聲聲錘擊
錘擊使人發狂的釘淚
一聲聲錘擊　偶爾間歇
旋又繼起

詩人訴說城市的繁瑣擁擠：

七月是徹底被攪動過的
那些被搬移內臟之不適
衆多繁瑣如此緊密地交纏着、噬咬着
城市是擁擠而孤寂
我的陽光是七月的
有很多囓人的牙齒
聽巨大震驚的音爆
一堆破碎的幻在烈日下焚化
而摩托車擦腿而過
使人心驚……

這是一九六一年十二月一日發表在《藍星季刊》上的詩，蓉子在一陣沉默之後，她從田園式寧靜的夢幻的理想境界中走出來，通過詩的形式，用藝術的比喻顯現都市的局限。當都市生活進入詩人的視野後，她在不斷地調整自己思想認同的視角；在細察都市生活現象之後，從人類的生存環境的角度反映實況，剖析城市生活的本質及其內涵。蓉子的都市詩，雖也採取了寫實的、揭露的手法，但與羅門比較，還不如羅門犀利；羅門以一種一往無前的氣魄直搗城市的心臟，毫不留情地揭露和批判城市生活的方方面面。而擅長於抒寫自然生活的蓉子，似以一種好奇的眸光在觀察城市，對它作細心的考察與描繪；對城市的瞬息萬變的狀況，對城市的虛僞與不和諧的一面，雖也着意去揭示，都未能直透要害，反而退卻一步，仍在自然中尋求慰籍，尋找自然的美感。

第三，如上所述，這期間蓉子所抒發的歌唱，固然是開始了敢於直面現實人生，但她的思想深處，是對失去的人與自然的和諧的惋惜，對市井生活的失望，對自然王國的留戀。像《海與企鵝》一詩，運用比喻的藝術手法，抒發了詩人的心境：

這是多麼襤褸的年代：
年節的環鏈突然脫落
笑容對我們也都成了奢侈品
而我們夢中的蘭蕊　竟然以如此平庸之姿
作為市井的盆栽　或一逕
在風中搖旌
啊！杜鵑的歡悅、百合的素馨、甚至玫瑰
也都是聊備一格的空虛

發不出應有的香息
是的、那些奇艷的芬芳在古代——
我們却不悉以何種顏色塗繪未來
豔羨土著們安居樂業的生活　或
一小片陽光
來舒伸我們鬱抑的疲憊——

對於過去的懷戀，對市井生活的厭煩，對自然狀態生活的羨慕，正是詩人心的嚮往的流露。《紅塵》一詩，她揭露都市生活的虛妄，發出對十里紅塵的咀咒；這在溫柔輕婉的女詩人來說，是難以見到的。她斥責紅塵是「一種誘惑　一謊言　一幻影」，是「一庭喧囂　一窩紛擾　一片虛妄」，詩人想要沉睡，不染纖塵，但「醒來猶置身在白熱的戰場／紛紜的紅塵……。她厭煩日子的煩瑣喧嚷：

日子擺成戰陣等我
踐過一串匆遽的蹄音
從月季花上、一羣煩瑣嗡然前來
無邊的喧嚷起時，時間的屍體枕藉

她嘆息環境的空虛殘缺：

一切被推入空虛　以重磅之力
無望的嚴肅　無收穫的夢想　無緩衝的距離

苦修僧以艱困的的貧窮噬我
沒有什麼來充溢
沒有溫柔的聲響流過水面　沒有潤澤渾圓露滴
唯空虛如霧　將殘缺溢滿

這就是詩人面對的現實世界，而這世界「永不會太好／但離你甚近」。詩人的失望和哀愁，已溢滿字裏行間。

除了這樣的一股情思外，詩人還通過對水的咏嘆，寫出三種不同生命的情態，這就是她的《水上詩展》組詩，她寫那「冷冷無定的」眼睛，窺視高山長河的變化，在現實世界裏，「也有陰鬱無告的眼光來自四方／也有兇猛赤裸的眼眄來自四角」。她寫「清柔的眸影」，回顧過去的一池幽婉，一抹憂鬱。她寫「混濁的眼神」，嘆息「昔年垂柳以婀娜之姿／等待着一個影子——／那完美永不再現」，「莽雷震裂了均衡勻淨的藍寶石／——我完整的甯沉／年青的晶瑩跌碎／震裂的是這一代。」在這都市生活裏，所能見到的是「一江混濁功利的波濤洶湧」；她寫那「冷漠的睛光」，在那激盪不安的大海波濤中，「無視於人類一萬隻眼睛的驚懼、徬徨、痛苦或歡樂」。總之，這一雙生命的眼睛，在冷冷的眼神中看到「殘酷的眞實」，在清柔的眸影中追尋逸失的過去，在混濁的眼神中「看無數雙腳的輪子正擱淺在慾的泥濘」，在冷漠的睛光中注視那無極悠久的無情之海洋。所有這些，都是作者對人生現實的清醒的揭露，對過去的迷戀，對未來的盼望。不同的眼神和不同形態的水交互映照從而來反應人生。通過對江河湖海變幻的描繪，指出功利的混濁，大海的無垠，而人類啊，只不過是「一顛簸的小點、一泡沫、一浮蝣。」詩人的思想，已滲透了玄學的哲理了。

第四，抒發懷鄉的情思。

蓉子遠離了可愛的故鄉，而故鄉古老的綠色的夢，時刻縈繞着詩人的心。《林芙之願》寫她對於塵世市囂的倦怠，使她的鄉愁更加深濃：

塵世之聲是不能關閉的
一些猖披的顏色
總是無理地取鬧　在市塵
如果在林中　在孤獨的小山旁
一切都會遙遠
沁冷的湖水會吸盡燥熱和音塵
照出我昔年清新的短髮

阿爾伐
讓我們急起直追吧！
鄉愁濃了
風籟水聲的琴藝久久地荒蕪了！

在那輝煌如畫的燈節裏，詩人也被一股鄉愁所侵襲：

也擬看燈去；但不着石榴裙

也去逛燈市；也不曾慵梳頭
——這是現代、這是異鄉。

處於異地他鄉逛燈節，不免勾引起對故鄉的強烈懷憶。又一首《飲的聯想》，透過「飲於杯」，「飲於井」，而使詩人的心思引向遠方：

啊！春燈三月
夜寒幕我　我俯視
從一圈圈年輪洄溯
回歸昔日　從井俯視
千萬里外的故鄉
那凋零時間中的波影水痕

詩人所想像的是「我熟悉的童年映現歡悅」，她所記起的是：

那冷然的古意寂靜如雨
如在空谷　未被踐履的雪地
只要有一絲足音響起
輒被注視。

故鄉的歡悅和寧靜，怎能不逗起詩人的依戀和回憶。

這部詩集，還有一首象徵蓉子生活分界線的詩《夢裏的四月》。這是蓉子兩個不同的詩歌創作時期的象徵性的碑界：在這陽光燦爛的幸福的四月四日，是蓉子與羅門一起走向教堂的新生活的喜慶日子中，詩人仍念念不忘美麗的家鄉，童年時代的回憶，思鄉的情懷時刻縈繞詩人的心中。

此外，詩集中尚有一些歌頌自然和純粹抒懷的詩篇。《三月》、《鐘聲靜止》、《初晴印象》、《色蕾們都醒了》、《十月》、《紫色裙衫》、《一捲如髮的悲絲》等，都是這時期詩人的生活的思考的記錄。這時候的蓉子，以一隻自焚新生的火鳳凰的姿態，出現在臺灣的詩壇上。蓉子自己說過：「我永遠不能忘記當我出了我的第一本詩集——《青鳥集》後那危險的沉默時期，設若沒有八年後的第二本詩集《七月的南方》出現，此刻我早就不再是詩人了。」她這第二部詩集，給詩人帶來了與現實掙扎的痛苦體驗，她對詩歌的愛更執着了，更成熟了。

(三)服膺個人心靈的引導之創造——《蓉子詩抄》時期：

一九六五年五月四日，蓉子出版了第三部詩集《蓉子詩抄》。這部詩集的出版，標志着她的創作跨入一個新的階段。也因爲這部詩集，使蓉子以個人的獨特圓熟的格調，在臺灣詩壇上占着領先的地位。高歌在《千曲無聲——蓉子》一文中說：《蓉子詩抄》出版，她對生命、對藝術整個感受與認知，已達到了一個顛峯。她的創作層面前所未有的遼濶，交錯和深透，她的技巧內容也層層推進，層層更新，直窺入詩的『準確』和『完美』，『張力』和『密度』的更高陳義。」

詩集中的四十九首詩，多是從一九六二年至一九六四年發表過的作品中選輯的。按詩的性質類歸爲五輯。

第一輯「我從季節走過」，有十四首短詩。蓉子在《詩序》中說到，這些詩《均直接、間接與天然的季節或內心的氣候有關。當然，這些詩卽使是直接表現季節感，也絕非寫實主義的產品；而是帶有強度的主觀，內融於個人氣質的描寫。大自然千古常在，然而透過個人生命的經歷，它們所呈現的風貌，應該是各各不同的。「她把這一組詩的內涵，說得再明白不過了。這是詩人對於大自然的禮讚。山水之於詩，是永恒的主題；四季自然的變化，作爲審美客體，那意境，那美趣，都隨審美主體的文化層次及當時的審美心境的不同而顯出差異。蓉子以內在的深厚的文化素養，以詩人獨有的感受、角度和審美方式，以自己獨特的個性和表現力度，把握自然界，並藉以抒寫她在季節中所感受到的潛在美。展示她在「花與果俱熟的季節」裏起伏的內在情愫。這明顯地呈現了蓉子對生活義無返顧的勇往直前的性格特徵。她在《我從季節走過》中唱道：

我從季節走過
聽見它歡悅的微響
而我已不屬於春天，不再。

如此筆直地走過不再回顧
任萬千綠葉向我招喚
繁美盛放在春遲……

走過——
却不知終點何處？
當美夢在季初塑成未開的蓓蕾
緊鎖古銅色的深心——
只如此筆直走過，難以回顧。

這是組詩的序曲。蓉子在這部詩抄的扉頁裏特別刻上自己的銘言：「詩與藝術使生命產生耐度，在時間裏不朽。」曹丕《典論・論文》中說的，人的不朽是於文章的不朽。詩中寫的是季節的變化和時間的召喚，其實是詩人對自我藝術生涯中的感受。像「歡悅的微響」，寫季節走過時傾聽到的聲音，實際上是自己創作收獲季節的「歡悅的微響」。「如此筆直地走過不再回顧／任萬千綠葉向我招換／繁美盛放在春遲」。這不也是在《蓉子詩抄》出版之前蓉子走過的藝術道路的寫照嗎？「走過——卻不知終點何處」，是詩人對未來的探索，「當美夢在季初塑成未開的蓓蕾」，也正是詩人理想在實現過程中的象徵，而「緊鎖古銅色的深心／只如此筆直走過，難以回顧」，卻顯示了前一段詩人的心境，以及她的不隨流俗，保持自己的風格，她義無返顧地走自己的路。那麼詩人那顆「緊鎖古銅色的深心」是如何領略大自然的恩賜和抒寫自己的心曲呢？蓉子詩中說出：「繁美盛放在春遲」的心聲；蓉子婚後八年才出版第二本詩集，這是她的蛻變時期。在《我從季節走過》這一組詩裏，詩人對自己長期的沉默、思考的心境繼續地流露於字裏行間，在對客觀自然的描繪中，「帶有強度的主觀，內融於個人氣質」。《大地回春》詩中，蓉子歌唱自己在「一整季封凍的冰漠之後」，因「

幾株春梅／幾朵山茶」的春訊，「勾銷了陳年單調」，她「擊破艱困的外殼／以新的感覺面對世界／像一隻羽化的蛾」，詩人在艱難的歲月中蛻化而出，以自己獨秀的詩格出現於臺灣詩壇，猶如「一隻羽化的蛾」，比喻形像！她對未來充滿着樂觀的信念和希望：

當弱質的蓓蕾
用寧謐的欣悅預告
一樹欲融的春天和
逐漸上升的燦美！

未來總是溫煦燦美的。

那麼，蓉子如何「擊破艱困的外殼」？她在《三月無詩》中承認自己是「遲來的競渡者」，蓉子在詩中，訴說蛻變的艱難。她以《聖經》中《尼希米記》的故事爲喻：尼希米建耶路撒冷城時，克服重重障碍和困難；一邊建城垣，一邊對付外來侵略。蓉子在詩歌創作中，也經歷了一個艱苦掙扎的時期，她說：

波濤拍岸　三月無詩
我欲渡過此河　以雙槳擊水
我是遲來的競渡者

她在現實生活面前思索、鍛鍊，選擇自己獨特的路：

日影與夢競走
夢讓生活先行

轉向紅塵制度
去鍊鐵爐中走過
變成鋼的品種。

詩人不俯仰隨俗，而是在複雜的生活洪流中百煉成鋼。她訴說自己的處境：

傳說中一顆星黯淡了
倘我離開這城市　有人談論
談論無詩的三月和我
——有誰懂得那秘辛
我們是右手建城左手爭戰的戰士①

詩人在季節的咏嘆中，處處與自己動盪的心靈契合。像：

一株嗜光與歡悅的小樅樹
誤植於砂礫的泥疇
陰霾遂網盡了——
不勝抖落的是悵惘

——《四月的咏嘆》

哦，你急馳的林鹿為何緩慢了步履？

---

①詩原註：事見舊約尼希米記

為誰傷害了——
任紅羽黑喙的火鳥到處飛撞！
沉默便如此罩滿了七月的海洋

在那夏日的雨滴聲中，詩人以婉轉細膩的筆調抒寫夏天的潤澤青翠，對雨滴聲聲的心靈感受：

縱我心中有雨滴　夏却茂密　在雨中
每一次雨後更清冷　枝條潤澤而青翠
夏就如此地伸茁枝葉　鋪展籐蔓　垂下濃蔭
等待着花季來臨　縱我心中有雨滴

——《夏，在雨中》

在那雲淡風輕的晚秋裏，詩人體驗到「一種可觸及的悲涼」，她所觸動的是「在異鄉風裏的淒愁」，是西風走過時總是踩痛她「思鄉的弦」。在深秋的冰結的一泓秋水裏，她

透過秋明澈的鏡
我必須面對一殘酷的真和
赤裸的美，以深湛的眸光。

——《深秋》

在那冬日寒冷的季節，詩人所感染到的是：

冷　一葉葉被感染
血液和人情都凍結，
隱藏的弓箭手　更不停地
向我們瞄射。

——《冷》

詩人以「冬冷似鐵」折射冷酷的生活現實，她「最怕那青面獠牙的光／穿透脊骨齒頰的戰慄，」即使如此，在詩人的心靈心處，仍蘊蓄着美好的希望之光，她期望「陰影和冷夢都已在火光中融化」。在微睡的冬日遐想中，她「願在溫馨的火光中／把那曾經喧噪的名字忘卻！」（《冬日遐想》）蓉子筆下的季節描寫，的確帶着強烈的主觀色彩，她透過個人生命的經歷，體驗和感受千古常在的大自然，呈現了獨特的風貌。

第二輯是「亭塔、層樓」，共十一首詩。蓉子在《詩序》中介紹說：「『亭塔、層樓』確似小園中具有流水、小橋、亭塔……等不同的景色，它們的規模不大而且並不表現一個中心的事物和意向；但具歸屬我心靈中的小園。」由此可知，這是一組翡翠式的串串珍珠似的抒情小詩，所謂「亭塔、層樓」，不外是以組詩的第一首詩題作爲組詩的標誌而已，詩意所蘊含和表現的，是詩人心靈中的小園，是她心中的美麗而又永誌不忘的「亭塔、層樓」，也是蓉子「從十架之左轉向其右／被極救出都市喧豗的波濤」的「亭塔、層樓」，是蓉子生活理想中的象徵，她說：

要是沒有風暴

我的夢屋已然樹一樣地長大
樹一樣地成為亭塔、層樓
成為雕塑!

她在這理想的「亭塔、層樓」進行創造性的勞動，孕育她的美麗動人的詩篇：

當寺院鐘鳴
我就急速躍起
為我美麗的詩嬰舖置乾草
在火樹銀花的聖誕節來臨以前

在詩人爲她「美麗的詩嬰舖置乾草」後，所誕生的每一首詩，都是蓉子生活中的隨想，記錄了她的步步腳印和深沉思索，銘刻她的珍貴的友情和追憶。《看你名字的繁卉》讚唱成功的歡悅，蓉子以幽逸的詩趣，描繪「名字的繁卉」的幽獨和不同凡俗：

從春到夏每一夢麔
都有你名字靜美的回馨
從二月的水仙到川流的六月蓮菱
在綠蔭深處　在丁香垂掛
不為甚麼地芬芳　不為結果
不甚麼地叮叮噹噹

而緊接着詩人以反詰的語氣，歌頌名字的「靜美的回馨」：

真的，緣何遍處皆有
你名字叮噹的繁響　在晨與暮
以片片綠葉交互的窣窣
如此閃耀在露珠和星輝之間
如此地走過紫色的繁花！

這是「一粒幽緲落在泥土／垂實成穗」之後而產生的名字的繁卉，而這名字是靜靜地在自我耕耘裏繁響。這一首詩，不失爲詩人自己在那一年代眞情實境的寫照。組詩中的《露珠凝望》，是贈女作家謝冰瑩的。她於一九六五年曾與蓉子一起應邀訪韓，露珠冰瑩，蓉子於詩中抒寫她與冰瑩女士的誠摯情誼：

您送我一手掌的綠　在冷寒的高崗
您送我一翠球，從您繁花的林園

在沙漠中　仙人掌是珍貴的禮物
在都市裏　綠色是怡人的饋贈

她讚美冰瑩女士的成功和獨特的個性：

我知道您的園子柔茵如印　桃李成蔭
常有彩色的喧鬧

而熾灼的長夏已到　蟬吟蛙鳴中
您有那使人和平、舒適、蔭樣的美好，

如果說，中國最著名的音樂詩是唐代詩人白居易的《琵琶行》，婉轉淒切的琵琶聲感動着一千多年來的萬千讀者；那麼，蓉子的《D大調隨想曲》對於樂聲的描繪，也令人神醉心迷。詩中筆鋒所至，琴聲悠悠，蓉子以天鵝舞步的翩然而至反襯D大調顫音的動人心弦：

那是一個顫音
在弦索上滑行　如滑行在水上的天鵝
冰上的天鵝　如帆行曦微中
那是一個遊行的顫音
它要滑行到何處？到何處終止！
那是一個美妙的顫音
等一串芭蕾舞步過盡
一個四分音符的休止符。

詩人以各種芬芳的花來比喻音符使人心醉：

輕快的音符是迷人的木香壁
——從昔日之晨飄送過來那芬芳
是盛開的紫蘿蘭　激越的水花
是盛放的鬱金香　在午時我聞到那濃香

蓉子還把難以捕捉的聽覺形象，通過五官通感，轉化爲視覺形象，使讀者心曠神怡。大提琴的嗚音，一忽兒低迴，一忽兒高昂，把人帶進美妙的音樂世界裏：

華麗的夢沿音索直上雲霄
又從長長的音的階梯下降
一再地重復你的優雅
哦，一再地你的形像在我心中迴旋，一再地
音符們柔美的鴿羣繚繞我、繚繞我
我要急速地滑走、滑走……

樂曲越彈越高，一忽兒又突然下降，樂曲的起伏升落，幻化無窮。緊接着又以細膩的筆調，描繪輕柔婉轉的樂聲在空中迴盪：

它緩沉下來，它緩沉的步履
若寬平緩和瀑布的奔赴
不似它本體那樣急燥　卻漸如彩虹升入
長空　我猶見它拖長的光尾
幻美如絲　飄盪如鬚……
它跳躍如弓弦
它跳躍如雀噪

豎笛吹奏　層層回音
回音響處　激盪音韻
管絃齊奏　小提琴低訴
永恆的回音正如記憶

樂曲緩和沉穩，若寬平緩和的瀑布瀉下，似彩虹升入長空，抑揚悠盪，如絲如縷。最後摹寫樂聲的合奏，以不同的音樂形像，以及聽音樂者的回味，把握了音樂境界的引人入勝；詩人體樂入微，把D大調隨想曲的演奏，通過一連串的比喻描寫反映出來，與白居易的《琵琶行》、韓愈的《聽穎師彈琴》等音樂名篇比較，也不失爲摹聲的至文。這首詩，應該說是蓉子「亭塔、層樓」這一組詩中絢麗的明珠。

組詩中像《夜宴》、《也塑膠玫瑰》，都從不同的角度指示城市的喧鬧，自己的超脫的個性：

有人在夜的海洋撈金
遂隨侍那人如影
團團地圍繞他如市集
荷霧滴清響
花與果俱熟的季節
我笑了　在星與花交輝之夜
——我只是打開那令人舒適的窗

在窒息之日　透入風涼

——《夜宴》

她揭露假象的蒼白，如：

也塑膠玫瑰
也綽約豐姿
蒼白的紅　病的紫
空無的馨　在此

——《也塑膠玫瑰》

組詩中有幾首敍寫友情的詩篇，像她輓悼都市裏一位悲劇女主角，寫她的死「冷然／透澈且凌厲／如霜如雪如雹如冰。」（《輓歌》）她悼夢露之死，寫她一生浮生萍寄的悽涼：「浮生萍寄／沒有人告訴妳價值／上天爲何不賦予妳／祂曾賦予別人的幸福？」（《在水上》）詩人以哀怨的詩韻訴說夢露的「恍惚的童年」「恍惚的夢想」，悲劇的人生。還有一首《星辰之筵》寫藍星詩社歡宴菲律賓文藝訪問團午筵席上的賓主情誼。臺灣的「椰子樹高高地舉起了歡迎的膀臂」，歡迎來自菲律賓的友人，寫得情意眞切，詩意盎然，的確是「譜一曲歡迎的交響」。最後一首《翠絲坦島的鄉愁》，題材獨特，寫出人類對故鄉的迷戀之情。翠絲坦島上的居民，因島上火山爆發，逃往英國避難，嘗到他們從未享受過的現代都市繁華的生活。雖然英國人願意留他們長住，卻因他們過不慣這種極端的都市物質文明的生活堅決重返他們原始的小島。翠絲坦島的原始居民，「不慣寄居於繁華」，對於城市的「萬種華彩」不習慣，「霓虹幽靈與死亡／像是不眞實的城市」，他們迷戀自己的故鄉：

明麗是故鄉的陽光
溫柔是故鄉的海岸
安寧是故鄉的村莊
大自然的美遠勝過異地的宮殿和城樓

於是，他們乘舟歸去，「重返湛藍的歡笑的海水／重履故鄉的海岸和村鎭／將不適的繁華遺棄。」這純樸的故鄉情，也寄托了詩人心靈深處的故土意識。

第三輯《海語》，收七首詩。這組詩據蓉子在詩集中所指出的：「不消說是以海爲場景的一輯詩，它們所表現的氣氛自然與日常以陸地爲背景的詩不盡相同。此輯實爲民國五十一年二月間，初次隨「中國文協」海行赴馬祖訪問時所獲得的一些印象。」「這是一組海洋的頌歌。詩人「離開這汚濁的港」，「駛向那波瀾壯濶的海洋」，對「神秘的海」進行探索；她「去採海的珠貝／去採夢的雲天／去向無邊的未來。」（《出海》）她傾聽晚風和波濤的對語，「話雲的飛揚／星的亮滅／雨的繁英／訪魚的睡姿／貝殼的夢囈／和你孤獨時的足音」（《海語》）。她在海島上夜晚聽洶湧的海濤音時，領悟到對祖國的愛：「愛將化爲白色雲羊／日夜俯臥山岡／愛將化爲岡上清風／每晨追吻我的發腳／愛已化爲要求團圓的／祖國半壁山河！」（《島外島》）祖國海峽兩岸的統一，是詩人的由衷的願望！詩人抒寫從海上歸來的歡悅：「從海上歸來／看彤雲波羽／銀魚海鷗／都拍擊我的歡悅。」（《從海上歸來》）她深深地迷戀大海，她歌唱那「在大千宇宙中／他有一小千宇宙／在神奇的海洋」，

（《海戀》）歌唱「海無遺跡」，大海的寬濶胸襟，容納了萬千世界。這一組海語，語言清秀，感情渾厚質樸，是她從島外歸來後「抖落驚險／褪去波濤」之後的一組熱情的大海抒情曲。

第四輯是「憂鬱的都市組曲」，「乃是一組七首完全以都市生活爲題材的作品」。蓉子在《七月的南方》裏，首次以《城市生活》一詩展開對現代都市文明的解剖和指責；在這個基礎上，這組《憂鬱的都市組曲》，全面而深入地揭示了都市生活的重要場景。《詩序》指出：這組詩「從各方面表現了一共同的感受——從內、從外、從全面或從一點。都市是憂鬱的，只是憂鬱的程度或深或淺而已。」詩人從不同的側面去探索城市生活的內蘊，雖然城市生活與詩人的感思格格不入。蓉子說：「坦白地說，這一輯對我個人來說，是一種嘗試——我嘗試着去表現自已不夠興趣的事物——都市。不知爲何，雖然從少年時代起就一直生活在都市中而我卻一直和它（都市）建立不起感情來。我總覺得都市是侷促不寧，擾攘而喧囂，冷酷復虛浮……人性的至美往往被湮沒無存。是故，在過去我的筆觸不常指向它；今後倒希望我心靈的鏡頭也能對它作較多的透視。因爲『都市』正是現代人生活的重要場景。」①蓉子所喜歡的，是對大自然寧謐的歡悅，是對教堂鐘聲的感應，是對雲雀歌音的陶醉；她不能接受都市生活的擾攘、喧囂、侷促不寧。但詩人是面向現實的，生活在現代都市之中，也應該而且必需對它的內涵作更多的透視。這一組曲中所寫的都市生活，反映了詩人這種情緒。蓉子可不像張愛玲那樣，聽不到「市聲」不能入睡；而是市聲的喧騷擾亂了她寧靜的內心世

① 《蓉子詩抄・詩序》

界，但在這一組曲中，詩人已征服了自己心靈的界線，試着去表現自己不感興趣的事物，創造出面向社會生活的、富有強烈的時代氣息的詩篇。讀《我們的城不再飛花》一詩，我們驀然記起唐代詩人韓翃的《寒食》詩：「春城無處不飛花，寒食東風御柳斜。日暮漢宮傳蠟燭，輕煙散入五侯家。」韓翃的詩，寫暮春三月，絮花飛萬點，落紅遍地的時節，官府權勢的特殊，以「漢」代「唐」揭露唐朝政亂的現實，表達詩人深深的憂憤之情。而蓉子這首詩，化用「春城無處不飛花」句，反其意而用之，揭露城市生活的紛擾、寂寞、虛浮，淹沒了至美的人性。

我們的城不再飛花　在三月
到處蹲踞着那龐然建築物的獸——
沙漠中的司芬克斯　以嘲諷的眼神窺你
而市虎成羣地呼嘯
自晨迄暮

自晨迄暮
煤煙的雨　市聲的雷
齒輪與齒輪的齟齬
機器與機器的傾軋
時間片片裂碎　生命刻刻消褪……

入夜，我們的城像一枝有毒的大蜘蛛
張開它閃漾的誘惑的網子
網行人的脚步
網心的寂寞
夜的空無
我常在無夢的夜原上寂坐
看夜的都市　像
一枚碩大無朋的水鑽扣花
正陳列在委托行的玻璃櫥窗裏
高價待估。

當詩人的筆觸指向都市生活的層面時，她極其銳敏地把握生活的脈搏，表達了時代的感情。歌德在談到作家創作優秀作品的條件時曾經說過：「不論你們的頭腦和心靈多麼廣濶，都應當裝滿你們的時代的思想感情。」蓉子就是在「時代的思想感情」的驅使下，面向現實和人生，揭示社會的病態。她以都市中自晨迄暮的「建築物的獸」、「司芬克斯」、「市虎成羣地呼嘯」，象徵都市的冷漠與機械的横行，時間的碎裂，生命的消褪；以有毒的大蜘蛛象徵心靈的陷井，入夜的寂寞，以齒輪和機器寫都市生活的單調，以「水鑽扣花」暗喩商業文明的腐蝕，高價待估的虛僞，無一不在詩人筆觸的抨擊中。她斥責城市的煩惱和空虛：

每天　我們要移去一堆公報的小小山丘

明天它又長出來
九頭鳥一樣地長出來　永不死滅的煩惱
煩惱　是陰霾，擾攘，殘闕和虛空

——《室窗閉塞》

對城市文明的否定，詩人的情感一反對自然美的那種溫柔的情思，表現着一種明顯的反感，在城市裏，

每一個人都像不倒翁一樣地在案頭搖幌
搖幌着　原始的貪慾
幻變的情愁　野性的嗥吼　以及
薄薄的文明衣綢　如此
惘然且快意地舞擺着　搖滾着　纏扭着
（於灰色的天幕映現愚魯與空濛）
混戰的傀儡般地向四面八方衝撞
無中心信仰　無筆直方向！

——《廟堂破碎》

她無情地揭露大選的虛僞：

選事已成陳跡
招貼如委地黃葉

喧嘩的白晝凋零　騷動的海洋靜息
舌戰的殊死戰也成過去

——《選事》

如對「黑貓的五月」和「騷動的白日」的喧鬧的的厭惡情緒，流露於無情的筆端：

哦！成長中的都市是急於模倣的少年
有披頭的怪樣　伶俐的舞步
瘋狂的歌聲和無意義的笑語

——《白日在騷動》

紛亂的城市生活，使詩人更加懷戀自己的故鄉，她說：「不再有那樣的日子：一片藍天，一撮繁紅，一彎嫋繞的青例——那半睡眠中的村鎮」詩人所愛戀的是「曖曖遠人村，依依墟里煙」（陶淵明《歸田園居》）的返樸歸眞的自然的生活，而對城市的俗韻無法適應。她尖厲地揭露說：

都市是黛黑的
縱然動用婦女們所有的漂白劑
也不能使它變白
凶訊在每一個角落裏爆炸
慾望在每一罅隙裏滋長

——《裂帛樣的市街》

在那喧嚷的市街上，到處是「獸穿文明的衣衫」，
獸啃噬春天 每一扇玻璃窗外
都有獸的影子
獸猙獰的形象與重重的跫音
把我們青石板長街的寧靜
踢得不見蹤影

——《裂帛樣的市街》

蓉子的每一首都市詩，都不期然地與寧靜的自然界作對照；雖然她以心靈的鏡頭對城市生活作許多透視，但在其意識的深處卻對自然世界有着深深的眷戀。往往在詩中讓這兩股情感融滙在一起。她不像羅門的都市詩那樣，乾脆利落地、盡情地進行揭露和抨擊。

第五輯是《一種存在》；共十首詩。蓉子說，這「是我比較滿意的一輯——雖然不是全然令我滿意，因爲它們更深刻地表現了我個人主觀的內心感受，同時表現的手法也稍呈交錯感」。在這一輯詩裏，完全是寫詩人所接觸的生活中某一感受，是詩人思想的火花。羅門曾說：「當西方存在思想，像一面鏡探視入人類眞實的生活世界，透視出人存在的眞貌時，如果它所透顯的，是美好的一面，我們便選擇性地接受它；如果是偏於灰暗與下沉的一面，則我們除了勇於面對且反抗它所透顯的那一切，更應該緊緊地抓住那生的上昇之光，使生命躍進入那更爲感人與莊嚴的高一層的存在。」①羅門對存在思想的看法，頗有獨到之處。蓉子

① 《做爲詩人對存在思想的看法》見《時空的回聲》第一五一頁

在這一個詩中，也的確敢於透視現實的生活世界，選擇和歌頌美好的一面，而對現實中灰暗面，則「抓住那生的上昇之光，使生命躍進入那更爲感人與莊嚴的高一層的存在。像《一種存在》一詩，就是對這種意識的探求：

為何她裹於灰衣
披黯淡頭巾　柔弱地
不能推倒橫亙在面前的今天？

如何她慢性自戕於此
如果在沙中渴死，如虹焚去
便如葉片在秋風裏死亡

她剖析生活和生命存在的眞諦，這種存在「一如無人供養的素馨」，「像摘盡了星光的墳園」。蓉子以今昔對比，抒寫對繁重生活重擔的感受，在昔日，

每一個日子都是晴朗
　每一天都是假期
那是在年青時光
在陽光之旁　在面沙之後
日光下都是花朵
　日光下儘是奇蹟

——當一連串歡美的音符洋溢
這世界就是天國，就是天國

往日的歡樂，而今日的勞苦對照，產生了人生的感慨，或者是社會責任感的壓力：

每一個日子都是雲霧
每一天都是煩愁
當春花逝去 夢凋落在心頭
而工作堆積在棧房
日光下儘是勞苦
日光下並無新事
——當金黃色的日子轉化為
棕色的 沉重的責任的山崗

——《今·昔》

在這一組詩中，蓉子對生活、理想的思考是多方面的，像《夜的呢喃》寫她在寂寞的世界中奮鬪、等待：

一盞如豆 獨自穿越這夜的航程
難測何時船舷邊會開滿驚濤的繁花！
——有甚麼會在午夜蒞臨！夜已凍結
唯等待破曉的曙光！

當她見鄰居老婦之死，聯想到人的一生的孤獨悽愴！一個平凡沒有名字的老婦，一個是教宗若望廿三世，在同一夜間辭世，詩人滿懷同情心地寫道：

死神總是冷肅的
今夜他攫取這根枯枝
明晨他召喚那
更近上帝的若望廿三世

深邃的夜
嚴肅而愴涼
死神的步音　墜落的葉片
在盛夏的秋季裏

——《死神打後窗走過》

她在遙遠的海峽那一邊思念家鄉：

哦，你的面室如此遙遠
你的面容似霧，像遙遠的海　像遙遠的海
怎知我躺在熱烘烘的乾草上　遠離家鄉
滴水與深藍色的煩燥啊　母親
枕一枕崎嶇　百面嶙峋

——就寧以全世界換一只小小的溫和

——《三角形的窗》

她寄身海外，思鄉情切，在詩中經常流露出來。當季風的狂飈掠過海島，也引起了她對孩提時代的家鄉的遙念：

這是寥落的海灣
無有船舶　只有一望無際的時間蒼茫
不時地掠過海底狂暴幽靈的嘶叫；
沒有溫馨的雨點搖響　如在
故鄉的屋簷下
孩提時。

哦！我們不曾聽雨於夜深挑燈的小樓上
我們不曾聽雨於遼濶江面雁叫的淒清裏
黑雲將雷霆擲進港灣
這兒唯暴燥的海天　激盪的潮湧
囈語和不真實的夢

——《風季》

除思鄉的情愫的抒寫外，蓉子在詩中還訴說她對藝術的執着的意志。她以悲多芬（貝多芬）及愛倫坡（愛倫堡）的藝術的永恒，象徵自己的藝術理想：

被掛在此　在茲十架
長年長月長夜
也釘不死悲多芬的怒臉
也釘不死愛倫坡的絕望。

——《被掛的面影》

《我的粧鏡是一隻弓背的貓》、《我無以膜拜》等詩，都是訴說一種夢想，一種希望。

長詩《夢的荒原》，表現的不是某一中心思想，而是以象徵化的筆法，將朦朧的印象轉化爲自己的思想感情。這顯現了詩人受現代派代表人物艾略特的《荒原》一詩的影響。羅門受《荒原》的藝術表現手法的啓發，寫下《死亡之塔》這首抒寫生命的歌；蓉子接受艾略特的影響，寫下《夢的荒原》；不過，她的筆觸，不在於正面描寫城市的罪惡，而是通過歌唱奮鬪的人生，訴說生活的重負以及自己堅毅的獨特個性。長詩中，蓉子是借助不同的詩的形象表達這一思想的。T·S·艾略特的《荒原》寫於一九二二年，被西方評論家公認爲現代詩的里程碑。T·S·艾略特是英美現代派詩歌的祖師爺；一九四八年，因「對當代詩作出的卓越貢獻和所起的先鋒作用」而獲得諾貝爾文學獎。他的詩以晦澀著稱，要讀通實在也不容易。他的名字在三十年代已傳入中國，趙蘿蕤第一次把《荒原》介紹給中國讀者，葉公超在評論中譯本時指出：艾略特「影響之大竟令人感覺，也許將來他的詩本身的價值還不及他的影響的價值呢。」艾略特對中國卅年代的詩歌創作產生過極大的影響，像卞之琳、戴望舒、孫大雨、何其芳以及稍後的九葉詩人都在不同程度上接受過艾略特詩歌的影響。其中，有積極的方面，也有消極的一面，如文字的晦澀難懂就是其中的一端。臺灣新詩的發展，是繼承中國新詩運動的傳統。因此，艾略特對臺灣新詩的影響，是題中應有之義。而羅門、蓉子的詩歌，接受艾略特的影響，也就是不難理解的了。蓉子這首《夢的荒原》，學習的痕跡極其明顯；當然，在描繪的內容和抒寫手法方面，自有女詩人的思想及婉約的風格在。她寫的是一個夢中的世界，是一齣未完成的不定的悲劇；在這夢的荒原裏，盪漾着一種「永恒的憂悒」，夢中的主人公——她，坐在這夢的荒原之中，「永恒的靜姿在此，永恒的寧謐留此／當她坐於寂靜的深邃／以莊穆企求和諧」。這股淡淡的憂愁情調，是異鄉人懷戀故鄉的情結，是對愛的掩抑不住的深憂，是對生活不勝負荷的憂愁，終於，在「一次猛烈的震盪中傾跌／如裂帛之驚心——／妳動人微笑遂隱熄於／夢的荒原。蓉子所寫的夢，美麗、高雅而又憂鬱，感情婉轉和諧，與艾略特的《荒原》和羅門的《死亡之塔》的悲哀的挽歌相比較，各異其趣：艾略特是「在庸俗的生活、塵囂的市街中，發現詩的要素」（魯迅語），他更多的是用骯髒的意象揭露社會的陰暗面；而蓉子的長詩，與蓉子其人及其詩的格調一樣，卻呈現出一種幽雅、寧靜的風格。詩中所運用的「初夏鬱悶的愛琴海」的意象，也顯得飄逸、寧悅，詩人所突出的女主人公，端淑而謙遜，其形象美麗而又深沉。由此見出蓉子的創造才能了。蓉子在這部詩集的序言中說過：「身為一個創作者，或從不感到他（她）必須完全依照一種流派，服膺一種主義去創作；而且文學上或藝術上的任何流派或主義每係針對前一個流派的反動，因而也往往有『矯枉過正』的弊端。倘若創作者自囿於一種狹隘的主義去創作，則勢必至於在接受了其利之外更接受了其弊，與其那樣，還是讓我們服膺個人心靈的引導創造吧！那才是眞正能表現『自我』而不流於模倣、虛擬或集體性的時式。「蓉子的詩，貴於創造，這也是蓉子在臺灣詩壇上能自成一格而經久備受歡迎的根本原因。

在這部詩集之後，蓉子應潘人木主持的《中華兒童叢書》之約，寫了《童話城》詩集，蓉子把握兒童的童心，寫出這部清新美麗的兒童詩篇，是對兒童文學的一大貢獻。

㈣臺灣現代女性的心聲——「維納麗沙組曲」時期

蓉子於一九六九年，出版了第五部詩集《維納麗沙組曲》，收入了作爲詩集重心的十二首《維納麗沙組曲》和其它詩章共三四首。包括蓉子在一九六九年前四年的詩作。但是《訪韓詩束》及《寶島風光組曲》兩組組詩，因風格內容完全不同而暫時抽出，至一九七二年才結集。

這部詩集的作品又呈現了蓉子的新風格，其中或個人的自省，或捕捉生活的斷片，或靈魂深處的閃光。《維納麗沙組曲》帶給人們一種美的境界，令人讀完又不禁深思起人類的悲苦的面貌。有人認爲維納麗沙是繪畫大師達芬奇的名畫，其實不然，蓉子在詩集《後記》中已作了明白的解釋：「多次地被人問起，爲何要取「維納麗沙」這個名字？甚至有人把她和『夢娜麗沙』相混淆起來。其實取一個名字倒也不一定有甚麼深長的含意的。必須說明的是《維納麗沙組曲》中的女主角和『夢娜麗沙』全無半點相連相似之處——我絕非以夢娜麗沙的藍本來寫維納麗沙的。她們是生活在兩個不同時代中的不同人物，夢娜麗沙因一抹神秘的微笑而馳名，因達文西而不朽——我眞羨慕畫中人那份安適與寧謐，好像世界從未攪擾過她一樣；我詩中的維納麗沙卻全不是這樣，她生活在一個擾攘喧囂的年代，在不停地跋涉充滿風沙的長途，但不忘自我塑造。這是一組自我世界的描繪，自我靈魂的畫像，一組孤獨堅定的徐徐跫音，當她走過山嶺平原所發出的一些眞實回音。」達文西由於捉住了對夢娜麗沙的錯綜複雜女性性格的知解，成功地塑造了這個典型形象。鍾玲在《臺灣女詩人作品中的中西文化傳統》一文中說：「蓉子在一組詩中，創造了一個女性人物，以投射她內在的自我；這個女性人物沒用一個中文名字，反而有一個義大利名字：維納麗沙（Verna Lisa）」。① 蓉子曾解釋過這個義大利名字與達文西的名畫蒙娜麗沙無關，且『其實取一個名字倒也不一定有什麼深長的含意的。』蓉子仍沒有解釋清楚何以她選擇這個義大利名字來代表一個中國臺灣現代女性的心聲。相信：她選擇這個名字與當時盛行的異國情調有關。蓉子是從自身的生活體驗出發，將自我性靈的咏嘆、痛苦、矛盾，通過這組晶瑩璀燦的詩篇驀然地蛻變成超自然的存在，塑造成維納麗沙這一藝術的典型形象，因此，維納麗沙應是詩人蓉子的投影。蓉子自己說：

> 《維納麗沙組曲》本身是一組以維納麗沙為中心的連貫的組曲；而分開來每一節仍是一首完整獨立的小詩。說它們像十二扇隨意開闔的門，無論何時，打開其中的任何一扇都能够看到詩中主角維納麗沙部份的面影。當然，每多打開一扇門，你就更多瞭解她一些；可是對於我自己，這十二首屬於組曲中的小詩就像十二顆小小的珠璣，也許琢磨得尚不够光澤渾圓，但它們形成的過程確如蚌中之珠，是一個人的性靈在感受外

① 見《中外文學》第十六卷第五期

界砂粒侵入的痛苦後於悠長的歲月中逐漸形成的，那是一個孤困的生命向完美作無盡的掙扎！面對這世界急流的海洋，人得忍受無數次的波濤的衝擊，那不被海流捲走而猶然保持靈魂晶瑩的便需忍受痛苦的砂粒！可是誰會想到那光澤圓潤的珍珠竟是由這些令人極端不適的砂石吸收了痛苦的淚水所形成而終於貴重起來。

這一組詩，蓉子從十二個角度來描寫自己，維納麗沙的世界，就是蓉子的世界，是蓉子的美好的心靈空間的外露，是從她的靈魂深處投射出來的詩，正如蓉子自己所說，這十二首詩像十二扇門，它形成一組完整的結構，但每首小詩又各自獨立。從總體來說，它「全都圍繞着、烘托着、詮釋着詩中的主角——維納麗沙」①，第一首《維納麗沙》，寫維納麗沙的靜美：

維納麗沙

你不是一株喧嘩的樹
不需用彩帶裝飾自己

你靜靜地走着
讓浮動的眼神將你遺落
因你不需在炫耀和烘托裏完成
——你完成自己於無邊的寂靜之中。

① 蓉子答《心臟》詩社柯慶昌語。

質樸無華的形象，靜美的格調，在「 是一株喧嘩的樹」的襯托中，在「不需要彩帶裝飾自己」、「不需在炫耀和烘托裏完成」的描繪中，維納麗沙的清麗絕塵、出俗獨立的天生麗質的靜美風貌，玉立在讀者面前了，這首詩可以說是這組組詩的總綱。《親愛的維納麗沙》一曲，已開始接觸維納麗沙心靈所承受的刺激：

親愛的維納麗沙
已經是正午了
當日光像滑梯緩緩傾斜……
懷想年少的裙裾 青春的步容
揚起在綠色的國度
在歲月的那邊。

維納麗沙
此刻竟長伴擾攘、喧囂
任歡悅和光華在煩瑣裏剝落！

以「日光像滑梯緩緩傾斜」的感受力，引起一種超越尋常的強烈的美感活動。夢幻般的回憶，與現實形成強烈的對照，詩人用陪襯的手法，映襯出維納麗沙處境的哀怨，那溫柔靜美的維納麗沙，「竟長伴擾攘、喧囂」，昔日輕邁「青春的步容」時的「歡悅和光華」，在「

煩瑣裏剝落」了。維納麗沙的孤獨、煩惱，已在詩中顯映出來。《維納麗沙之超越》一曲則寫維納麗沙靈魂的掙扎，也卽蓉子所說的「是一個人的性靈在感受外界砂粒侵入的痛苦後於悠長的歲月中逐漸形成的，那是一個孤困的生命向完美作無盡的掙扎。」她先抒寫維納麗沙的災難和憂傷：

美麗的維納麗沙
你有難以止息的憂傷
當「現實」的槍彈一陣掃蕩
哀哉　我們的同伴有多人中彈
　多人受傷多人死亡。

繼而寫維納麗沙的祈求：

在大批的被「俘虜」之前
死啊、死是可讚美的！
——我的維納麗沙就這般地祈求
孤絕中的勇氣　絕望中的意志。

最後寫維納麗沙從奮鬪走向超越：

讓我也能這樣伸出筆直的腿
如在夢中行走的維納麗沙
走出峽谷　躲過現實洶湧的浪濤

逃過機器咬人的利齒
滑過物慾文明傾斜的坡度
——奇蹟似地走向前
走向遙遠的地平線！

詩人以凝煉的筆墨，以「躲過」、「逃過」、「滑過」的強烈的象徵詞語，通過複雜的聯想：「現實洶湧的浪濤」、「機器咬人的利齒」、「物慾文明傾斜的坡度」，反襯出她強烈的內心震動，描繪出維納麗沙在感情似火山爆發之前的心理狀態，形象地再現她心靈深處的掙扎以及蛻變的過程，終於達到了超越的境界，「奇蹟似地走向前」了。《關於維納麗沙》是《維納麗沙之超越》一曲中的感情的延續，是維納麗沙、「走向遙遠的地平線」之後心靈的廻響，寫她靈魂的鬱戚、內心的寂寞，這是在靈魂超越時刻的內心顫動，維納麗沙已越過「物慾文明傾斜的坡度」來到「隔絕的島」：

關於維納麗沙　一切是隔絕的
那隔絕的島　遙遠的風鈴以及
風沙島上的仙人掌。

這是維納麗沙被隔絕後的孤獨感：

像拿破崙被放逐在聖海倫島上
而你竟不為什麼地被禁錮
鬱戚的靈魂。

被剝盡了所有：
縱使故土，
縱使華年，
縱然友誼，
縱使夢魘。

詩人蓉子曾說：「生命中不全是光輝四射的時光，不時地也會飄來灰黯的雲翳掩蔽你心中的光亮。而最多的時刻卻是沙漠般的長途，伴着無盡的寂寞和辛勞。」這是一種生活的孤獨感，這種孤獨更側重的是靈魂的孤獨，也如詩人所說的是指「內心的感受而非一定指現實的情景。」①作爲一個詩人，蓉子確信：「詩人往往是被平凡的幸福遺棄了的人，他無法過一般人那種輕省的生活；同時他雖眞正地生活在人羣中，他的靈魂卻像是一個異鄉人，眞像註定是卜居在人類歡鬧外緣的，有一種永恒的孤寂感。」②詩中所抒寫的「故土」、「華年」、「友誼」、「夢魘」的意象，象徵她所剩盡了的一切，「鬱戚的靈魂」陷於孤獨感的包圍之中。第三節以與人世相隔的地域性的超越來補充那「隔絕的島」：

迢遙地隔着
就像陸地與海
就像東和西　就像命運
就像生和死　維納麗沙。

---

①②《維納麗沙組曲》後記。

詩中把人引向一種寂靜的世界，她孤獨地和外面隔絕，但卻「爲能自由地潛入生命的內裏，去獨自尋思探索生命更高層的意義」。①第五首詩《肖像》，詩人着墨於描寫現實生活中的維納麗沙的形象，對第一首《維納麗沙》詩中的「你不需在炫耀和烘托裏完成／——你完成自己於無邊的寂靜之中」的評語作了形象的描繪，詩人把維納麗沙形容爲「一朵雛菊」，因爲她的品格具有雛菊的渾樸：

　過往的維納麗沙
　是一朵雛菊　似有若無地金黃
　浸溢在晨初醒的清流之中
　沒有任何藻飾的原始的渾樸的雛菊。

詩人又把維納麗沙形容爲一簇鳳仙花，因爲她像鳳仙花一樣多彩變異：

　春天的維納麗沙
　是一簇鳳仙花　父親庭園內
　多彩變異的鳳仙花　在肅穆的鐘架旁。

而維納麗沙的性格，則是在過往與未來間緩緩形成的。詩人寫道：

　　而夏日有喧鬧
　黃昏有檀香木的氣息

---

① 蓉子《我的詩觀》。

你在雛菊與檀香木之間打着鞦韆
在過往與未來間緩緩地形成自己！

詩人余光中曾稱贊蓉子是詩壇上「開得最久的菊花」，指出蓉子的詩是她內在眞實的投影。女詩人鍾玲則特別欣賞這首詩的最後兩句，認爲「蓉子運用比喻的技巧非常高超」。「雛菊暗示『過往』的她，稚氣而可愛，檀香木則暗示『未來』的她，典雅而成熟。打鞦韆的搖擺動作則暗示成長的過程，是由自己過去與現在的經驗交織而成。因此，蓉子以高明的手法，以短短的兩行，顯示極豐富的內容」①

那麼，維納麗沙是如何「緩緩地形成自己」的呢？詩人乃從時空的設計中來完成維納麗沙這一形象。《時間》一詩，是充實《維納麗沙之超越》中所隱藏的思想，寫時間對維納麗沙的召喚，引導她在永恒的時空中超越，讓維納麗沙的典型，透過時空實象的交互映射予以形象化：

維納麗沙
時間的水晶有時光耀
它俯身向我　以每一展靨
呼召未來　呼喚花香！

詩人通過時空的溶合，把眞實世界中分割的時空予以疊映，產生一種逝者如斯的時間匆遽感，從時間這一視角，描寫維納麗沙在超越過程中的動向：

① 《都市女性與大地之母：論蓉子的詩歌》見中外文學第十七卷第三期。

所有漫不經心的都將漫不經心而過
唯我們被推拒　被阻撓　被摔落
而時間大踏步向前……
啊，越過！

緊接着《重量》一詩，又從另一視覺寫維納麗沙的孤獨感，人的生命有難以承受的輕，而「孤寂」也是一種重量，詩中寫維納麗沙的「藝術的殿堂內充滿了擾攘的步音和喧響／這是可憂慮的白晝與無邊孤寂之夜」。維納麗沙生活在這無邊的孤寂之中，現實生活中的「騷動、混亂與無邊的喧嚷」，擾亂了這無邊的寧謐，詩人從心靈深處的煩擾進一步刻劃維納麗沙的心態，又從另一角度充實維納麗沙。《災難》一詩是插進一段名畫受水災的插曲，反襯人生的災難。《邀》是批判世俗的邀約，歌頌藝術的永恒。《登》寫維納麗沙攀登的夢。《維納麗沙的世界》，通過各個生活片斷的抒寫，從「雜草的林子」寫到眺望中的夏雨傾瀉的世界，從歡悅的春日寫到古簫一樣靜的古刹鐘聲，突出了維納麗沙處於那「無人知那寂寞的高度／獨自的深度」的氛圍之中；維納麗沙「就這樣單騎走向／通過崎嶇／通過自己／通過大寂寞」。這裏抒寫的是維納麗沙的精神世界。最後一首《維納麗沙的星光》，抒寫維納麗沙自我完美的形象。維納麗沙的「夢與現實的雙轡並馳」，但「卻非美好的伴侶」，「時相抵觸而擊撞」。她在生活的掙扎中自我完成，自我完美：

沒有人為你添加什麼　維納麗沙
（縱然一粒芥菜籽的金黃　就會

金黃了你整個夢境)
你自給自足　自我訓練　自我塑造
掙扎着完美與豐腴　從荒涼的夢谷
不毛的砂丘　而在極地
在極地是否有一簇繁花為你留存?
唯晌午我聞到一聲金石鏗然
一顆星在額前放光!

維納麗沙這一完美的形象，通過這十二首小詩展示了出來。這十二首小詩，如前面所徵引的詩人的自述，就如「十二顆小小的珠璣」晶瑩光輝；又像「十二扇隨意開闔的門，無論何時，打開其中的任何一扇都能夠看到詩中主角維納麗沙部分的面影。」每多打開一扇門，就可更多瞭解她一些。這一組詩，可以說是蓉子心靈的結晶，品格的體現，她把生活中所感受到的苦與樂轉化爲詩中可資表現的美感經驗，以她的天賦才具寫出這一組傑出的詩。這組詩所傳達的，也正是臺灣現代女性的心聲。作家尹凡曾贊許過：「她有一顆如對神一樣誠摯的清教徒的心去成爲詩的近鄰，她的詩永遠是她內在眞實的投影，一種『對大自然的寧靜所產生的膜拜與嚮往』和『其現代人逐漸被推入機械瘋狂的呼聲中所產生的不安與顫動』！確曾也迫使她在詩神典雅的臉上刻上現代人的不安。」的確，這一組詩，表現一種自然而純樸的美，引導人們進入一種幽美靜寂的境界。

詩歌的結構既是十二首連成一有機的整體，而又獨立地表達每一首詩的主題，各有其完整獨立的生命。這是一組優美的抒情詩，其氣質的高潔，其音韻的抑揚，其形式的完美，都堪稱詩中佳品。蓉子自己也說：「我不能說《維納麗沙組曲》是一組傑出的詩，我祇能說它們是我比較喜歡和滿意的作品。因爲它們是從我靈魂深處投射出來的，也是一個有理想的孤困的生命在向完美作無盡掙扎的過程，感受是較爲深刻的——人生本來就是一場不斷蛻變與掙扎的經驗。」①這一組曲曾於一九六七年間先後發表在《純文學》、《現代文學》、《自由青年》等刊物上，並於這一兩年間在臺灣各大專院校和詩人們自己主辦的朗誦會上多次由詩人自己朗誦過，諸如臺灣大學海洋詩社主辦的「維納麗沙之夜」，臺灣師大英語學會與耕莘文教院聯合舉辦的「詩交響樂之夜」，輔仁大學的「新詩朗誦會」，淡江大學的英語學會等，都曾專門爲羅門及蓉子舉辦「文藝之夜」，臺南成功大學專程邀請他倆主持「詩人之夜」，以及臺中東海柯美雪教授的英國文學史班上，還有藝術館和作家咖啡屋等場所，曾經傳誦過一段日子；一九六七年美國奧立岡大學榮之穎博士全部譯成英文，收集在她與羅門的英譯詩選《日月集》（美亞出版社出版）中。這個組曲，在臺灣產生過極大的影響。

這部詩集的下集題名爲《奇蹟》，是她「透過生活中深淺巨細不同的感受」，其內容和形式都與維納麗沙組曲不同。在這部份詩歌中，蓉子再次表現了她的詩歌藝術觀念。《未言之門》一詩，展現蓉子在詩歌創作過程中如何捕捉一瞬卽逝的靈感，如何耐心地窺視、傾聽心靈的感受。她引用桑德堡的名言：「詩是一扇門一開一闔，讓那些看過去的人去想像那片刻間所見者爲何。」詩人坦率地寫下自己的創作體驗，她寫道：

① 見柯慶昌執筆《燈屋的春天》。

我曾嘆息於
那門一啓一閉之際　偶爾哭泣於
那門一開一闔之間　往往驚心於
那門一[illegible]一訇之時。

詩人對生活中片刻閃光的捕捉，從個別而了解全景的藝術才能，她也具有深刻的思考：

那門　一縫之隙
一飄動的窗帷　一含糊的低語
你如何展佈為寬廣的園林
——你難以窺見一隻豹受傷的全景。

詩人對於藝術的窺探，抱着一種純潔的孩提時代的耐心，探索客觀世界的變化的眞諦：

音符的鴿羣如何捕捉？
寂寞的雲影從四方湧起，
門外僅見栗殼色的一片
關閉着那永恒的奧秘！

我是未改其性的孩童
時欲窺看門內秘奧
就這樣傾聽且耐心地守候

於那門開闔之際……

從對詩歌創作的內心體驗，進而闡述自己詩歌創作的形成以及自己所堅持的獨立的風格、奮鬪的目標。蓉子不斷地證明，自己的心靈，如何一再創造了藝術的完整；她又如何沖破時間和生活的壓力，跨越生活中的重重障碍 邁入更加廣濶的原野。在《詩》這篇自白式的作品中，她向讀者展現了自己的創作思想：

從鳥翼到鳥
從風到樹 從影至形
——一顆種子從泥土出生的路徑與變化

我們的繆斯有陽光的顏色
水的豐神 花的芬芳以及
鐘的無際迴響

「伐柯 伐柯 其則不遠」
而威藻如紙花 規條是冷鏈
倘生命不具 妙諦不與
若我是翼我就是飛翔 是漣漪就是湖水

是波瀾就是海洋
是連續的蹄痕就是路徑
從一點引發作永不中止的跋涉
涉千山萬水　向您展示
無邊的視域與諸多的光影

蓉子在詩集的《後記》中說：「《未言之門》與《詩》兩首不妨視爲我用詩的形式表達的所謂『創作經驗』和對『詩』的詮釋」。顯然，這是蓉子通過詩的形式表達自己的詩觀。下集其他的詩篇，較之上集，內容廣泛，不似《維納麗沙組曲》那樣，集中筆觸，專門表現一個人物的內心世界，而是詩人透過生活中自我的或非自我的諸多感受，進行的創作活動。其中《雪是我底童年》、《心每》、《奇蹟》、《冷雨·冷雨》等四首似又可聯綴，自成一體。《後記》裏說：「從《雪是我底童年》描寫一個從小失去母親的小女孩內心無告的凄苦及終於長成，如同一株孤獨的小松樹那樣長成就像是一個『奇蹟』，但有時也會覺憂勞成空，一切凋零如在『冷雨』裏，愛或美都不具形象，甚至最親近的人都不瞭解你，啊——生命豈不就是如此？年少時不住地向心中的完美掙扎，年長後又覺轉眼成空。」這是詩人對這幾首詩綜合的詮釋了。在《雪是我底童年》中，詩人導情入景，以凄婉之筆，抒寫失去母親孤兒的悲哀：

霧就這般地纏繞在海上

以白色紗巾的孝服　從你的眼瞳
母親　因你世界隕落在明麗初夏
那沉重和悲苦如此壓抑着我底成長
孤寂啊！海洋。

——《雪是我底童年》

孤兒在艱難的環境中成長，成爲奇蹟：

日光下有一宗奇蹟　有一宗奇蹟
一棵小松樹孤獨地成長　抵抗七倍於它的風雨
一叢珊瑚豔紅於洶湧的海水裏
一面旗燦美地飄揚在沉重似鉛的憂勞之上
就這樣從涸竭的砂丘不斷地掙扎着豐腴與完美
就無人認知你的本體！

——《奇蹟》

這裏描寫一個孤獨的靈魂在艱辛的環境中掙扎成長。《朗誦會》寫的是詩人參加詩歌朗誦的切身體驗：

荒原上有一棵樹　樹陰溶入水中
我行我歌　曳藍色長袍
朗誦向風濤……

《親愛的老地球》、《月之初旅》是寫太陽神八號探月之旅，《不落之日》、《菲律賓》是詩人於一九六五年夏天應僑委會之聘，赴菲講學，臨別時向菲律賓友人表達滿懷的祝福和離情。《哀天鵝》、《千曲無聲》、《甘迺迪夫人的船》、《那年夏集》寫的是詩人的友好或所知道的人物。詩人對《那年夏集》這首詩作了解釋：「《那年夏集》則是包含十餘個人物的大合唱，場景是去年夏天——去年眞是一個熱鬧的夏天，有好友帶着一批學生從國外回來；有一對友人夫婦從菲律賓帶着全家移民美國；有女士帶着在國外結婚的丈夫回來省親；有男人獨去美國遊學兩載方回，害得他新婚的嬌妻在家日夜哭泣；有一位友人則帶着妻子和稚齡的兒女一塊兒遨遊歐美回來；有一隊美國來此訪問的教授，有一對環遊世界渡蜜月的新人，還有幾位回國的學人……好像一下子他們都聚集在那年暑假了，因此去夏的天空實在夠擁擠的了，而作爲一個朋友的我，卻沒有足夠的時間去陪伴他們！」於是以詩記事，表達了詩人誠摯的情誼。《偶然的假日》一詩寫忙於事務的人終於得到一天偶然的假日：

偶然的假日使時間
增富　空間
擴大　心靈更
豐盈——
時間的甬道不似平日擁擠
今晚不必早眠　恐明晨摔不掉那懨懨的疲憊
明晨不需早起　去趕無情的巴士。

假日的閑暇使人心情舒坦，晚間可以聊天，白晝可以寫詩，何等愜意！《公保門診之下午》寫一個病人在候診室的感觸，人就像「殘缺與破損堆積一室待修機體的沉滯」，《旱夏之歌》寫生之沉重，生活的勞苦、繁瑣和心之乾旱，那「扭曲的臉詭譎的假面／益增大地的荒涼。」《榮華》寫的是榮華本身的虛空，詩人脫棄這一切榮華，但「猶聽見後面急急奔赴的跫音。」這下集的廿二首詩，詩人接觸到社會生活的各個方面，但又都是她自己親身的體驗，情眞意切，是詩人心靈的折光。

這一時期的詩作，詩人已經涉歷了創造道路的艱難歷程，她「通過崎嶇，通過自己，通過大寂寞」，進入詩歌的自由王國，她的詩更接近現代，接近「大我」，從個人的抒懷走向社會，貼近繁複的的人生和現實。這就是詩人在蛻變之後所展現的新姿。

㈤爐火純青的境界——「橫笛與豎琴的晌午」時期：

《橫笛與豎琴的晌午》是一九七四年出版的一部詩集，距離《維納麗沙組曲》的出版已有四年了，其中如《訪韓詩束》、《寶島風光組曲》，已是《維納麗沙組曲》時期的作品，蓉子在四年前卽已作出了這樣的計劃：「由於風格內容不全相似，同時因爲有些組曲還可以發展下去，我都把它們暫時抽出，留待以後另輯一集出版。」①這兩部分詩歌就在這部詩中出現。蓉子說，這册詩集和《維納麗沙組曲》是雙生的姊妹。

蓉子在《集後記》中寫道：「人常以『文窮而後工』來期勉作者，此語卻不太符合眞理

---

①《維納麗沙組曲》後記

和事實。即使一個作家能忍受一切物質上的缺失；但無法忍受時間上的貧乏。沒有充分的『時間』，將如何去營建心靈的偉大工程？這『工程』原來就需要吾人全力以赴的。不幸的是整年整月爲各種繁冗紛雜所困，爲各種不同性質的工作所驅策，連想要把那朵朵已經開放的茉莉花串連成一串像樣花束的閑暇都付闕如，更遑論其他了。看來，這一段時間，詩人時間上的貧乏，被生活上「繁冗紛雜」的事所困擾，已妨碍了詩人的藝術創作了。

但蓉子是一位堅強的女性，她沖破了重重的困難，又使自已的晶瑩的詩作，再次結集，發出閃灼的光，讓廣大讀者又一次獲得美的享受。詩集《橫笛與豎琴的晌午》，共五十二首詩，因內容而分爲四輯。首輯《舞鼓》共十二首，是作者於一九六五年間應邀訪問南朝鮮歸臺灣後的產物，大都是一九六六年四月至八月這段時間的作品，僅《舞鼓》、《瞻星塔》和《古典留我》三首稍後發表。這一輯詩歌，寫的都是南朝鮮風光，《古典留我》寫漢城風貌，對於漢城宮殿的庭臺樓閣，這座古城的千重春色，詩人盡情地謳歌：

啊，春城煙籠
此處猶可見東方，
昔時明月
淡淡的唐宋。

把漢城描繪得古色古香，冠以詩題爲《古典留我》，更滲進了入古而出古、從傳統走向現代的韻味。《初旅》一詩，是寫他從日本到達漢城的感受：

大鵬鳥緩緩地放下翅翼

揮舞着友情的手臂將我們接住
從這刹開始我們的「異國之旅」
而且成為繁花之蕊
濃縮中一片彩色的未知！

詩人對於南朝鮮的初識，其突出的印象似一切都呈現一種古典美，像《落階，遠眺》時感到「寬濶的廊廡／庭院與高堂／仍是古昔的情調。」《宋明衣冠》中對朝鮮人的裝飾「雲髻高髮／彩襦羅裳／攬裙裾跨欄檻的步容是古典的」的讚美，對朝鮮生活的「條几成案／席地而坐／那民間的居室是古樸的」的陶醉，《牡丹花》詩中所描述的漢城德壽宮所見，枝繁葉茂的紅牡丹一片爛漫，在「故宮春寒」中，「僅留下安謐的宮室／深廣的庭園／濃密的花陰／滙合成這一片寂寞的豪華。」《舞鼓》是南朝鮮典型的舞蹈，這種舞姿配合着她們曳地的長裙，自有一種古典的風韻，詩人着重描寫舞姿的翩躚：

她拍擊着　鼓聲來自東方
以手之雙玉
以柔衣旋轉……
落下一串溫和的雨的節奏
落自她寬濶的衣袖
彩帶纏繞的鼓的兩端

《橫笛與豎琴的晌午》詩裏，蓉子讚嘆朝鮮的古典音樂。這種東方式的古樂令人心曠神怡：

悠悠遠遠的音波　像隔岸擣衣聲
迴響在每一處靜靜的水上
迴響那沉穩的明麗　沁人的古典
撩人的哀愁和蒼涼的寂靜。

詩人以婉約的筆調，抒寫朝鮮的迷人的古樂：

這般奇異地滲透着、蒸發着　眩耀着
一古老民族的情愁／分不清是悲壯或哀怨

這種東方式的樂調，詩人給予熱情的讚美。此外像瞻星塔、吐含山、海雲臺等勝地的遊覽，板門店、華克山莊的記述，詩人以詩歌記錄下她在南朝鮮的足跡，抒寫她對異國河山的喜愛。

次輯《一朵青蓮》，包含着十二首詩，據蓉子自己說，這十二首詩發表的時間，前後參差達十年之久，認爲：「當然不一定是其中每一首都值得保存，取捨之間難免滲進了我個人好惡在內。」其中尤其《一朵青蓮》這首詩，影響最大。蓉子在《集後記》裏說：「《一朵青蓮》倒是引起了個人以外的一些反響，這首小詩初發表於五十七年（一九六八年）五月《中華日報》副刊，發表後一個月卽有作家菩提主動地爲文在《新文藝月刊》介紹，同年十二月被香港《中國學生週報》轉載。次年間，另一大型雜誌《文藝》月刊創刊時，曾將此詩作專題研究評介，由曾獲《文協》文藝理論獎的周伯乃先生和詩人辛鬱分別執筆在同期發表。

這首詩也已先後選入日譯《中華民國現代詩選》——華麗島詩集，英譯《臺灣現代詩選》以及《中國現代文學大系》內，並收進早在五十七年由此間美亞出版社出版，現任教奧立岡大學中文系榮之穎博士翻譯的羅門、蓉子英譯詩選《日月集》中。在衆多詩篇中，這《一朶青蓮》稱得上特別幸運的了。」《一朶青蓮》爲什麼獲得如此盛譽呢？其根本原因是詩中抒寫了一種詩意的宣言，是蓉子用詩歌來表達自己的詩觀，藉以探索詩歌的風格；「一朶青蓮」像「青鳥」一樣，象徵着詩人對詩新的期待，成爲蓉子詩歌創作成熟時期的象徵：

有一種低低的迴響也成過往　仰瞻
只有沉寒的星光　照亮天邊
有一朶青蓮　在水之田
在星月之下獨自思吟

可觀賞的是本體
可傳誦的是芬美　一朶青蓮
有一種月色的朦朧　有一種星沉荷池的古典
越過這兒那兒的潮濕和泥濘而如此馨美！

幽思遼濶　面紗面紗
陌生而不能相望

影中有形　水中有影
一朵靜觀天宇而不事喧嚷的蓮。

紫色向晚　向夕陽的長窗
儘管荷蓋上承滿了水珠　但你從不哭泣
仍舊有蓊鬱的青翠　仍舊有妍婉的紅燄
從澹澹的寒波　擎起。

東方式的詩格，古典詩的精神；詩人以古典的素材與新的形式結合，以中國傳統的詩韻，傳統的晚景月色，含蓄蘊藉地表達自己獨特的詩意，有內容的滲透，也有形式的繼承。這「一朵青蓮》是詩人蓉子的自我寫照：「青蓮」在「星月之下獨自思吟」的出汚泥而不染的形象，十分幽雅；「青蓮」的古典格調，那「一種月色朦朧」，「一種星沉荷池的古典」，呈現一種朦朧的古典美；那「一朵靜觀天宇而不事喧嚷的蓮」的幽思，那夕照長窗下的蓊鬱的青翠，澹澹的寒波，襯托着青蓮的高潔和幽靜。詩人回歸東方的詩情畫意，向讀者顯示了自己的獨特詩意和獨特風格，像一朵青蓮一樣馨美，這就是溫靜柔美的詩人——蓉子。難怪於這首詩發表後，承受到讀者的廣泛熱愛和詩評家的高度重視了！

這一組詩，古典的情調較爲濃鬱，詩人似以懷古的幽思，來抒發自己的情懷。像《睡眠之歌》中寫夢中的期望：

有一塔古典的期望

冷沉於海洋　未睜眸的
永不睜眸　未開放的
永不開放。
倘你再回首
陽關唱盡
啊，智者形象是否怡然如昔？

一襲淡淡的鄉愁，仍擁有詩人最初的記憶，她的思鄉的情結，難以忘卻：

一切都被磨損
從故有家庭帶來的逐漸用舊
唯記憶常在——
我與母親相通的一根臍帶

每到春天，鄉愁更加濃烈：

哦，每到春天
鄉愁總逶迤遍了極目的芳菲
悵望萬里外的晴朗
而行程遙遠，等待悠長……

——《鄉愁》

由於這一組詩不是一時寫的，所以題材多樣。像《失題》，嘆在不眞實的競技場上，「夢」，常被擊傷，《髮憂》、《變》寫驀然驚悟年華已逝。詩人把自己稍縱卽逝的瞬息的詩思情意，都賦諸於筆墨之中，記下了自己生活的一頁。

第三輯《禱》共收十四首詩，「內涵與篇幅均較第二輯略廣，它們已不全是狹意的個人抒情而涉及自我以外的人、物、事象所加諸一己的感受。」①在五月端陽中，她寫下《端陽曲》，是爲紀念偉大愛國詩人屈原而作，悲悼這位才情和人格同樣卓越而受忌讒的偉大沉痛靈魂。詩人在那咽嗚的汨羅江上尋找屈原的形象，深深懷念屈原「滿腔的熱愛向誰傾訴」，悼念屈原「詩如長虹絢爛而身沉永寂的碧波，那忠魂的漣漪常在水深處。」當他聽馬思聰小提琴演奏後，寫下《也是月色，也是湖光》一詩，描繪音樂家「跳躍的弦」奏出迷人的樂曲：

波光　跳躍　跳躍　波光
湖水拍擊着岸崖
旋律款步在風中　一樣的水彩
分不清是月色還是湖光？
而一曲思鄉曲柔緩廻盪
我們就這樣盼望春曉！

《牡丹花園》一詩，是對生長我故土的眷念，係抒歷史的鄉愁。《一隻鳥飛過》則是詩人對

① 《橫笛與豎琴的晌午》集後記

社會所給予的盛譽的超然態度：「一隻鳥飛過」，「是一握閃耀的星／一束無聲引燃的火柴或／一枚黃橙橙的戒指——奈世人每爲那黃色所惑／辨不清金、銅。」蓉子的詩譽幾十年不減，唯因她堅持自己的信念，自己的風格：「一棵樹上升／詩人們下降／樹碧綠而挺直／唯詩人下降／詩仍然無價。」眞正的詩歌藝術是世界上無價之寶，只有詩人自己不俯仰隨俗，堅持走自己的路，就會永恒。《老牧人的一生》，寫一位以基督的愛爲出發點、無視於世俗名利的老牧師，其生命所流露出來的價值和光輝。在那古老的教堂園子內，「舖滿了那慈藹老牧人佳美的腳踪。」他是一個普通的人，一個不囿於世俗名利的「忠誠謙卑的典範」：

當他安睡　沒有喧赫的儀仗
世俗的新聞紙上也不刊載他的名字
然而他的羊羣　書本和
園裏花卉都會深深地將他懷念！

《廻響》和《禱》詩是抒發詩人的生活理想及宗教信仰，《山岡二重唱》是因一九六〇年參加「復興文藝營」有感而發，也可說是廣義的對「文藝山莊」的回憶。蓉子說：「當然令人深切回憶的，不是一座空空的山莊而是活動在山莊上的人和事以及那些難忘的經驗。」這首詩寫詩人與少年繆斯們歡樂聚會，向他們傳授出自眞正心靈的寶貴知識和經驗，爲他們揭開詩或藝術的奧秘以及少年詩人們對未來理想的熱情期待，通過山岡上二重唱形式上的對唱，讓師生間的深情厚誼，洋溢於字裏行間：

少年繆斯是夢裏閃亮的眸光

——一大撮迷人的欣喜
那些期許的青枝將滙成綠葉萬千
等待着色彩的明天
　在頭角崢嶸的山嶺

這一組詩中，還有《姜德比妣》，取材於糜榴麗、詠麗姐妹編著的《印度古今女傑傳》中《南印女傑姜德比妣》的故事，描繪姜德比妣對抗敵人的勇毅與智慧。《歡樂年年》，則是《十二月令圖》觀後所寫的詩篇共十二章，每章代表一個月份。詩人在《集後記》中說：這首詩「係從現代人的繁忙，通過《十二月令圖》而窺古人的從容與安詳——不管怎麼樣，古人有一種維繫生活的秩序；進入高速度的工業文明後，似乎原有的秩序像一盤棋突然給打翻了，人類頓失重心。另一方面，人追尋絕對自由，矛盾的是人類的個人自由愈多，擾攘愈甚，失落也更多！因此我以爲卽使在廿世紀七十年代的今天，去探尋人與神、人與人的關係，人與事物間的秩序，仍不失爲智慧之本。」長詩以古代生活的幽靜安詳反襯今日生活的繁忙，像《三月》一章的描寫：

有那樣的香訊　我又嗅到春的歡悦
杏花江南雨　為她憑添幾許媚
遠方的山　近處的城　池塘與阡陌
全都揚起了深淺高低不同的綠意
深閨的小女兒也都走出了繡閣

鞦韆上長袖飄擧　長裙飄拂
薄暮時依然輕掩朱閣
屋外柳色濛濛　近處撲鼻的花香
城外春漲一江花雨
遠方有行旅走遍天涯

整首詩的抒寫筆法，傳統與現代精神相凝結詩意盎然，人們十二個月份生活的面面觀，在濃重的詩韻中再現，充滿着古典溫婉的情調。

終輯《寶島風光組曲》共十四首，寫臺灣的美麗風光，《那些山、水、雲、樹》、《金山》、《藍陽平原》、《礁溪的月色》、《五峯瀑布》、《燕子口的佇立》、《內湖之秋》、《溫泉小鎭》……等等，詩人以綺麗的筆法，描繪臺灣的山山水水，阿里深山鳥鳴，澄清湖的小憇，在在都令詩人心曠神怡，詩人爲祖國美麗的山光水色而驕傲；當各國作家到臺灣參加第三屆亞洲作家會議，贊嘆臺灣秀麗的景色時，她也分享了祖國河山的榮光：

而這刻岩上谷旁植滿了各國移來的植物
正用不同語言的花朶和百種聲音
驚嘆這兒的神秀——
於是我也分享了祖國河山的榮光

——《燕子口的佇立》

詩人因酷愛旅行，熱愛大自然的美，寫自然景色得心應手。在她的筆下，臺灣寶島的景色更加多彩多姿，眩人耳目。

㈥清新而又深沉的詩格——「天堂鳥」時期：

一九七七年臺灣道聲出版社出版了蓉子的《天堂鳥》，一九七八年五月臺灣黎明文化公司出版《蓉子自選集》，同年九月，由乾隆圖書公司印行《雪是我的童年》（《維納麗沙組曲》的更名再版）自此之後，蓉子又八九年之久未出新的詩集。

《天堂鳥》詩集，一九七七年出版後，一九八九年出第四版，集錄了這十年來的詩作，有的已是以上介紹過的詩集，但也不乏優美的、富有哲理色彩的新詩。集中的詩「寧靜致遠，運思奇奧，筆觸精巧，清新而又深沉。」①詩如書名鮮麗多姿，抒寫詩人對生活與大自然的愛，充滿着愛和美。

集中有一組以傘爲主題的詩，共四首，即《傘》、《雖說傘是一庭花樹》、《傘的變奏》、《傘之逸》，通過對傘的描寫，隱喻人世間的某些哲理精義。關于「傘」，臺灣詩人們對這一主題似有着特殊的興趣。詩人瘂弦，於一九五六年寫下《傘》詩，反映現代人的寂寞感：

雨傘和我
和心臟病

① 見《天堂鳥》蓉子簡介

和秋天

我擎着我的房子走路
雨們，說一些風涼話
嬉戲在圓圓的屋脊上
沒有什麼歌子可唱

即使是秋天
即使是心臟病
也沒有什麼歌子可唱

兩隻青蛙
夾在我的破鞋子裏
我走一步，它們唱一下
即使是它們唱一下
我也沒有什麼可唱

我和雨傘

和心臟病
和秋天
和沒有什麼歌子可唱

這是以《傘》爲主題而寫的一首悲秋的歌。瘂弦在詩中不斷重複寫雨傘和我和心臟病和秋天，四次重複寫「沒有什麼歌子可唱」，通過「傘」下的我，突出一個孤獨的靈魂，在秋天的環境裏的孤寂的情懷。「我」一貧如洗，把傘比喻爲房子，頭頂雨話風涼，腳下鞋似蛙唱，在傘底下，詩人渲染了孤獨憂愁的氣氛，那種在秋雨中無可奈何的心情，情調詼諧，詩意濃鬱。

另一位臺灣著名詩人余光中，也對傘產生濃厚興趣，寫有《雨傘》和《六把雨傘》，也是諧趣橫生，以意象取勝。如《雨傘》：

黑湫湫的一大羣蝙蝠
喑啞又盲目
展盡你骨棱棱的翅膀
也只能貼地低飛的
倒掛的烏衣幫啊
像衆魂驚醒於清明
一陣大雷雨
便從家家戶戶的門背後

撲了出來。

詩人以蝙蝠比喻雨傘，這些雨傘有着骨棱棱的翅膀，倒掛在屋裏，一遇大雷雨，烏衣幫似的蝙蝠就從家家戶戶的門背後撲了出來。用蝙蝠的意象，描寫雨天生活的橫斷面。又《六把雨傘》寫的是《遺忘傘》、《音樂傘》、《記憶傘》、《親情傘》、《友情傘》、《愛情傘》從各個不同的視角寫傘，每一首都借傘爲咏吟點，突出一個主題，說明一個哲理。如《親情傘》，寫的是游子思鄉的深情：

最難忘記是江南
孩時的一陣大雷雨
下面是漫漫的水鄉
上面是閃閃的迅雷
和天地一咤的重雷
我瑟縮的肩膀，是誰
一手抱過來護衛
一手更挺着油紙傘
負擔雨勢和風聲

多少江湖又多少海
一生已度過大半

驚雷與駭電早慣了
只是颱風的夜晚
却遙念母親的孤墳
是怎樣的雨勢和風聲
輪到該我送傘去
却不見油紙傘
更不見那孩子

上片寫慈母心，下片寫懷母情，但海峽相隔，慈母已逝，詩意悲慟欲絕，都以「油紙傘」爲引子，抒發詩人對故鄉慈母的憶念。

臺灣的詩人愛寫傘，羅門所寫的《傘》詩，也是膾炙人口。他以《傘》的形象，隱喻在現代化的城市裏人生的孤獨與彷徨：

他靠着公寓的窗口
看雨中的傘
　走成一個個
　孤獨的世界
想起一大羣人
每天從人潮滾滾的
　公車與地下道

裹住自己躲回家
　把門關上
忽然間
公寓裏所有的住屋
　全部往雨裏跑
　　直喊自己
　　　也是傘
他愕然站住
把自己緊緊握成傘把
　而只有天空是傘
　　雨在傘裏落
　　　傘外無雨

羅門的手法，是借傘寫都市生活中人的孤獨感，是一種在生存和掙扎的行爲中所無法躲避的自我封閉的疏離心態。

好了，我們爲了說《傘》，似乎把話說遠了；其實不然，以上的一席話，也全是爲了說蓉子筆下的傘。蓉子也與臺灣其他詩人一樣，重視《傘》這一大家認同的題材。蓉子的《傘》下的人，心情可不是那樣的沉鬱、孤獨，而是寧靜悠閑，自在自適，表現了蓉子的性格及詩風。如「傘」：

鳥翅初撲
幅幅相連　以蝙蝠弧形的雙翼
連成一個無懈可擊的圓

一把綠色小傘是一頂荷蓋
紅色朝暾　黑色晚雲
各種顏色的傘是載花的樹
而且能夠行走……

一柄頂天
頂著艷陽　頂著雨
頂著單純兒歌的透明音符
自在自適的小小世界

一傘在握　開闔自如
闔則為竿為杖　開則為花為亭
亭中藏着一個寧靜的我。

蓉子筆下的傘是一個無懈可擊的圓，給人一種悠游自在的感覺，她的「傘」是「一頂荷蓋」，是「載花的樹」，色彩絢爛鮮明，她的傘是「頂着單純兒歌的透明音符」，是一個「自在自適的小小世界」，充溢着歡愉的情調，她是生活的主人，傘的主人，由自己主宰傘，「闔則爲竿爲杖，開則爲花爲亭」，眞是「開闔自如」，而這傘的主人翁就是如亭的傘中所藏的「一個寧靜的我」。詩人蓉子以和諧平靜的心境寫傘，其氣氛，其情調，與以上詩人的傘詩的格調迥異，詩調婉約和諧，讀之令人心靈寧靜開朗，如處身桃源人之境。此外，像《雖說傘是一庭花樹》，寫傘的形態和功能。如贊賞傘：爲圓的整體／美的輻射／它宜晴宜雨／閃漾着金片或銀線的光／滿月般令人激賞！」至於《傘的變奏》，以傘的製作的變化形容詩人寫詩：「能令陳舊的事物脫胎換骨」，「他處理手中材料像無所不能的神／每一柄傘的出現都帶來驚喜！」抒寫了詩人愛傘與愛詩的深情，緊密相連；由傘聯想到詩，想像創作成功給人帶來的喜悅。而《傘之逸》的格調更爲飄逸動人，以傘隱喻人生，反襯生活中的眞善美。她寫傘：

落在長街　頓成陌路
落在隔牆　花落誰家？
落在公車
落在餐廳
落在診所
一天又落在一個小販的攤子上

也好，當她回家時就帶給他太太一朵驚喜的花
我竟然這樣傻　羨慕這一對小夫妻有說有笑
羨慕那拉板車的老人和他的老伴恩恩愛愛廝守
他們沒有多少知識　却懂得人性的至善至真
——他們有一把傘
共撐在風雨中。

蓉子筆下這把傘，充滿了人生的悲憫，寫出人與人之間的純眞的愛。

我們讀這幾位詩人的傘詩感受到，同樣以傘爲寄托，進行美的尋索，瘂弦寫的是生活中特殊的孤絕意識，以氣氛陪襯主題；余光中寫的是生活的感慨，以詩的意象反映詩的涵義；羅門寫的是都市人對生活的自我封閉，以精巧的構思表現思想。而蓉子則以清新委婉描摹，表現自己對眞、善、美追求的文化情結。還應該指出，蓉子的傘詩，多少也繼承戴望舒《雨巷》詩的手法。戴詩以古典式的婉轉，迷濛的筆調，寫傘下姑娘的哀怨：

撐着油紙傘　獨自
彷徨在悠長　悠長
又寂寥的雨巷
我希望逢着
一個丁香一樣地
結着愁怨的姑娘。

——《雨巷》第一節

寫姑娘在傘下「像夢一般的淒婉迷茫。」蓉子借鑑這種優美婉約的筆法，表達自己的思想。

《天堂鳥》詩集，還有幾組組詩引人注意。一是又收集了詩人宗教信仰的詩，如《老牧人的一生》、《夢裏的四月》、《回歸的倫理》、《上帝的帳幕》、《禱》、《祂在城門外受苦》等，流露一種訴諸於生命的哲理與靈性的慧光，表現一種「祈禱的詩境」；一是春夏之歌，多數在以前的集子中已錄，尤其是夏日之歌像《夏》、《夏，在雨中》、《那年夏集》等。一是異域風光的歌曲，如《北美洲的天空》、《紐約，紐約》、《密歇根湖上泛舟》、《愛倫坡墓園憑弔》、《菲律賓》、《南洋色彩》、《不落之日》等，寫詩人足迹所至的世界各地；一是花藝之歌，如《水陸生》、《夏日異端》、《天堂鳥》、《山就這樣走來》、《盛夏》、《吟罷苔痕深》、《菊和松的圖騰》、《一朵又美又眞的水仙》、《紅男綠女》、《長夏最後的花藝》等，詩人着意描摹花卉世界的自然美，表達自己那在緩緩變化的甜美的情緒，那「滴一徑幽香」的沁人肺腑的感受，那「傳達出動人的大和諧」的美與秩序，以自然的美喚醒靈魂深處的美感。這部詩集與其他詩集不同的是，登載了一組《小詩選》，這組完成於五十年代的早期作品，雖都在當時發表過，卻從未在以前任何詩集中收錄過。這裏一共收錄卅四節，似冰心青年時代所寫的《春水》、《繁星》，是隨時隨地的感覺和回憶，是零碎思緒的滙集，更多的是一刹那間的意念的閃光，人生的感觸。正如詩人在卅四節裏所寫的：

小詩是神出鬼沒的

不經意間在波濤中閃爍
定睛時又不見了；
啊，小詩是一把星的碎粒
雖閃耀却不完全。

這些零碎的思想火花，卻閃灼着人生的眞理，心靈的智慧。在這組詩中，蓉子寫寬容的大海：

大海熱情的
擁抱河水
不去嘲笑
它們的浮淺

寫謙遜的人生：

如果我的歌聲
沒有人聽聞
就交給沉默的溪石吧！
等泉水流過時，
它再奏出淙淙的音響……

寫獨立人格的價值：

任風吹着水中的浪花

或高或低吧！
我固體的價值
要肯定它自己。

寫人生的希望：

我怎能够逃避
人間的陰暗和崎嶇呢？
——給我一盞
永恆的燈吧！

詩人對自然、人生的千思萬緒，都包孕着樸素而深邃的哲理。這些小詩，都是以三言兩語表達深刻的思緒，詩中所寄托的點滴的心靈之光，語短意長，鞭辟入裏，飽含着哲理性的智慧的思考。

此外，還有一組闡釋藝術創作甘苦的詩篇，可以說是詩人對生活的抗擊，對步入詩國的宣言，對藝術經驗的探討。蓉子經常爲創作與生活的矛盾而苦惱，她在《維納麗沙組曲》的集後記中曾說：「作爲一個詩人，有多少工作等待着他們在孤寂中完成？有多少需要克服的艱困！在時間重重的支解和人生搏鬪的殘喘之餘來寫詩，需何等的毅力和耐心！且需不斷地和時間抗衡，征服那許多無意義的喧囂和庸俗的掣肘。」這一思想，蓉子在《詩㧻》一詩中以詩的形式表達出來了，充分刻劃了創作生活的艱辛：「不知要經過多少年多少月多少日子的努力、潛修、探索、勞苦、流汗……即使付出如許代價，也不一定能到達圓滿無缺的境地。」①她在《詩翅》詩中寫道：

沒有空間就沒有詩
——當然最主要的還是性靈
如果鳥不在飛翔的翅膀上
水上沒有波光
夢就難以衝破低沉凝滯的現實
鹿有溫和的眼神和敏捷的腿
魚需充足的水……

在臺北這偌大的水塘裏：
多少人纓冠？多少人濯足
多少煩瑣　多少匆迫？
早被淹沒　靈性的清澈　再也見不到底。
當陷入那一池濃滯　再也踏不出輕盈的步履
夢不能展開　詩不能展放
思想的輪子遂陷入泥濘　不能輕快轉動。

① 蓉子：《我的詩觀》

就別說甚麼「詩窮而後工」的風涼話
——吃飽了，再做工

的確，古來文人最窮！作爲詩人，要默默地抗擊那巨浪排空般的生活的重壓，讓自己的詩的霞光放射光彩，需要的是多大的毅力啊！蓉子在小詩中也說：「詩是痛苦的熱淚／不是裝飾的珠鍊。」（第十二節）詩人要冷靜地領略生活中的一切，凝聚成詩，她又說：「冷凝那白熱的溶液／爲固體的鑄型／——我流動的思想／就是這樣變成了詩。」（第二十一節）只有這樣，詩歌才能眞正反映生命的眞實，寫出生活中的眞、善、美。

這部詩集裏的作品，寫作時間的跨度比較大，也非限定那一時期的作品，有的詩已在其他集子中收錄過，但作爲一部詩集問世，我們還是有必要劃爲一個創作階段加以敍述。

（七）詩與現實生活熔成一體——「這一站不到神話」時期。

這應該是詩人跨入八十年代的詩作了！西元一九八六年九月，臺灣大地出版社推出蓉子詩集《這一站不到神話》。這是蓉子的第十一部詩集。

蓉子大半生對於生活和藝術作出堅苦卓絕的探索，至此已積累豐富的經驗；她不僅對人間世有成熟而智慧的觀照，就是詩的藝術也更加面向現實，正視人生。說到這部詩集的創作思想，我們還是秉承初衷讓詩人自己介紹自己，更爲眞切。蓉子在詩集的《自序》裏，開宗明義寫下自己對於生活和詩歌的探索歷程。她說：

詩是一種對生活現象的探索，對生命本質的體驗。一個人生命成長的過程是漫長而艱辛的，就像一部奔馳在時間軌道上的列車一樣，在未抵終點前是永不會停下脚步的。或許，在剛開動時，它只是一列慢行車，生活裏有較多從容時光。孩童時代最盼過年了，「等待下一個年的緩步／像等待一世紀那樣悠久」，是當時候的感受。隨着年齡不斷的增加，社會形態的急遽改變，車速愈來愈快，那速度竟遠超出自己的想像，怎麼一轉眼，大半生就過去了！

詩人大半生中對生活的審視，對生活→時間→詩歌的熔鑄過程，積累了極其豐富的體驗，而蓉子的發自心靈深處的經驗談，又是如此樸素，實在和眞實，這在中國詩壇上應該是極其寶貴的詩話，可資年青的詩人們學習和借鑒。她接着說：

有人認為「時間是使事情不會同時發生的一種設計」。每每我們僅能對列車通過的短暫時空中，那映照在兩旁車窗上的景物有鮮明的却象。車行倥傯，當兩側有新的人物，田野或房舍映現時，舊有的景象勢必要逐漸模糊、淡褪，甚至完全被遺忘——除非那些留有特別深刻印象的。生命就是這樣地不能持久！有人說：「文學的目的，就是防止時間『逝者如斯夫』的一去無蹤」。其實，所有的文學形態，包含被稱為「文學之華」的詩，都無法半點兒將時間留住；然而，在列車飛馳的那段時空裏，你可以從車窗內的人情世態，車窗外的自然景物中，擷取到一些被自己視為重要的質素作材料。素材中包括了列車馳過時空時，你種種的體驗、感受、思考和認知，其中也包含了歡樂與憂傷，信仰和懷疑；甚至列車上人羣的齟齬，車窗外質樸無為的大自然。當這些事物或現象一旦撞擊你心中的某根「情弦」，此事物或現象即將成為你寫詩的機

> 緣。我這裏所謂的「機緣」，是指那事物和你之間已經結成了可供創作的緣分，既有了這份「緣」，進一步，你得把你心靈所感受到的種種，經過心靈的轉化和鎔鑄後，運用匠心獨運的手法表現出來，就成為不受時間和自然力摧毀的藝術品——詩。而真誠的詩和一切美備的藝術都永遠引人入勝。列車飛逝，轉瞬無蹤，但詩和藝術為我們留下生命過程中的某些經驗：那兒有青春的笑貌，年少時的希望和憧憬，中年時的沉思和憂勞，以及老年時是否變得更智慧?!世界並非如年少時所想望的，充滿了美、秩序與和諧——現實本來就不是那樣圓滿的。因此需要詩人從殘缺粗糙的現實中提升起來，經過剪裁、變化，再賦予美和秩序。這往往令創造者心力交瘁。

詩人在大半生的創作生涯中，嘗盡了詩歌創作的酸甜苦辣，領略到創作中的心靈轉化和鎔鑄的過程。詩歌藝術較之於生命來說，是一項永恒的事業，一種良知的事業。因此，蓉子的創作逐步地從浪漫→省思→走向現實，與社會生活鎔爲一體了，這部詩集如果說有別於其他詩集的話，最明顯的就在這一點了。蓉子自已說：

> 而詩原是一種良知的事業，就像詩人弗洛斯特 (Robert Frost) 所説「詩在它被寫成的那個時代裏，是很少為人所重視的」，更何況在一個功利掛帥，價值混亂的時刻！
>
> 所幸我的時間列車仍在行進；而那些撞擊我心靈的事物也逐漸擴大了——這一點進步是最令我欣喜的。我詩中所抒發的題材、人或事已不再侷限於小我的個人悲歎。它們不僅早已揮別了我《青鳥》時期的青春神話，同時也不像《維納麗沙》那樣訴諸內心

世界的孤獨和省思——它們表現了我前此未嘗有過的與現實生活的親和力！

蓉子這一番自白好極了！這是她詩歌創作的經驗談；可以說是大半生來創作生活的小結，也闡明了她這部詩集的特色。較諸於以前的詩作，詩人與現實更加貼近了，她走出了理想的王國，勇敢地正視現實，投注於觀察人生。在題材方面有着重大的突破。詩集名字爲《這一站不到神話》，表明了詩人自己宣稱她的腳步與大地更加貼近，她到的是比神話更爲眞實的人生。題材雖然轉變了，但詩人的詩風仍然那麼溫柔舒緩，每首詩似在輕聲緩語娓娓而談，輕輕地唱，醉人心意。

詩集共分九輯，似一部行駛中的列車，掛了九節車廂。蓉子說她爲每一節車起了一個名字，首輯題名爲《時間列車》，共七首詩，均以時間爲主題，對時間做了獨特的詮釋。詩人認爲：「當眞這人世間的各種變化，無不因時間而起，大則國家興衰，小則個人生死，無不與時間有關聯。」詩人對時間的思考，也滲透了她的宗教信仰。像《時間的旋律》，以極其簡練輕捷的詩句，闡說了深奧的人生哲理：詩中引用《舊約聖經》中所羅門王的故事，抒寫時間的節奏旋律重復地出現，人世間的事物也在重複中向前推移：

「已有的事　後必再有
已行的事　後必再行
日光下並無新事」
啊　數千年前的哲人
便曾如此說過。

詩末，詩人附注說：這數千年前的哲人，《指紀元前九五五年，即以色列王位的所羅門王。根據舊約聖經記輕，當所羅門王即位之初，上帝在夢中向他顯現，問他說：「告訴我，你要我賜給你什麼？當時年輕的王既不向上天求財富，又不爲自己求長壽，也不求將敵人置於死地；只敬虔地求上帝給他智慧，能夠判斷民情，辨別是非。爲此上帝不但賜給所羅門王空前的大智慧，同時也給了他無比的尊榮富貴；使他的王朝盛極一時，聲名遠播，在位前後歷四十年。蓉子援引這一典故入詩，表明了她在探索哲理和思考人生時，是以宗敎意識爲基礎的。因此，即使是面對人生歲月流逝的嚴肅思考，在蓉子的筆墨中，處處顯示着慈愛的光，溫馨的情意，婉轉輕柔的音調，具有濃厚的宗敎色彩。《一種季節的推移》一詩，並不像別的詩人一樣，寫得愁眉苦臉，困苦不堪，而是充溢着輕快愉悅的韻味：

初起——
我只知輕快地嬉戲　濯我
素淨的雙足　於
時間清淺的池沼
與池魚游
和翠鳥歌　而
遠山更幽。
待轉身，水已汩汩
在鐘聲與蘆荻中　成為

曲折壯美的江河
涉江而渡　水漸升自踝及膝
已預知年光有漸增的重量
却不曾經心——
當你是那振翮的鵠！

她感嘆歲月流水般逝去，這裏面也潛藏着一種夢幻般的情思：

潮漲潮落
海水大口吞噬歲月
常人每倦於日子單調
只有當驚濤拍岸時方驚心

——《歲月流水》

這種驀然驚心的神情，比之於羅門那種與時間搏鬭的奮力掙扎的心態廻異。羅門在《都市之死》中寫道：

有一種聲音總是在破玻璃的裂縫裏逃亡
人們慌忙用影子播種　在天花板上收回自己
去追春天　花季已過
去觀潮水　風浪俱息
生命是去年的雪　婦人鏡盒裏的落英

即使是詩人夫婦朝夕共處，但在抒寫相同的題材時，其情韵及風格也有明顯的差異。蓉子的溫靜柔婉，是她的宗教潛在意識的外現；她不僅有敏捷的詩思，而且情意柔和，以一種淡淡的惆悵和輕輕的惋惜的慈善的心，溫暖讀者的心靈。如《時間》一詩，所顯示的也是這種情調：

人會長大　花會枯萎
在艱苦成長中的感覺很長
一旦歡悅綻放的時刻却很短
啊，在變幻的天空那次第消逝的雲朵

《時間列車》一詩，寫詩人對時間的戀情：

如果時間也有冬天
逝水也會結冰
整個宇宙：花鳥　月亮　星辰……
都突然停住　靜止於一點
如一座龐大透明的水晶球
我們便能更清楚地透視這世界
甚至也包括了自己

蓉子捕捉了她對時間變化的點點滴滴的感受，熔鑄成詩，詩意迷濛，寫出天人合一的境界，「既是哲學的，也是宗教的境界，更是東方詩人們所追尋的境界。」蓉子把信仰融化在生活之中，再通過詩歌形式化出，像《當衆生走過》：

大地褐觀音般躺着
只有遠天透露出朦朧的光

風是琴弦
沙痕是誰人走過的脚印無數？

聽，突然間琴音變奏
你熟稔的痕轍已換
於是風又轉調　同樣地
將前代的履痕都抹掉

——當衆生走過。

這是一九八二年六月詩人節時寫的作品，詩意是說，人類匆匆地隨着時間的流逝而消逝。但詩人以「當衆生走過」的主題，以她那虔誠的宗教信仰，思忖衆生走過的痕迹，境界朦朧幽靜，情致婉轉深邃。

這一輯《時間列車》，都圍繞着時間，寫人世間生活的變化所引起的感觸，留下了詩人思想的痕迹。

第二輯《茶與同情》，共十三首詩，是詩人所接觸的周圍生活的描寫。這一輯詩，是蓉子對周遭生活的忠實的記錄，是她在《時間列車上》所觀察或接觸到的人情，事象或物態，充滿着詩人的愛心；這愛的感情是博大的：有對朋友的愛，對所接觸的人的愛，對地方的愛，對故鄉的愛，對大自然的愛；詩人的愛是無邊的，貫注於她生活中所接觸到的一切人和事。蓉子的仁愛思想，是她的宗教觀念與中國儒家傳統的哲學核心——仁的思想相結合，是她對社會上各階層的人的一份同情和關懷。讀這一類詩歌，讀者在那複雜的人生以及充滿搏鬪的社會中，深深吮吸着一股愛的暖流，從而有如步入和煦的伊甸園一般；只有讓愛滋潤着每一個人的心田，讓人間充滿着愛，社會才能伸張正義，宏揚眞理。

西元一九八三年，詩人參加新加坡召開的國際華文文藝營。這文藝營被新聞界譽爲「八方風雨滙星洲」；文藝營滙集了世界各地知名作家：老作家艾青、蕭軍和蕭乾都出席了這次大會。在這個大會上，蓉子把寫詩喻爲釣魚，預言「未來的十年是詩的時代」，據一九八三年一月十七日《南洋商報》報導，蓉子在會上作了講話，其中提到自己的詩觀。他「認爲詩人必須忠於生活，並要有愛心和同情心……」在這次國際文藝界盛會之後，蓉子寫下《祝福》一詩，贈給獅城（新加坡）文友以及他們所關懷的華文文藝的前途。詩人寫道：

風過後　波紋一圈圈擴散
花放後　種籽深埋在泥土
啊，祝福是滿溢的
因為友情無限……

對這次新加坡文藝營深深祝福。

中國儒家思想的核心是仁愛，《孟子・梁惠王〔上〕》云：「老吾老，以及人之老；幼吾幼，以及人之幼。」蓉子在參加聯副與「聯合文學」共同舉辦的「暖春之旅」的活動中，有一天分別訪問了育幼院和敬老所，感受頗深，她領會到：「人都有幼年，也都要走上老年的路；但對於那天所看到的幼童和老人，似更多了一份寒意，也就更需要我們付出一份同情的關愛。」她寫了《清晨》與《黃昏》兩首詩，以「清晨」，「黃昏」象徵生命的兩極——幼童和老人的生命形態。這一組詩源於同一靈感，《清晨》的副標題是「幼吾幼以及人之幼」，對幼小的生命充滿了愛情和希望，呼籲「給他們滿盈的陽光」：

給他們滿盈的陽光
給他們澤潤的雨水
給他們一個溫暖的春天
——讓寒冷減為最低
傷害減到最小
這人間將是天國！

《黃昏》一詩的副標題是「老吾老以及人之老」，對敬老所的老人滿懷憐憫之情，詩人說：

倘若此刻的您正擁有健康、財富與
如日中天的事業，他們也曾經有過；
他們比我們攀登過更高的山

他們比我們走過更長更遠的路
——每一張佈滿風霜的臉　都是
一部感人的故事書
鐫刻下他們歲月中的悲歡。

對這些老人滿懷尊敬，並訴說向他們伸出愛的手，攙扶他們散步在平靜落日的大道上。詩中對老幼的關切情懷，反映了詩人對人類的愛心。

詩人也抒寫鄉愁。在《鄉愁外一章》吟唱道：

鄉愁永不會衰老
雖然我離家已久

鄉愁和遠遊一起延伸
分離令懷念更長
啊，鄉愁就是童年是記憶也是歷史

童年的故鄉，永遠引起詩人無窮的回憶。她的《無韻的十四行詩》中，稱贊臺灣女作家劉俠「汩汩地流出妳內在的靈泉／滋澤着那無數沙漠的心田……」她歌唱畢加索那些逸趣橫生的陶藝作品。《形象的塑造者》一詩，讚頌他說：

上天何以予您獨厚？予您
最豐富的才華　最豐饒的歲月

無盡的創造力　健康和愛

還有那永不為複雜世情所掩沒的童心。

《人世舞臺》是以悼念伊朗廢王巴勒維的故事，摹寫人世間變幻莫測的人間冷暖的情態。當巴勒維是一代風雲人物時，英姿煥發，萬丈雄心，「全世界的君王元首都向你祝賀」，一旦「一切轉背相向」，那麼「你對你國家的貢獻全被勾銷」，「換不到一塊立命安身之地」，還要忍受病痛和謾罵，眞是人情冷暖，人世間受難者知多少！詩人對於變幻莫測的人情世態的譴責，可以說是入木三分了。

這組詩還歌頌雀鳥的世界和魚貝的故土的自由自在。用童話形式描繪了迷途的幼鯨的悲歌《回大海去》，充滿着人類的同情心，詩人以幼鯨的口吻唱道：

一定要回去我出生的海洋

我溫暖的家是我熟悉的水域

這兒我孤苦地掙扎於人類盲目的喧囂

從幼鯨的嘆息，提出對人生的新見解和感嘆：一條不屬於人類世界的幼鯨，也會設身處地想到牠的傷痛和不幸。每一種生命都有他所屬的世界，也都有生離死別之痛楚。《茶與同情》是以茶樹作隱喻，象徵在艱苦中奮勉而不受重視的詩人們，茶樹有病，像紅藻病、黑痣病、絞肌病、枝枯病、茶樹餅病、網餅病等爲害最烈，蓉子嘆息詩人的命運也像茶樹一樣：

詩人更像一株樹　也免不了

蟲的齧咬
心的旱涸
風的搥擊　以及
戕害性靈的一些病原菌的侵襲
（卻無園丁　或
心靈的大夫能照顧他們）

蓉子說：「『萬物皆有情』，茶樹的病害也就是詩人的病痛。」①而茶樹尚有茶農愛護，詩人卻最無告：

當一羣農業技士正孜孜矻矻　為育成
優良的茶種而努力　而代復一代
有仁心仁術的大夫不辭辛勞為患者服務
只有啊，詩人最無告
他們必須是挺拔的樹又是殷殷的啄木鳥
是自備糧草向理想進軍的戰士
萬一受傷要懂得自我看護和醫治
——也許一杯香醇的茶　在紛冗中

①《這一站不到神話》自序

能帶給他們些許寧靜的慰藉。

詩人與茶樹相比，詩人的成長更加艱辛，而安慰詩人的心的，又是一杯香醇的茶，它給詩人以「寧靜的慰藉」。詩的構思的巧妙，就在最後這「一杯醇茶」的着筆上。世界上大自然與人的互相制約、互相支持的轉化關係是極其微妙的。《太空葬禮》抒寫那太空七勇士的悲歌。詩人在詩後注曰：「一九八六年一年二十八日上午，美國太空梭《挑戰者》號，於發射升空七十五秒鐘後，突然爆炸，機上七名太空人與太空梭同歸於盡。其中包括一位女教師麥考莉芙，為將她親身經歷傳述給千千萬萬在校學生，激起年輕的一代對太空探索的興趣。惜不幸失事，她和她的伙伴全都化身為熾灼的火光，慢慢在天空消失。」詩人被太空人的犧牲所感動，寫下這首悲戚的歌，紀念他們的壯舉。尤其是對千萬學生仰望女教師的無私無畏登上天空的行為，動情地寫道：

也有春花或雛菊的臉　正靜待
他們的「太空女教師」為他們
解開太空的奧秘　竟
突然被蒙上一層死亡的謎面

最傷情　是她六歲稚女蘋果般的臉
日日倚門翹首仰望
望斷雲天　萬里金星今已墜落

　　高山大海再也拼湊不出媽咪的
　　形像！

在這一輯詩中，詩人「試着把自身化爲一切的存在」，她把在自己身邊所體驗到的人和事，化爲自己感情中的純潔的愛；把這種愛心又化爲詩篇，以詩篇熔化讀者的心。就象《雀鳥的世界》中，寫「鳥是樹的音符／樹是鳥的家園」，鳥生活在樹中，自由自在，樂在其中，詩末唱道：

　　興起時輒展撲雙翅
　　划一路風景而去
　　直到暮色臨近
　　樹便在茫茫的天空裏
　　伸出接引的膀臂

鳥與樹與大自然，處於如此融洽的情景之中，令人世間飽經滄桑的生靈，羡慕不已！

第三輯，《當我們走過雲煙》。這是詩人與大自然神交的記錄。用詩人自己的話說：這「是一組接近大自然，描繪島上山光水色的詩。大自然亙古常在，是生命的源頭，也是一個人精神和肉體最後的皈依。然而，縱然在山光水色裏仍寓有時間的影子，個人的情懷。」面對滿山遍野、滿坑滿谷不知名的小白花，詩人所悟到的是「沉默的輝煌」；較之於城市的喧囂和憂鬱，這佈滿鮮花的原野簡直是人間天堂。蓉子寫道：

　　怡然地綻放在郊野

不喧嚷也不懂得都市的憂鬱
只頻頻減輕行旅的疲勞和寂寞
啊！她們擁有的是沉默的輝煌
即使不留下名字又何妨

詩人筆下的礁石，也是如此自適與悠閒！她以礁石的自言自語，抒寫那種怡然自得的樂趣：

我真喜歡上天賜予我的這藍色地毯
它使我冷硬的足得到休息和滋澤
而我頭上是遼濶的遼濶的天空
那些雲的動物羣一刻也不肯停留
（真不悉奔跑為何？）
在我前方是多麼深遠的世界
山隨平野
江入大荒
那夢幻的遠方啊！
（但願我有一雙鳥的翅膀）

——《礁石》

獅頭山，淡雲輕風，超塵脫俗；佳洛水邊，寧靜致遠；火炎山麓，啓示了對人世、歷史的頓悟。這臺灣的火炎山，據作者注中說：它「位於三義與后里間的高速道旁。這山岡形貌奇特，遠看像一堆熊熊的火焰；近看則似一座高聳不毛的紅色沙漠，予人微微悸慄的感覺。據地質學家探測的結果，火炎山形成於約一百萬年前，也就是說它已存在了一萬個世紀之久，眞讓生命短促的人類感到不可思議。」這高聳的火炎山，宛如從時間深處走出來的形體，它的形成過程，充滿了難以理解的神秘；詩人形容它是蹲踞在高速國道旁的司芬克斯（獅身人面像），並賦予這高速國道旁的司芬克斯——火炎山以人的豐富的情感：

歷盡了世紀深山無人可與語的寂寞
你已徹底忘記怎樣和人類交談
面對二十世紀吾輩富庶的家園
頻用詭異的白眼窺伺下方的行人

而原野阡陌縱橫　城鎮星羅棋布
大安溪在脚下蜿蜒流入海洋
高速公路像一條伸入雲霧中的銀河
南來北往的車輛確似那過不盡的千帆

漠然於人間的悲喜、禍福、休咎
蹲踞如一頭醜陋的豹，且肯定自己
以從不疲憊的巍峩　毅然走出深山

作為遠古深邃時間中僅有的證物。

火炎山所面對的是八十年代的現代生活，它成了歷史的見證人，詩人寫的是火炎山，實際上是借歷史以言志。火炎山出現之後，經過了漫長艱辛的歷程，它俯瞰着百萬年來的滄海桑田：

頑石的意志　一身百孔千瘡的崎嶇
披一頭原始林木的髮式
心中有重重的塊壘待伸。

火炎山成了富有哲思的歷史見證人了。《非詩的禮讚》是詩人對大自然的贊頌：

當我們走過煙雲
才知道山水無垠；
當我們踏響山河之美
自己也成為其中美麗的一點。

她讓自己與大自然化爲一體了。這《非詩的禮讚》一曲，是詩人應邀隨「作家經建訪問團」赴花蓮、燕子口等地飽飫風景人情之美以後所寫的。

第四輯《揮別長長的夏天》，含有七首關於季節的詩。詩人認爲，自然界景象、氣候的變化深深影響一個人的心情，甚至民族性。由於詩人故鄉地處溫帶，來到臺灣這一亞熱帶的寶島，氣候的不同變化和植物永恆的綠意，都在心上留下一份特別的感受。在蓉子的詩中，寫夏天的詩特別多，看來，在臺灣這片溫暖的土地上，蓉子對南國的亞熱帶無比葱翠繁茂的夏天具有特殊的感情。蓉子說：「季節的轉移也代表外界環境的改變，以及內心世界不同的感思。春天使我們感到青春生命的歡悅；夏代表昂揚的生命，也使我們感受到生之勞苦和煎熬。當我們好不容易經歷了長夏，進入以金黃色爲主調的秋天，自然，在適當的天時地利下，我們應該能體會到『那流淚撒種，必歡呼收割』的喜悅；然而，倘若在一個價值混淆、不健全的環境，我們便感受『如人飲水，冷暖自知』的另一種況味。」蓉子在夏天組詩中，歌唱夏天「刻刻展示那光與熱」，描繪小滿飽滿厚實的麥穗，芒種時節多彩的龍舟，夏至時紅艷如花的荔枝，小暑時的炎熱，以及對水的渴望：「當寄望山中的一片雲而雲不來，竟渴望那潑婦卡門進門來。」把潑婦卡門的勃然而進比喻夏天瓢潑大雨，趣味盎然。詩人還爲夏天的蚱蜢畫像，蚱蜢在「夏的枝頭獨坐」，高高蹺起長腿，南面爲王，「享有晶瑩的仙露」，與「芬芳愉快的花朵爲伴」，把蚱蜢的雄姿寫得生機靈趣潑潑然，呈現一股置身於大自然的優越感。詩人也記載一九八○年旱夏的炙灼的煎熬，抒寫她揮別長長的夏天時的期望：「等季節的腳步緩緩轉身／讓涼意的秋將我從煩瑣中提升／——揮去那火焰般的高熱和乾旱／祝明年我們能有一溫和滋澤的夏！」接着，詩人又唱出一組秋天的歌：秋來了，「無助的葉子啊／盪漾在風中／露冷霜降」，在這涼爽的秋日，「情懷似水，回憶成詩。」秋天是詩的世界，詩人歌唱秋的澄明，她以幽默的語調舒唱清秋飄然而至：「該如何處置那隻老虎呢？／猶潛伏在颯颯的秋林中伺機而動／當虎威不再時／秋也深了。」（《處暑》）三伏天猶如老虎，立秋後還可能有「秋老虎」，「清秋一場驟雨後的涼意，這就是一場秋雨一場風，「天涼好個秋」了！她還讚秋天白露是「全無雜質的水晶構成／就像眞摯的淚水一般無顏色。」

（《白露》）她要與秋「平分這美麗的秋色」，歡呼秋露「便是那純然幸福之冷泉。」（《寒露》）秋露使人「返璞歸眞」，「秋原是隱逸者的國土／而從古銅色的明鏡裏／是這樣反映出靈魂的深。」（《霜降》）在那薄紫色的秋天裏，詩人喜「見秋山多嫵媚／暖而不灼的陽光／緩緩地滲出生命內裏的歡悅。」（《薄紫色的秋天》）這一輯抒寫夏秋季節轉化的詩篇，詩人寄寓了內心對自然氣候的感受，實際上也是詩人對於生活的體驗，對於生命的昂揚活力，生的勞苦及生的喜悅的感思，在對氣節的盡情歌唱中，折射出詩人靈魂深處之光。

第五輯《只要我們有根》，是一組表露對祖國、家園的熱愛的歌，詩人純樸而又熾熱的愛國熱忱，溢於言表。《您的名字》一詩，是蓉子一九七七年夏天赴歐旅行後的產物；在世界各地遊覽之後，詩人對於自己的祖國更增添了濃烈的熱愛情感。她說：「一旦你置身在別人的國土，不同的民族中時，你才能深切地感受我的感覺！『你』是誰？並不重要，人家首先問的是你來自何方？如何使自己國家的名字響亮，口碑載道，才是最值得驕傲的。」①詩人把個人溶化於國家民族的驕傲感與榮譽感之中，有國才有家，才有個人，這是中華民族兒女應有的共識。蓉子在她的獻給祖國的詩——《你的名字》裏，以充沛的感情歌唱祖國：

倘若我底名字不再顯揚　已全然為人們所遺忘
只要您　我祖國的名字遠揚
我寧願加倍地被人忘却

①《這一站不到神話》自序

沒有了您便沒有自己的土壤　沒有家
是無根的孤葉一片　僅有短暫的碧翠
只要您是為人仰望的喬木　縱然
我是不起眼的小葉一片　也分享萬葉千花的歡悅
……

當詩人置身於異國他鄉，即使是在到處是藝術之宮的巴黎，在繁華都市紐約，在那文明古國的埃及，她深層意識中所思念的，是自己偉大的祖國。《駿馬》一詩，歌唱駿馬的風采：

一聲嘶吼　盡收原野美景於眼前
你迅疾的蹄音　是躍動的風雲
越過牆籬　穀場　山岡　原野
花朵們便一路欣然地展放過去……

啊，那大世紀的風采
那飛揚地舒暢　而風湧雲動
一出鞘勢必中的
一起步世界便落在身後

寫的是躍動風雲的駿馬，而這匹耀眼光華的駿馬，就是祖國的象徵。《陽光大道》詩中，是於新年元旦中殷切的期望：

總有一天　會齊我們的同胞手足
一同行走在那燦爛寬濶的陽光大道上！

《大動脈》是歌唱臺灣北廻鐵路建設的成就。這一組詩中，有一首《只要我們有根》的尋根的詩，我們茍且不說此詩的寫作緣起，僅就詩人的尋根意識而論。詩人以象徵的手法，以樹比喻國家或個人，根亦輻射「吾人最眞實的存在」。這首詩深厚的內涵是尋根，所謂根，是民族的、歷史的、文化的根、作爲偉大的中華民族的兒女，共同的歷史和民族，形成了共同的文化意識。文化，是一個國家民族在歷史過程中積淀的共同思維方式與行爲模式。作爲中華民族的兒女，對於國家的總體來說：「只要我們有根／縱然沒有一片葉子遮身／仍舊是一株頂天立地的樹。」蓉子認爲只要我們有根，「吾人擁有最眞實的存在」，這根，不是狹隘之根，應是廣大中華民族之根。詩人以深沉的感情寫根：

是的，只要我們有根
明春　明春來時
我們又會枝繁葉茂　宛如新生

我們從海峽兩岸的大一統的祖國的人觀念來闡釋這首詩，其意義不是更深刻嗎！

這組詩裏面，還有《遺風》，寫的是金門民俗村的古樸風貌；寧靜的庭院，古老的宗族祠堂，一派古代遺風。《回歸田園》贊頌愜意的田園生活：那藍天白雲、田壠翠嶺的田園風光。最後詩人寫道：

牛車緩緩地向村外駛去

小舟載天光水色歸來
炊煙 雲一樣升起
家的意義就確定了！

蓉子的詩筆一落到大自然的世界裏，就顯得特別輕柔舒暢。

第六輯《香江海色》，這是專門寫「東方之珠」香港的一輯詩。一九八四年，蓉子曾應香港大學邀請前往訪問，由詩人余光中陪同，遊覽了香港的新界、勒馬洲、船灣等地。當羅門到香港時，遙望廣九鐵路寫下《整個世界停止呼吸在起跑線上》一詩，懷鄉之情溢於言表。蓉子到了香港，也勾引起濃鬱的思鄉、愛國的情懷。當她到達勒馬洲山崗，她想到的是自己的故鄉：

車行到此 車已無軌
馬馳到此 騎士
你當急速勒馬 雖然
前面是故鄉 不是天涯。

歷史的原因，使香港處於一個特殊的地位，有着特殊的經濟環境及獨特的發展軌迹。二十多年來，香港突飛猛進！在這中西經濟、文化衝突最激烈的小島，中國人仍然保持着純樸的古風，粵風粵味甚爲濃鬱。蓉子到達香港後，對這一點感觸良深，她以熾熱的中國心，愛國情，着筆描繪香港人的生活和風貌。她在《街頭》一詩中，繪香港小市民的形象，生動而又樸實：

香港的娃娃們都純樸　他們
喜歡趴在媽媽平直的背上　或將
小手放在媽媽溫柔的掌中　踏着
大人的脚印　去逛那
通菜街
西洋菜街的菜場　而在豉油街
洗衣街　染布坊街一帶　饒舌的
阿巴桑們　無論在線條、顏色
服飾或神態上　都似濃膩油畫中的
人物　最鄉土最可親的

尤其可貴的是，她認爲香港雖然出租給英國已達一世紀，但卻永遠保留着一國古老的文化傳統，並未被英國所同化，顯示了中國人的驕傲感：

別以為這島嶼　曾經
一世紀之久　出租給盎格魯撒克遜人
就真的被高鼻梁藍眼珠所同化了
不，他們是拒絕融化的冰　無論是
置身洶湧的人海
五光十色湍急的洋流　或

> 摩天獸羣的陰影下　仍舊
> 保有最古老質樸中國人的形象　他們
> 真像百年前的那株老松　依然
> 蒼勁地活在最現代化的康樂大廈前

詩人歌唱香港人是「拒絕融化的冰」，香港的小市民，「這些平凡不顯赫的小人物／長年忍苦耐勞地匍匐在／中下層的地基上／奮力／共舉着那高聳金字塔的金頂」。中國人奮力在建設香港，香港是偉大中國的香港，香港的樸素古風緊緊繫着廣大中國人的心，這一點是海峽兩岸人們的共識。至於對香港未來的想像，當然可以見仁見智！蓉子描寫香港人的愛國心細膩而又眞實。她又描繪香港的自然美受機械文明所沖擊，像《鹽竈下》詩中寫道：

> 正欣賞一羣白鷺悠然自得的美麗神態
> 正凝視一隻白鷺坐禪似的坐在水鏡中
> 背後有動力機械文明的羣獸呼嘯而過
> 啊，風馳電掣地踩過我們的脊梁！

在香港，「摩托車　小轎車　小巴士／——所有機械文明的力道／早已搶先將人類的桃源佔領。」都市的文明已佔領着香港，同樣機械文明的「霸業」在世界各處都在「不止息地擴張」。蓉子在香港，詩情澎湃，深夜，她蝸居斗室，浮想聯翩，寫《徹夜不熄燈火的長巷》，白天，她遊覽香港，訪朋探友，寫下《廟街和玉——兼致女詩人鍾玲》和《香江海色》，詩人對朋友發出寫詩的讚嘆，贊美鍾玲「其心似玉」：

那奇妙的詩　世人對它
僅具浮雲般的概念　以為
詩只是美詞麗句　以及
潑濕了的感情

「壁不可禦寒」亦如
詩人不能靠詩療饑　照舊
有人沉詩　有人迷玉　只有
妳能同時将詩和玉的真僞價值辨識

如歌唱香江海色，凝聚着她對這世界大舞臺的情思：

斗轉參橫
當雲天的吸墨紙緩緩吸去了墨色
海遂淡褪為一整疋暗花灰綢
啊，世界舞臺上的佈景将換新
當白晝煥然昇起
陽光的碎金灑落在海水之上
也劃破海上的寂靜
衆多船隻又從各方海面凝聚過來

　　如同人們奮勇地營生！

詩人歌唱香港，在短短的時間裏，她的感情也與香港人、香港街、香港海熔化在一起；但她畢竟難以忘懷的久居的地方——臺北，因此，寫下一首詩——《回去臺北》。這首詩流露的感情很值得我們重視！臺北有培育蓉子成功的土壤，她在這塊土地上奮鬪、成長，所以一旦離開，引起無窮的懷念是情理之中的事；詩人以婉約的格調，輕鬆明麗的筆墨，抒發她對自已的第二故鄉——臺北的感情：

　　回去臺北　回去
那曾經使我喜　令我悲
讓我勞累　甚至
叫我氣惱的城。

臺北——
曾經那兒的陽光　是
萬里晴朗的海　於少年時光
為它　我捉住了幾許
美妙　在《七月的南方》
啊！雨點打落在芭蕉葉上　此刻

我聞見一片悠揚的芬芳
喚起了我底懷念　我要
回去了

即將離開香港的時刻，即將離開那「人雜市鬧的旺角和／維多利亞海峽不安的月光」，回到那居住卅多年的臺北，不禁又在異地勾起一股淡淡的遠念。

第七輯《紫葡萄的死》，僅四首詩。《忙如奔蝗》、《石榴》、《每回我走過》是「小小的對生存現象的描繪和對生命的體認。《紫葡萄的死》則是一種對死亡現象的探討。」詩人對人生的艱難進行一種哲理性的思考，她以石榴、蝗等作爲隱喻反映人生。當她觀察粒粒紅殷的石榴滴血似地爆裂，她頓然悟出人生的哲理：

當立足的園內園外
狂飍着風沙
不斷碎石塵泥的襲擊
無盡損傷
整個藍空向我隱藏。
——《石榴》

《忙和奔蝗》，全然是對生活綳得太緊的沉思。而《紫葡萄之死》，竟從吃紫葡萄而聯想到人生的奧秘：

飯後　從瓷盅中
一顆顆拈來送入口中

——那飽滿多汁的顆粒
經常在消逝前流出紫色的汁液
它們如此消失　正像
紅臉膛有血性
人類之逐一消逝——
於未知之時　突然間
被一隻無形的手指攫住
結束了或長或短的一生。

這一串串的葡萄，在離別樹身時，便已預約了死亡，詩人更從吃葡萄的瞬間結束了葡萄的生命，演示出生命的夭折，賦予這小小的葡萄有了人的生命的投影，這同時也是詩人對人的思考的回答。

第八輯《倦旅》，含詩十首。蓉子說：「雖題名爲倦旅，表現的卻全係海外旅遊所留展痕。但是，說實在的，我們並不能用詩來寫眞正的遊記。用詩表現異國景色，並非純粹去寫景記遊。往往以那景物爲媒介，襯托出某種感人的情景或氣氛，傳述出某種實有的或想像中的理想和經驗，表現出作者高度的情感或思考。倘眞以詩代散文去寫遊記的話，就遊記本身說，將是支離破碎的——你不可能用詩寫出一篇完整的遊記——那不是詩的功能。我們可以用詩去處理任何題材；首要的，不要犧牲或破壞了詩的本質。」①這裏，詩人闡述了她對詩

① 《這一站不到神話》自序

與散文的質的不同性看法。蓉子曾旅行歐洲，寫了一部《歐遊手記》；這部散文遊記，以詩化的筆法，描繪了自己的歐洲之行。這部遊記，寫得美妙無匹，我們將在下面作介紹。散文寫遊記，可以記錄旅遊的全過程，而詩則是捕捉旅遊過程中心靈放射的閃光。因此，這一輯旅遊組詩，是詩人記述她在旅途中捕捉到的那一刹那間的閃現的情思。像《倦旅》，寫長途旅行回家時感覺和渴望：

　　甫回到家屋的旅入　便
　一頭跌進
　樹蔭中的鳥巢裏
　——為補足失血已久的睡

這是她一九八八年十二月十日中東歸來後那種因旅途過份疲勞而沉入深睡，並將旅途中的不安和不適一古腦拋卻的情態：

　快快潛入夜夢中深水的池沼
　急急摔落阿拉伯海上空長夜的怔忡
　明天——
　　當和輕叩我窗檽的晨光一起醒來

可見，愜意的旅遊使詩人心滿意足；雖然疲累，等飽睡醒來又能神清氣爽了。緊接着，她抒寫日本國的風光。她特別描繪金閣寺的巧麗，尤其是雨中的金閣寺：

　　在瀲灩波光與參差荇藻間

金閣散發那幽玄的美　神秘的光
霧嵐低飛在鏡湖之上
似隱逸出家人灰色的袈裟
而近在咫尺的金閣　美豔如哀愁
更像一遙遠難以企及的夢……

她以自身的感觸和領悟抒寫金閣寺，把金閣寺擬人化，發出自己的問話：

然而她站立在那兒
金碧輝煌的金閣寺　與
禪宗的鹿苑寺合為一體
在她純淨的美中
是否也有欲望？

詩人寫日本古城的印象是「原始木頭質朴的感覺」，寫古老漢城在那「花飛滿城的五月／雨濕棧道的迢遞／如煙迷離／漸遠漸稀。」她哀嘆印度的貧窮：「枯瘦／虔敬／所需（衣服或食物）不多／奇怪，怎麼滿街都是瘦削如你的形象／——您底子民苦修在饑餓中。」詩人寫的不是印度古老的景色，而是無邊的浩嘆：

真的，滿街都是您枯瘦的形象
但有幾人擁有您的靈魂？
當赤脚的兒童或捲髮的女郎

毫無顧忌地向外人伸手索取盧比或美鈔
古印度的薄暮是淒涼的　要到何年何日
妳那身後拖着的貧窮尾巴才能脫落？

這樣的抒懷，與旅遊的純風景記錄完全不同。這也是詩人所強調的「詩的功能」吧！至於她在英倫飛漢堡途中寫的《藝術家》，是對美麗的大地的稱頌。《進入奧地利》，大概奧地利的自然美；與詩人熱愛自然的美學理想如此吻合，於是在蓉子筆下，與對印度的描寫適巧相反。她把奧地利頌贊得似人間天堂：

草地如夢似茵
晴翠接山嶺
稀落的人家住在半山腰
松杉絲柏常環繞
家居童話裏。
從童話中走出的少男少女溫雅而美麗
牧笛輕吹　處處花朵、流泉和音樂雨
一片安詳、平和、寧沉的夢境
連戰神也不欲破損這上天的雕塑
更不忍踐踏他們遊玩的草地。

蓉子在《歐遊手記》中也寫了《奧地利之旅》，她被維也納的山林陶醉了，現在讓我們將詩人的散文與詩作一對比。她的散文筆下的維也納山林是：

> 這兒乃阿爾卑斯山支脈、傑摩那山區，只見兩旁山岡連綿不斷地走過來，一座又一座。在涼涼如山泉的風中，我們的車行走在山陰道上，看蒼茫萬山卓立，沉青潑黛，林木掩映，丘壑迴旋，羣峰巑岏，一片儼儼氣象。那山巒真美，美在每一座山都有不同的姿態，有的雄勁，有的秀逸，一座剛過去，另一座又到了眼前，它們真像是大自然傑出的雕塑——我從未在同一時間內看到這樣多的山，而且是那樣的美！山上有小小的針葉樹，這些樹和高峻的山相較，宛如覆在山岡上的青青草皮，遠遠看上去，有厚有薄。因為覆上了這層青翠，使那些山雖崎嶇却不顯得猙獰，近處的山碧翠，山腳下的溪水藍寶石一樣地瑩潔，較遠的山則隱在兩座顏色較深的山之間，在淡淡的雲中一片層巒疊嶂。心想若有人居住在這樣的山中，那一定是真正的隱士了。①

詩人詩中寫的「家居童話裏」，就是這段描寫的詩的概括了。又如詩人以幽揚的詩韻，簡潔的詩句寫她前往沙士堡的情景，詩中寫道：

> 穿出維也納濃密的林　掠過小小的月光湖
> 我們的車就像牧蹄輕揚
> 去訪莫扎特的故鄉——沙士堡
> (另一個精緻的城)

① 蓉子《歐遊手記·奧地利之旅》

> 從未偏離那美的軌道。
>
> ——《進入奧地利》

在她的散文《奧地利之旅》，也寫及這一情景：

> 下午便繼續向奧地利另一個音樂城市——沙士堡（Salzburg）進發（兩地相距約三百餘公里）。一路微風吹送，暖陽照耀，心情也特別開朗，看綠綠的原野，青翠的山岡，靄靄的雲朵，白雲下紅紅黃黃的尖頂小屋點綴在叢樹中，啊，人在畫圖中。不久經過一泓寧靜的湖泊，那是美麗的月光湖，冷月一般澄澈的湖水啊！然後我們的車又從一片濃密的森林中穿出來，不多時沙士堡就在眼前了。

詩意是濃縮的，詩句是簡略的，但充溢着詩人主觀的深情，「我們的車就像牧蹄輕揚」，其韻味何等輕快、質樸，牧歌式的詩的境界；而在散文裏則對客觀自然進行細膩的描繪和渲染。

蓉子的另一首詩《維尼斯波光》，也同樣顯示這一特色，即散文與詩歌從觀念到實踐的區別。她對水城威尼斯（Venice）的駕舟之遊，在散文中以長長的篇幅，盡情地記述下來：

> 當我們駕着那扁舟一葉，穿威尼斯的「大街」，走威尼斯的「小巷」，載浮載沉，除了多着一份雲影波光的感受外，我們對此城市的觀感正如同對其他許多陸上都市的觀感一樣，那就是大街上或大馬路總是比較整潔漂亮和像樣子；可是一轉進小巷子，情況就不那樣完美了。當我們在那一條長三千八百公尺，寬卅至七十公尺的大運河上——也就等於這水城最大的一條馬路上航行時，感覺上真是太美好了，那時清風徐

來，波光如銀，一聲聲款乃激起柔美的漪漣，穿過無數橋洞，倒影落在河心，歌聲和笑語飄在水上，而此刻的我們都變成一朵朵輕盈的雲，「真好！」我打心裏說。這一刻的場景讓人留連忘返啊！可是到了下一刻，當我們的小船兒波漾波漾的，從寬廣整潔的大運河轉入狹窄如巷弄的小河道時，情景就像那黃昏的天色逐漸黯淡下來。①

散文是客觀地把水城維尼斯的水色波光的美，刻劃得淋漓盡致，而她的詩《維尼斯波光》，對這一「域外的澤國」，就非純情去寫景記遊了。而是以維尼斯水波作爲媒介，襯托出自己當時所處的感人情景或氣氛，「傳述出某種實有的或想像中的理想和經驗」，表現出蓉子高度的情感或思考；她從維尼斯波光寫到自己祖國的江南，遊子處身異國而遙想自己的水鄉。詩人寫道：

一整座維尼斯城都坐着
粼粼波光
如坐着在衆水上
在衆水之上寫她的名字輝煌
你是否願隨我行
駕一葉扁舟——
小小的「公渡那」月如勾

① 《歐遊手記・水城威尼斯》

穿過那數不盡的拱橋水域……
幾疑那就是江南
幾疑那就是江南水鄉
幾疑那就是古代的蚱蜢舟
濃妝淡抹的西子都無憂
……
不是江南
不是玄武　亦非西湖
——不見我熟悉的蓮荷

——《維尼斯水波》

詩人把思鄉之情，也溶化在維尼斯水波描寫之中了。

她寫尼加拉瀑布的兩種風貌的詩《奔騰和凝固》，實際上是通過對瀑布的描寫訴說人生的境遇。她抒寫這獷悍的巨流「以一字排開的馬隊列陣呼嘯而下／響起了萬馬奔騰的怒吼／沉沉轟隆的蹄音回響不絕」。她寫那瀑布像「巨幅的素匹掛在山嶺／嘯風動雨　以赫赫裂帛之聲勢／鏗鏗洪鐘底聲喧／抒寫它激越情愫／任怒瀑慾潮連連拍擊着崖岸／拉起了萬丈驚險和死亡在深谷遊戲」。這是動態的尼加拉瀑布，它奔騰、怒吼、喧囂、飛揚跋扈、聲威赫赫、氣盛勢強。但突然間，這滾滾不息的尼加拉大瀑布凍結了，成爲人間奇景：

而突然 這一切都沉寂下來
皚皚如雪的煙霧凝固
衝濤轉為不動的琉璃，那不舍晝夜的傾瀉
遂在刹那間趺坐成凝冷的山岡
啊，怒威同悤 天寒地慄

這是人間最偉大的凝眸
雄辯滔滔的你竟會噤啞 寂然而無聲息
力與美俱被凍僵 於凌厲的冰霜
那巨大的靜默被雕塑成形
我們便捕捉那珍貴的寂靜！

這凝固不動的靜態，正與前面的動態描寫形成強烈的對比，使詩歌在寫景上動靜兼致，而這靜態的尼加拉瀑布，它沉寂、凝固、怒威同悤，天寒地慄，力與美都被凍僵了，這種自然界的奇觀，難道不能作爲人生盛衰境況的思索嗎?!

第九輯《愛情是美麗的詠嘆》，收集三首詩。蓉子說：「愛情是中外古今詩人吟詠不絕的題材，尤其在起步的青少年時代，多半是從情詩開始的。因爲眞純的愛會讓世界美好起來——它往往是催促吾人寫詩的動力，引渡吾輩進入詩壇的一朵蓮花。」①在蓉子的十本詩集

①《這一站不到神話》自序

中，她的第一本詩集《青島集》寫愛情題材的比例較高，其他的詩集寫愛情的較少。這一輯的第一首詩《圖騰的回音》，「是從觀賞美洲土著民族愛斯基摩人的跳舞得來的靈感，是我對愛情和生命的小小詮釋；同時，也可視爲其後兩首幅度較大情詩的『序詩』——愛情原來就具有普遍性的。」詩中歌頌愛情的熱烈和純潔：

愛情是美麗的詠嘆
生命是燃燒的木炭
只有在燃燒中
那光和美才絢爛

第二首《愛情已成古老神話》，寫的是英遜王溫莎公爵不平凡的愛情故事。詩中歌頌永恒的愛情：

有些愛情　只在
春天開那麼一季的花
一到秋天便凋殘了！
您的愛情錯過了清麗的早春
却一直延續　一直延續
延續到白雪覆蓋墓園的沉冷冬天

一位公爵愛上「平民的她」，開始了他一生的傳奇與悲歡，他「不只是高貴地向臣民宣布／不只是毅然地走下了王座——／愛是捨掉了富貴權勢後的寂寞相守」。他以帝王的功業「去換取個人煙雨江南的柔情蜜意」，詩裏歌頌始終如一的愛情，雖然這愛情已成一則古老的神話，但卻永遠溫暖着戀人們的心。蓉子贊美純潔動人的愛情故事，又表現在《意樓怨》這首詩中，這也是一個古老的封建社會裏的悽惻的愛情故事。意樓是在臺灣的古意盎然的鹿港小鎮全盛巷中，詩人訪古行到了鹿港，看到那「別致的『月窗』和窗畔綠意昂然的楊桃樹無一不在眼前」，與傳說中的故事情節無異，於是寫下這支動人的歌，詩中以楊桃樹爲線索，讓茂綠的楊桃樹，成爲這位東方女子淒迷的愛情故事的見證。蓉子在《自序》中介紹說：「《意樓怨》，長八十九行，是寫傳統的東方失落了的愛情故事。故事發生在我們的文化古城鹿港，此刻，那令女主角忍受一輩子相思苦的小樓猶在，還有那株活生生的楊桃樹，無一不是有憑的物證；但故事的本身失之於過分簡略，說的人總是三言兩語就交待完了。據稱昔日鹿港文風頗盛，怎麼竟從無人將這樣悽惻感人的愛情寫成文學作品呢？想從前封建社會中的弱女子，總是這樣聽任命運的擺布，飽受情感的折磨而抑鬱以終。於是，憑藉着一份想像力，我試着從簡略的故事基礎上慢慢發展成這首詩。和《愛情已成古老神話》比較之下，亦可發現東西方女性在愛情的領域內，所扮演角色的差異。」在這首詩中，詩人寫意樓中的女主人翁對去唐山追求功名利祿不歸的丈夫永遠的等待，淒怨動人：

啊！文人重名不重利　亦如
商人輕別離
只是大海詭譎難測
唐山似近還遠　怎令我放心得下

却不能阻你壯志雄心　臨別
你指窗前楊桃樹為誓：「明年楊桃樹
花開時　我就會回來」
太陽升起　太陽落下
每天我數着日子　在大自鳴鐘
準時的滴嗒聲裏　等待你歸期
秋去春回　楊桃樹開遍了紫色花朵
竟無一片雲影捎來你歸訊

一曲悲歌寫盡喃喃着的女主人無盡的哀怨，她在焦灼的等待中憔悴了，她日日面壁，也倦於張望，任世界江湖風雨，日子堆積似一堆枯葉。在那殘忍等待的日子裏，她飽受着愛情思念的折磨，一直到時間的黑潮將她淹沒。蓉子以這一則故事訴說封建社會中婦女的悲慘命運，也歌頌了女主人翁愛情的忠貞。

上述是蓉子已出版的十本詩集。讀蓉子的詩，似一陣陣微微的和煦春風撲面輕拂，似步入一個潔白無暇的理想世界，似看到一位善良的中國女性，在人生旅途的跋涉中，不斷向生活提出發問和思考，似了解到一位可敬可愛的人走向成功的奮鬭道路的足跡。讀蓉子的詩，你就會被她詩中的美的世界所迷惑、所陶冶，忘卻人世間的矛盾，掙扎以及一切的醜惡；蓉子詩中的渾然天成的美，詩中那股連羅門也難以企及的靜寂的境界，她那純樸明朗的氣質，端莊的韵味，柔婉的詩風，令人迷醉。讀蓉子這一首首玲瓏剔透的詩，在那柔美的詩的語言中，人們得到了無窮的鼓舞力量。像《維納麗沙組曲》中的維納麗沙的世界：「維納麗沙／你就是這樣單騎走向／通過崎嶇／通過自己／通過大寂寞。」既柔美又堅強，不論現實世間多麼複雜、殘酷，但蓉子永遠保持着一顆純樸的心，充滿着良知和自信，永遠是「一棵獨立的樹」。詩人以她心中的詩，感化了萬千讀者，讓人們在生活中感受到愛和美。陳寧貴說：「羅門的詩對讀者的心靈產生巨大的衝擊，而蓉子的詩對讀者的心靈卻有療傷似的撫慰。」說透了這兩位詩人的特徵。我們讀蓉子的詩，的確心靈像受到一次輕輕的撫慰，人世間的滄桑頓然消失，似生活在理想世界間一樣超然而且希望自己永遠保持在這一境界之中。如果說，李清照的詩詞幾百年來激發了讀者纖弱的心靈，冰心的散文及詩所創造的藝術美陶冶了廣大讀者，那麼蓉子的詩，比之李清照、冰心的作品，又具有另一種獨特的風格和感人的力量。她所創造的詩的桃源世界在紛擾的現代生活之中，的確產生了巨大的心靈安慰作用。

三、蓉子的童詩及遊記

詩人蓉子除了出版十部精美的詩集外，還出版了一本童詩——《童話城》，翻譯了格林童話《四個旅行音樂家》。這兩部作品深受兒童歡迎。有人把蓉子的《童話城》比之爲晉朝陶淵明的《桃花源記》，是作者的政治理想與超然高舉之志向的表現。珩珩在《王蓉子的〈世外桃源〉》一文中說：「陶潛用散文敍述一個故事，令人如入仙境，恍然有隙世的感覺；而王蓉子則以詩的形式來表達，優雅的詩句，高曠的詩境，使人不禁陶然忘我，又回到童年善美的幻想中。」①蓉子對童話詩的貢獻也令世人矚目。

當記者向蓉子提問：「曾經你從事過童詩研究，是否請您談談目前臺灣童詩的表現？另外，一首完整的童詩，它在語言、結構、與意象上有何特色？」蓉子就此問題作了回答。她介紹臺灣兒童詩發展概況，謙虛地談及自己對童詩的看法：

> 其實也談不上對童詩有什麼研究，祇是由於自己早年應省教育廳兒童讀物編輯小組之邀，出版了一本兒童詩集《童話城》，列入《中華兒童叢書》。由於當時從事這方面創作的人很少——楊喚不幸早逝，留下尚未出版的作品。林煥彰當時尚未正式走上此路，我便在『蜀中無大將廖化做先鋒』的情況下，被市教育局及其它文藝團體主辦的「兒童文學創作研究會」邀去講兒童詩。近年來由於自己事情比較忙碌，而童詩蓬勃發展，從事推動這方面工作的人才齊齊，林煥彰等位尤其主動積極地投入，個人便很自然地較少參與了。不過自本年五月份開始，應邀在國語日報闢了一個「少年繆斯專欄」，每週一次和國中同學談詩。首先讓這些處在知識爆發時代的少年，對詩有一個正確的認識和概念，已有整整半年了；從本月（十一月份）起則將重點轉移到作品欣賞，每次就現有成人作品中，選一篇適合他們閱讀欣賞的短詩（因篇幅限制）並作簡略的重點介紹，以期對愛詩的青少年有一些助益。

蓉子還進一步談及兒童詩在語言、結構與意象上的特色。她說：

> 童詩除了在語言上和成人詩有些不同外（因小孩和成人的語言世界本來就有差異），

① 見臺灣《國語日報》一九七五年十月十四日

在運用意象呈現和如何組織結構上應該是同樣的；所不同的是那內涵——童詩是從童眼中所看到的世界，是『童心』所體驗到的種種人情和物象，這是很重要的一點。為此，當一位成人作者要寫兒童詩時，他必須暫時跳出他成人的本位，設身處地的做一個兒童——找回久遠前屬於他的那顆「童心」，用兒童的眼睛看世界，用兒童的心來感受這世界，並盡量利用兒童直覺的語言來表現。倘若這件作品旣是「詩的」，又是「兒童的」，它才是眞正的兒童詩。

蓉子強調寫童詩必須具備童心，從童心的角度體驗世界，表現世界，才能獲得兒童的歡迎。

如她所述，蓉子曾應臺灣省教育廳兒童讀物編輯小組之約，寫了兒童詩集《童話城》，作爲小學六年級這一層次的學生讀物。這部詩集分爲三輯，第一輯裏的詩是一般常見的事物；詩人以天眞的童心，歡快的筆調，輕柔的詩韻抒寫兒童喜聞樂見的小詩，她把握了兒童的生活特徵以及兒童喜愛的小動物的特性，作了生動的描繪，寓教於詩，讓兒童在詩美中得到無窮的樂趣，又在樂趣中受到潛移默化的教育。像《小頑皮》，寫小弟弟和小皮球這一對小頑皮的歡樂。《小木馬》寫小弟弟的希望：「弟弟要騎着它／走遍寶島／走向天涯。」《爲甚麼》寫童心對世界的探索：「小河爲什麼這樣不停地奔走／雨水爲什麼這樣滴滴答答地唱歌／藍天上爲什麼有這許多閃亮的星光／世界是多麼遼濶美妙／我爲何不快快長大／好知道一切爲什麼會這樣？」《半邊翅膀的鴿子》寫小白鴿的翅膀被小花貓咬斷了，不能飛翔，小猴子頑皮地「模仿牠跌跌撞撞的怪模樣」，小花豹「等着牠摔下地時一口呑吃了牠」，「只有可愛的甜甜淘淘／不忍心看牠受傷／當小白鴿跌下時／趕快把那少了半邊翅膀的鴿子帶回家。」以這一則故事教育孩子仁愛之心，培養孩子愛護弱小的性格。《井》則以井底之蛙自高自大的寓言故事，寫成生動的詩歌，給孩子以形像的教育。詩人先用兒童最常見的事物來描寫井的特點：「井是一疊疊唱片砌成的回音室／井壁上全是一圈圈唱片上的紋痕／那兒是祖母年輕時常去汲水的地下河／是父親做孩童時用來冰西瓜的冷藏庫」。先讓孩子懂得井的形狀、特性、用途，唱片的紋痕，祖母年輕時汲水的地下河，父親做孩童時冰西瓜的冷藏庫這一系列的比喻，都強烈地引起孩子的好奇心，最後，才畫龍點睛式地露出這首詩的主旨：「啊，更重要／它是青蛙做夢的好地方／在那兒，一隻小青蛙夢見自己是世界上／最尊貴的國王！」又如《中秋節》，詩人先寫從兒童的眼睛看月亮「像是誰在那兒掛上了一面發光的鏡子」，繼而以吃月餅做的月亮，又繼之以婆婆說的月亮的神話，引起孩子一個又一個的好奇心，最後以爸爸的話點出：「總有一天——就是在我長大的時候，便可以到那月亮上去看個究竟。」啓發孩子對理想的追求。《囡囡的夢》生動地刻劃了孩子的好奇心。詩人以童心寫童詩，活潑而又風趣。

　　第二輯的詩寫的是自然現象，詩人寫月亮、大海、星星、四季變化、風的強弱，都以兒童所能想像得到的生動比喻進行細緻的描繪，她把柔軟的月亮比喻爲「蛋黃」，乃竟獨出心裁地寫孩子想像自己「找一根最長最長的竹竿／站在最高最高的樹梢去摘她／我要看那乳白色的雲和／淡黃色的月亮／是不是像媽媽打在碗裏的／蛋白和蛋黃一樣！」比喻海浪是「會變色的衣料」，「那海水做成的衣裳／有深藍、淺棕、綠、白各種不同的顏色像『猫眼石』一樣地隨時變換光燦。」她形容「星光是黑暗裏的眼睛」，以燈和星啓示孩子宏大的理想：

「夜有燈火滿城／美如天上繁星／好明亮的燈啊／照耀着我們的城這般溫暖光明。」先讓孩子認識燈火和星星的共性，熱愛天上的星星，繼而刻劃孩子好奇的誤會，生動地顯現兒童的心理邏輯：「夜有繁星滿天／亮似地上燈火／好奇妙的星啊／那是照耀着另一個城鎮的燈吧？」最後引導孩子遨遊太空的理想：「啊！等我長大／我要去那太空的城鎮玩耍／看天際燈火和人間燈火／那一種更輝煌？」一顆純潔的向上的童心，蓉子用詩歌藝術給予薰陶培育。

蓉子是自然界的詩的主人，她在已出版的十部詩集中，很多詩都是描繪大自然的風貌，給孩子寫的詩她也採用這一題材。詩歌的第二輯寫的完全是自然界現象，首篇《太陽的節目》寫太陽的無私奉獻，太陽穿上最華麗的金紅色長袍，腰束紅橙黃綠青藍紫七彩的帶，坐在閃光的金色馬車裏把歡樂、溫暖和彩色沿途贈送。《孩子們的四季》寫春天的柔和，夏天的繁鬧，秋天的凋零，多天的寒冷，都從兒童的視覺來觀察抒寫，而《風的長裙子》則以長裙子的變化形容各種各樣不同的風，「春風穿着最輕最軟的裙子」，「西北風的裙子又冷又重」，「颱風的裙子最濶最大／她可以把整個城市／都包在她的大圓裙裏。」詩人以裙子爲導具，描繪春風、西北風、颱風的特徵，讓兒童得到形像的教育，最後啓示兒童的善良美感。「眞的，沒有人會喜歡那颱風老婆婆／雖然她有世上最濶最大的裙子／但沒有一顆仁慈的心！」給予性格的培養和教育。

最成功的是第三輯的長詩《童話城》」詩人以兒童天眞無邪的幻想境界，以甜甜和淘淘兩位小主人公的夢中遨遊，在兒童面前展現了一個明麗、光華、仁愛的理想世界。詩人寫道：「童話城：／愛的城，夢的城，遊玩的城」，這是一個充滿夢幻、充滿愛心的理想的城，是一個友愛、溫暖的城，是一個快樂、幸福的城。蓉子以美的詩意奉獻給孩子，以善良友愛的心感化和教育孩子，以豐富的想像和音樂感啓發孩子，化深刻哲理和思想於童話中，循循善誘地引導孩子走向眞、善、美的境界。全詩以文學性、趣味性和教育性三者揉合一致，給予孩子以愛的教育和理想的教育。

在我們面前，可以看到蓉子爲孩子們展現一個色彩繽紛的理想世界，故事的開端是詩人陪着甜甜和淘淘，「乘着小白鵝的小帆船緩緩地駛過去／或者坐在大鵬鳥的翅膀上」，飛越寬濶的大海，飛往海上那有一千個島嶼中的最大一個緩緩落下來。他們受到小青蛙、小蟋蟀和各種小蟲們所組成的城市管弦樂隊的歡迎，鑽進一輛甲殼蟲的小汽車，急馳在「童話大道」上，很快到童話旅社休息。次晨，童話城的小鳥喚醒了他們，童話城的小朋友們「圍成一個不能再圓的大圓圈」歡迎他們，這是一個團結友愛的城：

這些年輕的孩童全是童話城的主人，
孩童們全都敏捷像兎子，美麗像花朶，
他們互相友愛，從不會為食物或玩具爭吵，
因城內有足够的愛和食物供應居民。
——連那些不幸失去父母的孩童，
也一樣能得到足够的陽光和溫暖，
甚至比有父母照顧的孩子得到的還多！

在這童話城中，充溢着一派寧靜、甜蜜的氣氛，那裏沒有凶殘和傷害，「那兒狼和羊一起玩耍，小狗也不發瘋咬人。」那是一個快樂幸福的城，「那廣場是白色的／中央矗立着童話之王安徒生的銅像」。每年孩子在這裏舉行野宴，「朗誦這一年內世界上最好的童話詩篇／來慶祝那位生在一百六十年前／曾把愛和快樂帶給他們的安徒生伯伯。」蓉子以豐富的想像力，描繪孩子的熱愛家園的童心和孩子之間最寶貴的友情。當甜甜和淘淘在童話城度過美好的快樂時光後，他們想起學校上課鐘聲的召喚，更想念國內的爸媽，於是他們啓程回國了。孩子送給他們的禮物眞是令人神往：

> 那些是一個木雕的小馬，一對童話狗，
> 一串紫色葡萄，幾枚鮮紅的草莓，
> 半邊椰子殼盛着的冰淇淋
> 一個漂亮的洋娃娃，一籃最美的童話風景，
> 無數册童話書和最寶貴的友情！

這童話城裏的故事，「使不曾到過童話城的孩子眼睛發亮／使貧苦的孩子富足了起來／使孤獨的孩子不再寂寞／使生病和痛苦中的孩子都快樂了起來！」的確，這是一個永不磨滅的夢境，一個美麗幸福的幻夢。詩人以她美麗的、富有創造力的詩思，啓廸孩子的思想，寓教於詩，這一充溢着眞、善、美的理想境界，的確是使人不禁於詩境中陶然忘我了。此外，還有一首《童話湖》：

> 童話湖在童話城南方的林叢，

那兒晨曦常駐，湖邊結滿了春天的蓓蕾，
——是夢谷的中心，
整年整月整日湖上洋溢着無邪的歡笑！

詩人描繪那童話湖綠樹濃蔭下釣魚的樂趣，在像鏡子的湖水上泛舟、滑水之樂，這是天眞幸福的孩童的世界。玩累了！「每人帶回一盞向日葵的金燈」，「但是把快樂的回音留在湖上／——留給以後的小朋友」。這些詩篇，詩人以「童心」所體驗到的種種人情和物象，以兒童的直覺語言表現出來，組織成一個個美麗的故事，完全是兒童的想像，兒童的語言，兒童的行動，兒童的理想；這一首首眞正的兒童詩，陶冶着兒童的心靈，溫暖着兒童的心，引起了兒童的濃厚興趣，也啓發了兒童的詩思。

蓉子還翻譯了一輯格林的童話《四個旅行音樂家》，故事饒有風趣，也富有教育意義。內容是寫驢子、獵狗、貓和公鷄在經歷一段不愉快的遭遇之後，邂逅相逢，一起去旅行，四個旅伴組成一個小合唱團。一天晚上遇到強盜，他們團結合作，把強盜趕跑，並且在森林裏建立了一個舒服的住所。這是《格林童話》裏的一篇最受小朋友歡迎的故事。情節迭宕起伏，溶趣味性和教育性於一爐。《童話城》及《四個旅行音樂家》這二部兒童書籍，還有一個特色是圖文並茂。如《四個旅行音樂家》是聞名國際的瑞士畫家漢斯費舍繪圖，他的插圖設計，簡潔有趣味，看起來特別引起美感。蓉子的兒童詩，也是她對詩文學的又一貢獻。

蓉子在《這一站不到神話》詩集序言中曾提到：「我曾經用散文寫過一本朋友們都說還不錯的遊記——《歐遊手記》」，已傳達了這部遊記出版後獲得的回響的信息。詩人於一九八二年四月所結集的這部《歐遊手記》，記敍她的歐洲之行，這是一部旅遊與繪畫藝術研討的極有價值的遊記，蓉子並不將遊記囿於旅遊路線和風景的記錄，而是深刻地述說歷史事迹，記載對藝術精品作出欣賞和介紹。諸多的精美的插圖和照片，與遊記的精美文章相得益彰！這部《歐遊手記》，以詩人的親身經歷和耳聞目擊，向全世界讀者介紹了歐洲的色彩斑爛的豐富多彩的文化藝術。

這部書的代序《旅夢成眞》，告訴讀者們她這次歐洲之行的緣起和經過。蓉子愛作旅遊之夢，尤其是到歐洲去，終於她的旅夢成眞了。她說：這次她「參加由名畫家與教育家袁樞眞教授所領導的一次『歐洲美術考察團』，與名作家葉蟬貞大姊以及卅多位有成就的畫家爲伴，以一整月時間遨遊了十餘國家，廿餘座城市。這部書主要是寫歐洲的城市，大都以一座座城市爲單位，就蓉子的所見所聞，所感所思來作報導。所到之處，「只是在不停地收集那一座座名城的波光雲彩」。蓉子對歐洲的文化遺產十分迷戀！在這部遊記中，我們了解到，蓉子之所以成功爲一位詩情洋溢的詩人，不僅在於她的天生資質，而且還得力於她後天的深厚的文化涵養。這位才情橫溢、知識豐富的女詩人，她的成功之路是通過獲得廣博的知識走出來的。她平時讀萬卷書，當她行萬里路時，還是勤奮地汲取和增加新的知識，在旅遊中，她「不停地推廣自已的見聞，好像是參加了一個『密集』的研習班，去讀一套有關歐洲活的人文史地書那樣」，她又說：「行萬里路畢竟更爲生動有趣，因爲幾乎所有你能吸收到的知識見聞都有實物實景爲證，而我又每多記述我較感到興趣的事物。」對於這本遊記，蓉子的構想是「不全是客觀的記錄，因爲它到底非歷史地理；但卻又必然地包含了此一國此一城市的地理歷史人文因素在內，你儘管自在地表達屬於個人的觀感和印象，但對於重要的歷史事件，總得信而有徵，縱然無法作全面理解。至於人家的歷史記年，尺寸大小等也必須有所根據。」於是蓉子旅途邊聽邊看邊走邊寫，「一路行來，看不完的風景名勝、繪畫、建築與雕塑，聽不完的歷史掌故和傳說，記錄不完的片片段段」，旅程結束時，她「帶回了四本塡滿了零碎資料的記事簿子，十卷照片和各地的風景明信片」，她還讀了許多有關繪畫藝術方面的書，諸如歐洲文藝復興（簡）史，西洋美術史，彌蓋蘭基羅傳，達文西的生平與作品解釋等，

對於這次歐洲之行，蓉子對歐洲的印象是極其美好的，她在代序中寫道：「西歐的原野是這樣美，美得令人心醉，似乎湖光山色中有一種不屬於今世的寧靜，而一片草地，一畦繁花具見人們的愛心。郊野被照顧得一塵不染，益增湖山與草場的鮮潔明媚，綠樹繁茂葱翠，一幢幢玲瓏可愛的小屋散綴其間，宛如世外桃源，其中尤以充滿細柔情調的奧地利原野最具代表性。自然，旅人們迢迢萬里去歐洲，並不是專爲欣賞他們優美的自然景色去的；毋寧說，是由於這一度曾爲全世界主人的歐洲，縱然舞臺已轉換，卻爲人類留下數不清的古代文化遺蹟，是他們祖先走過的珍貴足印，經後代子孫加意保存了下來」。對於歐洲豐富的文化寶藏，蓉子都一一作了詳盡的深情的記錄，像曾經威震世界偉大帝國的都城羅馬，被譽爲文藝復興聖地的翡冷翠和奇異顯赫的水城威尼斯，她還走訪了霧都倫敦，也曾驚鴻一瞥過瑞士，在西班牙的巴塞羅納看了一場緊張而富於刺激的殘酷的鬥牛，去馬德里附近的古城托倫多『夢』遊了一趟，參謁了大畫家艾爾，葛雷柯的故居，曾在花都巴黎盤桓了數日，浸沉在

這都市爽朗的美與藝術氣氛裏，訪問了『啤酒之鄉』慕尼黑，到漢堡之後又訪問了德國最古老也最現代化的國際都市法蘭克福，在離開法蘭克福之前，作了一次萊茵河的水上之旅。歐洲之行給詩人蓉子留下了難忘的記憶。

蓉子認爲，歐洲諸國的特徵，在於各地生活方式、建築風格以及文化藝術、歷史的多樣化，這些國家，「各有不同的歷史和文化發展的路徑，更有不盡相同的風俗習慣、生活民情，形成他們獨特的民族風味，像義大利人的強悍，奧國人的溫雅，西班牙人的熱情，法國人的閒逸，英國人的穩實，德國人的方方正正……每一國家都有其特色，每一座城市都予你不同於別個城市的感覺，每一天都有新事物或使用不同語言的人在等着你，使你不住地增加新的知識，不停地推廣自己的見聞。」①詩人讓自己的所見所聞所識，都熔鑄在這部《歐遊手記》之中。書中的插圖、插畫及相片，都經精心選擇，精美無比！這部遊記，簡直是蓉子給人類的一部美的奉獻，她讓人們獲得至高無尚的藝術享受。蓉子這部書，深深地吸引住了讀者那夢幻般的心。

當然，這裏我們無法對詩人這二十篇遊記作一一介紹；我們熱誠的希望讀者們能親自閱讀這部美妙絕倫的書。我們所能做的，是就這部書談談幾點感受。

㈠用詩化的語言，描繪歐洲的風俗畫，再現了歐洲各地的山川風貌、民俗風情，展現異國文化的奇情異趣。

當詩人到達旅行的第一站印度孟買時，她對印度的風土人情作了詳細的描述。如印度民

① 以上所引均見《旅夢成眞》。

間的弄蛇人，蓉子作如是的複現：「我們也曾去到尼赫魯公園（Nehru Park）參觀，這兒佔地廣，樹木多，風景不錯。園中有一幢三層樓的建築，完全造成了一隻皮靴的模樣，眞絕。當我們在園裏漫步着的時候，見前面有兩位年輕的吹笛人，正在吹弄手上的短笛，我們正要走近去將他們手上那怪怪的笛子模樣看個清楚，誰知突然間從他們笛子旁邊的口袋裏竄出兩條活蛇頭來，冷不妨被嚇了一跳，原來他們便是那印度弄蛇人，吹笛子和玩蛇都是他們所表演的技藝。」（《孟買的一天》）印度的風俗生動地見諸於詩人的筆端。又如詩人描繪威尼斯之夜，把這世界著名的水鄉刻劃得詩情畫意，「只要輕舟盪漾在水上，一週陸上奔波的疲倦已消，這時，這異國的白晝也漸漸走近黃昏的門檻。夕陽像一朵開放得正豔的玫瑰，晚霞便是它盛放又多變化的花瓣。眞的，這水城的黃昏是一幅無可比擬的名畫，任何藝術家的匠心也無法把它整個地留下。」（《水城威尼斯》）對水鄉的風情和景色作了盡情的報導。她到了西班牙，則生動地記述那緊張的鬪牛場面，她曾寫過一首《鬪牛之歌》，過去，她認爲這種娛樂一方是由於有豐厚的報酬在引誘着，另方面還不是由於人類那愛逞英雄的『虛榮心』在作祟。但在他看過眞正的現場鬪牛後，蓉子竟把較多的同情分給那無辜的牛。蓉子在《巴塞羅納看鬪牛》一文中，是這樣描寫鬪牛的實況，這種鬪牛的風俗，可以說是舉世獨有了：「鐘指正下午六點，一聲號角響起，接着有樂隊演奏。約五分鐘後，我左手方向的一個大圓門打開了，有兩個人騎着馬前導，後面跟着十幾位披金綉銀盛裝大禮服的鬪牛士，繞場一週和觀象見面，場內立時爆開了春雷似的掌聲。鬪牛士一個個神采奕奕舉手向觀衆答禮；可是這些年輕健壯的鬪牛士後面，卻跟着五六匹又老又醜的馬，一副擁擁腫腫的樣子。

遠遠地也看不清楚，這些馬的身上究竟披裹的是什麼？反正又像蒲包又似百衲被，整幅地把馬腹裹得厚厚的——有人說那是厚皮墊子，是準備給牛角來頂的。這些馬完全喪失了馬應有的英姿，一點都不靈活，原來這些用在鬪牛場上的馬全是『過了氣』，老馬，鬪牛時還把它們雙眼蒙住，怪不得腳步拖拖沓沓，常被牛推來撞去，完全丟掉了馬的威儀。然後就看見一位身穿中古式服裝披甲的騎士，跨着一匹這樣的馬，一簸一顛在場子裏試步，另一邊也有一位穿黑色鑲金邊騎士裝的在馬背上一跳一跳地走了幾個來回便進去了。這時就有一條牛從畜欄放出——從剛才鬪牛士出來的圓門直衝過來，狠命地追逐着一位手執長槍的騎士，那騎士牽着座下的馬技巧地左右閃避，追逐一陣子後，那牛又若無其事地停了下來，睜着好奇的大眼睛東看看，西望望後，起而再追，騎士伺機將手上長槍刺入牛背，牛受了傷，氣燄絲毫未挫，一陣陣似乎追逐得更緊，騎士給了牠第二槍刺，殷紅的血開始從牛背和頸子上流下來，觀衆拚命鼓掌，牛更拚命地追騎士，騎士則一面閃躲牛的攻勢；一面找再下手的機會。由於在往復不住的追逐中，牛和馬常撞在一起，馬的身上這時也染了牛殷紅的血，正當這牛馬頂撞在一起，難捨難分的時候，有一位鬪牛士的助手過來，用紅布引開那隻受傷的牛，這馬上騎士的任務至此已畢。於是有幾位徒步的鬪牛士從不同的方向向這隻受傷的牛襲擊，其中有一位大概是主鬪牛士，趁着那牛衝過來向他頂撞時，他跳起來又狠又準地向牛背插入了致命的一刀，牛卽倒地。於是有三匹拖馬，四五位工作人員進來用飛快的步伐把死牛拖走了！從開始鬪到牛結束性命，一共才花了十五分鐘。」（《巴塞羅納看鬪牛》）這僅僅是鬪牛的第一場，也是鬪牛的序幕而已。通常一次鬪牛，前後共需兩小時，一共要殺死六頭牛，動作和程序也大同小異，每頭牛嚴格地規定，必須在廿分鐘之內殺死。鬪牛結束時，蓉子對觀象的狂熱也作了詳細的報導：「一時歡聲雷動，他手執牛耳，身後跟着隨從，繞場向觀象答禮，觀象爲他的技藝而瘋狂，拚命地拍着手，大聲叫喊他的名字。當他們心目中的『英雄』，走近時，紛紛地把手帕、帽子、鮮花、高跟鞋、毛衣、座墊、皮酒袋，甚至有些女人把手上的皮包也丟了下來，鬪牛士一一拾起，又擲了回去，但如果拾起來的是裝了酒的皮袋，他便當場豪飲一番，然後再把皮袋擲回。他們對鬪牛士這樣如醉如癡，就好像是歡迎一位百戰歸來，立了奇功的英雄似的，眞有意思！」在蓉子筆下，就是如此展現異國的奇情異趣，我們除了讀《斯已達卡斯》中的格鬪士的緊張而又殘酷的描寫外，蓉子對鬪牛士的細緻的刻劃，確屬精彩的報導。

蓉子在描寫地方風貌時，也經常與人文習慣緊密結合。對花都巴黎區，蓉子寫道：塞納河烟雲：這樣美麗、無限風光的巴黎，設使缺少了名河塞納（La Seine），她底美一定要大打折扣的。那一條像圓弧又像發光的緞帶，自東徂西，蜿蜒曲折流經巴黎城內的河水，截然地將巴黎分成了南北（左右）兩岸，河畔風光如畫，有著名的建築，有美麗的橋樑，憑添了巴黎無限嫵媚。河南岸稱爲左岸（Left Bank），是著名的拉丁區（Latin Quarter），以索本大學（Sorbonne University）爲中心的那一帶，爲一般文人，藝術家彙集之處，可稱爲文化區；北岸又稱右岸，較拉丁區大兩倍，爲繁華的商業區和高級的住宅區，如大使館、銀行、大飯店、歌劇院都在這一帶。人稱右岸的人長於金錢（商業）；左岸的人長於用腦（文化）。不過文人似乎和『窮』總不分離，而且不分古今中外。那被稱爲文化區的著名

『拉丁區』，房屋老舊，人口擁塞，各種食堂、小旅館、書舖、電影院鱗次櫛比而立，東西也較便宜。據說，大革命前這一帶學生衆多，日常講話以拉丁語爲主，這便是『拉丁』命名的由來——是巴黎最具學術淵源、也最最老舊的一處。面對着北岸的崇樓高塔，閃亮而豪華的世界，南岸的學生和阮囊羞澀的人都抱定『不過河』主義，因爲這河水兩岸，竟是這樣大不同的兩個世界！」（《花都巴黎行》下）對巴黎塞納河兩岸風光及生活習俗，詩人的報導既是客觀的，也涵有主觀因素，文人的『窮』，於西方文明發達的花都巴黎也難幸免！

（二）把旅遊足迹的記載與世人對藝術文化的共識緊密結合。

因爲蓉子是參加名畫家與教育家袁樞眞教授所領導的「歐洲美術考察團」，與三十多位有成就的畫家結伴而遊的，因此，她們旅遊參觀的重點，當然是以各國的文化藝術爲中心。蓉子是一位深具藝術氣質的詩人，她對藝術的鑑賞，可謂獨具慧眼，她所到之處，都注目於當地的文化、藝術、宗教以及由這些因素所構成的遺迹、名區。她剛到印度，住進旅社，就注意到：「牆壁上的畫則爲金碧輝煌的古典印度繪畫，顏色鮮豔厚重卻又不顯得俗氣，無論花鳥或人物都予人幾分出世的美感，印度畫家似乎特別喜歡畫鳥，那些飛翔在綠樹叢中的小鳥常常是白色無塵的；甚至銀行或商店的市招上也都是各種不同種類的鳥——這些畫家筆下的鳥總是輕盈而美麗的。印度古典繪畫在構圖和設色上固然與西洋繪畫大相逕庭；雖然頗具東方情調，卻又不同於我們中國人的畫，大概是深受佛教文化影響的緣故吧。」（《孟買的一天》蓉子對下榻旅店的介紹，已無形中與印度文化的介紹溶爲一體了。又如她介紹聖彼得大教堂（Basilica of S. Peter），與教堂的歷史一併敍述，並非單純的旅遊描寫：「聖彼得大教堂（Basilica of S. Peter）：聖彼得教堂大概是當今世界上知名度最高也最偉大的一座教堂，佔地十六萬多平方英尺。每年從世界各處，不管是信徒或非信徒，只要有機會，都願前來，一瞻這被公認爲『世界第一大教堂』的榮美。這座教堂開始建築於一五〇六年四月，教皇朱利安二世（Pope Julius II）任內，前後歷一個多世紀，一直到一六二六年十一月才在教皇歐本八世（Urban VIII）手上舉行獻堂典禮。好多有名的藝術家包括彌開蘭基羅、拉斐爾、貝利尼等都曾參與從設計圖樣、內部的壁畫、雕塑到外面那具有代表性的教堂大圓頂和前方左右兩翼環抱廣場的如林石柱，眞是蔚爲奇觀，也是這許多中世紀藝術家們心血與最高智慧的結晶。（《梵蒂岡的奇蹟》），接着，她詳細介紹聖彼得大教堂的偉麗建築及教堂中彌蓋蘭基羅的畫和他早年不朽的傑作——憐傷聖母子雕像（The "Pieta"）也介紹了馬賽克（Mosaic）的嵌石細工畫。還詳盡地描述教堂的文物寶藏及無與倫比的偉大建築。讀這篇遊記，使人如置身於羅馬梵蒂岡城文化藝術寶庫之中，似親臨目擊，同時又獲得了豐富的歷史文化知識。

她記述意大利文藝復興的聖地——美麗的翡冷翠，令人神往。徐志摩的《翡冷翠的一夜》曾唱過那「橄欖林裏吹來的帶着石榴花香」的歌，他那些滾熱的情話，使多少年青的戀人們心情激蕩。而使翡冷翠成爲一個夢幻的聖地，這靜謐、清美的山與水，曾熨平徐志摩心靈的創傷，他《翠冷翡山居閑話》中，他曾描盡翡冷翠的秀逸，空氣總是明淨的，近谷內不生烟，遠山上不起靄，那秀美的風景的全部正像畫片似的展露在你的眼前。蓉子來到翡冷翠，首先想到的也是詩人徐志摩對此地的描寫：「讓我們的眼睛一接觸到這個名字，就感覺到此城市像是站立在清晨如露滴的光中，一顆晶瑩澤潤的翡翠，她本來就是西方文化史中，一粒無價的翡翠，表裏一致，名實相符，很少別的城市能夠企及。」（翡冷翠》）她首先着筆的，是翡冷翠的客觀自然景緻：「她背倚着青翠欲滴的斐沙來（Fiesole）山岡，跨文藝復興的『源頭』阿諾（Arno）河之上，土地肥美，山嶺蔥翠，不僅自然界的美景無邊；自十三世紀以來，三百年間，城市日益繁榮，如今呈現在旅人眼前爲一片赭紅色屋瓦的房舍，棕黃色牆壁，絳紅色屋頂，拱形的門廊，鱗次櫛比，高低參差依地形分佈着，此刻當我們踏嚮那窄窄街道的大石板時，猶覺其古意盎然；而教堂峨巍，鐘樓高聳。那些莊嚴又美麗的教堂，多爲十三世紀到十六世紀之間所建造，教堂外觀各各不同，其形式可以說乃集中古和文藝復興時代建築之大成，像那高入雲霄的花聖瑪麗亞大教堂，它的外面牆壁，從底部一直到頂端是用各種顏色的大理石帶着它們的光彩和色澤，一塊塊鑲嵌起來的，華美異常，乃翡城第一大教堂。其對面的洗禮堂，則建造在翡城最古老的一座大教堂的遺址上，其八角形的富麗圓頂，構成翡冷翠獨特的景觀。」蓉子先概括的介紹翡冷翠的全貌，然後逐一報導未周宮（Palazzo Vecchio），介紹翡城統治者梅廸契王朝（Dynasty of the Medici）及其家族，把歷史溶於遊記之中。她說：「提起梅廸契家族，不但和翡冷翠城，更且和意大利的文藝復興有着密不可分的關係。他們家原是翡冷翠的望族，執地方金融界之牛耳——首屈一指的銀行家。一四二一年高斯穆大公一世成爲地方上的執政後，遂利用他們家雄厚的經濟力量建教堂、興學校、圖書館、收集古今藝術品、蓋宮殿等。於是各處的藝術家、詩人、哲學家、科學家經常出入其宮殿、庭園，大大地提高了這城市文化、思想和藝術氣氛。尤其他藉希臘學人之助，建立了柏拉圖學院，引進了柏拉圖的哲學思想。」接着蓉子詳細介紹庇提宮(Pitti Palace)和庇提故宮美術館。把宮中陳列館內的藝術品，一一加以述說，尤其是包提柴利的作品。她寫道：「他的兩幅膾炙人口的名畫《維納斯的誕生》(Birth of Venus)和《春的寓言》(Allegory of Spring)，充滿了明媚的色彩，流暢的線條，音樂似的柔美動人旋律和欲流溢的情韻，經由包提柴利精緻敏銳的筆觸表現出來，誰看了都會留下深刻的印象，『領五百年風騷』仍不衰。」類似這樣的記載描寫，書中比比皆是。

㈢文筆優美流暢，結構嚴謹，讀來感受到強烈的音樂感。

蓉子的遊記，讀之令人不忍釋卷；這不僅由於她筆領我們神遊歐洲風情，更令人戀戀不捨的是那詩化的語言和流暢優美的韻味，把人引入美妙無比的自然界和藝術世界。每記載一個地方，詩人都有精心設計和安排，突出各個地方的特色和重點，文章結構極爲緊凑，嚴謹而又華美，清新超然，娓娓道來，引人入勝。像對《水城威尼斯》的描寫，先介紹從米蘭到威尼斯的沿途景色，繼而是威尼斯的地理位置和社會概況，然後重點介紹水城的特徵，聳立在大運河兩旁的華麗教堂，運河水道的壯觀，輕舟盪漾於水色之中的奇趣，接着介紹聖馬可大教堂的建築及藝術，最後介紹威尼斯的玻璃製造手工業，那古典式的琳瑯滿目的玻璃精品。以有限的篇幅，囊括了一座名城的特徵或全貌，而且詩人的主觀情感又寄托於敍述之中。她寫威尼斯總統府後面的嘆息橋，就是一例：「總統府的後面有一座拱橋，雄跨兩岸，造形非常美；但卻有着一個悽楚的名字——嘆息橋。原來走過這座橋，和總統府隔着一道河道，就是犯人服刑的監獄。法院則在總督府大厦那邊，當犯人還在前面大廳內接受審訊時，如果沒有定讞，也許還有一線脫罪的希望；但一旦你被押送走過這座嘆息橋，即表示罪案已經確定，必須接受監禁和各種殘酷的罪刑了。而且，古威尼斯共和國的刑罰十分嚴酷，所服刑罰有：斷舌、挖目、刖足、被吊死、被燒死或縱馬拖死等等，而囚牢裏也是黑暗湫隘，令人難以忍受。因而一旦人走過此橋，除了嘆息，已別無他途了。」詩人一邊描寫威尼斯，一邊附着她那強烈的愛心。

有的遊記的描繪，則一派的詩情畫意。像寫千嬌百媚的凡爾賽庭園：「這座佔地二百五十英畝的御花園，規模之大，含蘊之富，美麗壯濶氣象，極目望不到盡處，眞讓人有不知從何處描述之慨。因爲那兒林園深廣，又是花壇，又是噴泉，又是雕像，加上修整的馳道，碧翠的草場，林木森森，湖泊處處；尤其是由四時不同的鮮花構成的美麗花床，厚厚密密鋪陳在如茵的綠原上，遠遠看去，眞似大幅綉着彩色圖案的名貴『地毯』。再有那一望無際宛如通到天邊的大運河……眞是景物難以勝數。這衆多景物並非置放在同一平面上，而是以高低不同的三個層次，分佈在整座園庭內，處處予人魅力的驚喜。」蓉子用詩樣的筆調，描繪這迷人的庭院的美，萊特娜羣像的傳神雕塑，阿波羅金馬車昇起於波光粼粼的湖水之上的氣勢，山林女神侍浴圖的優美，詩人以光溢詩情的筆墨，抒寫這人間仙境，使人如見雲樹蒼茫，碧波盪漾的大運河，如聞「舞會屋」石彫林中的音樂，她把凡爾賽宮描繪得似「天上宮闕」，字裏行間，詩意盎然，樂感迷人，具有強烈的音樂情調。

㈣配合直觀資料，強化文章的眞實感，使人如隨詩人遨遊於美麗的歐旅。

這部書在扉頁之後，有二十三幅精美的彩色圖片，其中如孟買海岸邊的「印度之門」，羅馬古集場遺址，聖彼得大教堂外景，翡冷翠的「未周宮」，包提柴利的名畫《維納斯的誕生》，米蘭「史佛查」古堡，威尼斯街景和嘆息橋，瑞士的原野風光，德國慕尼黑剪影，德國大文豪歌德的故鄉法蘭克福……，圖畫及攝影，精緻生動；在每一篇遊記裏，都有幾幅插圖，如《英倫見聞》這篇散文，有倫敦街景的攝影，有被稱爲「濕漉漉的綠色大畫家」康斯塔波所作英國原野風景的插圖，有高聳在泰晤士河畔的倫敦塔及塔橋，有倫敦塔內的白塔，身穿都德王朝制服的倫敦塔警衞長，倫敦國會大厦左側有名的大笨鐘，莫奈所畫——泰晤士河上的西敏寺畫，特拉法加廣場上高一六八呎的納爾遜記功柱，大英博物館藏華滋華斯所作《十四行詩》原稿，泰特畫廊收藏的透納所畫《大風雪》，英國偉大動物畫家——史塔浦斯作品以及作者和同伴師大羅芳副教授攝於「瑪莉皇后的玫瑰花園」中的攝影，一篇文章插登十四幅插圖或畫或筆跡、照片，眞可謂圖文並茂。其他文章也大致如此，都是刊出當地最有代表性的風景照，遺跡圖、藝術品或手迹，讓讀者有親臨其境之感。

蓉子精心創作這部遊記，內容豐富優美，顯示了詩人深厚的文化素養。全書文字、插圖的安排錯落有致，設計的精美無與倫比，這部遊記堪稱旅遊文學的一絕了。

縱觀蓉子的四十年漫長的創作道路，她的敏銳的感受力以及文雅的氣質，她對客觀世界及自然界的轉瞬卽逝的強烈情緒的把握，她的揮灑自如的詩筆所創作的柔婉詩篇，以及她的廣濶的視野下所寫的抨擊現代都市文明的詩，至於她在兒童詩中所展示的純潔心靈，在散文遊記中流露的豐富學識，在在都反映了蓉子的才能和詩藝，作爲一位女詩人，她更多的是承襲古典傳統的婉約風格，而又能突破傳統的局限，創造出優美動人的蓉子獨特的詩世界。

四、對蓉子詩世界的評說

蓉子詩歌世界，有着獨特的特色和風格。我們在敍述她的詩歌創作歷程中，已經接觸到這一論題了；但似乎意猶未盡。

㈠以心的透明、情的摯誠、愛的純眞和味的幽雅，蕩漾人們的心靈。

詩是靈魂的晶體；詩人的靈魂嵌在詩裏。蓉子的詩，形式幽雅，寧靜致遠，用羅門一句話來概括：「都透明在純淨的氣流裏」。從她「追尋青鳥」的時代到她對「歲月流水」的嘆息，三十多年所寫的作品，都是她純潔的心靈世界之光的折射，「時間緩緩地吹醒一朶玫瑰的甜美」，她向讀者展現生活的美好，卽使在抨擊都市的塵囂時，也使人們寄予對未來、對大自然的美好的憧憬。當她譴責「憂鬱染藍了歲月／這世界充滿了嘲弄」時，她所告訴人們的，仍然「猶有可期待的喜悅」。她在描寫維納麗沙那「難以止息的憂傷」時，她的維納麗沙還是「走出峽谷，躲過現實的洶湧的浪濤」，「走向遙遠的地平線」，蓉子往往在她那輕柔的詩句中，給予人們一種堅定的信心，超越的力量。在現實的艱難阻撓中，蓉子總是要「透露點滴星光」，鼓勵人們「自給自足，自我訓練，自我塑造」，她的描寫自然世界之美的詩篇，她的訴說人世曠古愛戀的故事，她的哲理性的詩句，都在告訴人們，世界的眞善美的內涵是什麼。在蓉子的詩歌生涯裏，她自己生活在理想式的生活之中，所描繪的更多是人生的歡樂的片斷，富於意蘊的感觸；她也反復勸導自己的讀者們生活在有理想的生活之中。讀蓉子的詩，像「一聲金石鏗然」，於溫柔的回響中培植人們對生活的愛心，喚起讀者的優美情趣，引起人們的激動和共鳴，潛移默化中接受眞、善、美意識的薰陶。

㈡以東方古典式的朦朧美和西方宗教的深沉思索，創造明晰的朦朧的意象和深邃的意境。

蓉子在《花都巴黎行（上）羅浮宮探寶》一文中，曾經說到夢娜麗莎的畫像，提出爲什麼這幅畫像的藝術美那樣吸引歷代的欣賞者。蓉子作了如是記述：「至於在羅浮宮浩如煙海的繪畫中，最膾炙人口的當然是達文西那幅傳誦不息的夢娜麗莎（Mona-Lisa）了，如今她不僅僅成爲法國國寶，簡直已成了全世界人類的藝術瑰寶了！雖然羅浮宮中傑作如林，而夢娜莎卻依然享有她獨特的地位——她不像別的畫那樣地掛在牆上；而是連同畫框嵌入壁中，外面再用一個大玻璃框罩起來；同時還在相當的距離外，圍以繩欄，俾觀衆和她之間能保持適當的距離；同時也頒下了不准用鎂光燈拍照的禁令——這可說是歐洲各大美術館一致的規定，通常參觀者也都能遵守此項規定。然而出乎意料之外地，在這羅浮博物館中的國際廳內，竟有觀衆甘冒被人指責，被警衞前來干涉的危險，照用鎂光燈不誤，諒還是因了她的微笑太迷人、太神秘的原故吧！此畫作於一五〇三到一五〇五年左右，畫中的夢娜麗莎據稱是翡冷翠一位市民賈孔達（Joconde）先生廿四歲的妻子 Madonna Elisabetta，當年萊渥那多・達文西（Leonardo da Vinci）爲了要捕捉畫中人那甜美神秘的微笑眞是煞費苦心，作畫時他專程請人來給麗莎演奏，還不時地講些笑話來逗她高興，這一幅只三呎多高的油畫，竟讓這位大天才費了長達三年的時間才完成。畫中人那中分垂肩的一頭柔髮，正是不久前中外年輕女孩們模倣流行的髮型哩，可是她那唇角輕牽一絲微風般的笑意，卻成了永恆的神秘——沒有人能夠解釋得清楚，更無人能夠模倣，還有她那豐滿、光潔的雙手，左手擱在椅背上，右手極爲自然地放在左手上，神態多麼自在和安祥，背景是霧濛濛的山巒和象徵生命永恆不息的流水吧！此畫乃法國皇帝法蘭西斯一世花了四千 Crown（約合美金五萬）買下的，後來爲羅浮宮收藏，於一九一一年曾被人盜竊過，兩年以後才從義大利找了回來——是不是因爲使這幅畫不朽的作者本爲翡冷翠人，致令他的後世同胞覺得這幅名畫理應爲義大利所有呢？」這是蓉子在參觀名畫夢娜麗莎時的實錄，爲什麼夢娜麗莎的微笑會如此不朽呢？其徵結處，在於畫家表現了繪畫的朦朧美。夢娜麗莎的微笑如此迷人而又神秘，不可捉摸，引起欣賞者無窮的聯想！藝術的朦朧美，往往令讀者在對象或意境的凝神觀照之中，讓自己的靈魂沉浸在藝術的境界和美的氣氛裏，獲得審美的陶醉和情感的升華。蓉子自己的詩，正如這幅名畫的美感效應一樣，在詩中呈現一種古典式的朦朧，這種美感效應隱約悠逸，閃爍不定，而又引起了欣賞者的審美快感，使作品的靈魂融進了讀者的生命中，正如劉勰在「文心雕龍」中說：「情朦朧而彌鮮」，這種隱約朦朧的藝術魅力，使蓉子詩歌永褒生命力。像她的成功之作「一朵青蓮」所體現的就是這種藝術的朦朧的美感。第一節寫沉寒的星光：「有一種低低的迴響也成過往／仰瞻／只有沉寒的星光／照亮天邊／有一朵青蓮／在水之田／在星月之月獨自思吟。「這一朵青蓮的意象，襯托於「沉寒的星光」之下，她那「獨自思吟」的隱約的身影，已爲青蓮的自然存在創造了迷濛的氣氛。第二節寫在迷濛氣氛下所觸發的朦朧情緒，「可觀賞的是本體／可傳誦的是芬美／一朶青蓮／有一種月色的朦朧／有一種星沉荷池的古典／越過這兒那兒的潮濕和泥濘而如此馨美！」第三節深化這一股朦朧的情調：「幽思遼濶／面紗面紗／陌生而不能相望／影中有形／水中有影／一朶靜觀天宇而不事喧嚷的蓮。」這朶青蓮，在那隱約的氛圍中又逐漸明晰，那就是青蓮的獨立於寒波之中的頑強：「紫色向晚／向夕陽的長窗／儘管荷蓋上承滿了水珠／但你從不哭泣／仍舊有蓊鬱的青翠／仍舊有妍婉的紅燄／從澹澹的寒波／擎起。」筆調若隱若現，欲露不露，反復纏綿，讓青蓮的形象引起讀者聯想，以強烈的美感引導欣賞者自己去追索。蓉子的《維納麗沙組曲》，以藝術的朦朧美的特徵吸引讀者。維納麗沙寫的是詩人自己，她聲明不是名畫中的蒙娜麗莎，但其詩意及韻味，卻完全體現出像蒙娜麗莎的微笑一樣那樣迷人，那樣神秘，維納麗沙「完成自己於無邊的寂靜之中」，維納麗沙」長伴擾嚷、喧囂／任歡悅和光華在煩瑣裏剝落！」維納麗沙如在夢中行走，她「迢遙地隔着／就像陸地與海／就像東和西／就像命運／就像生和死」。維納麗沙既像「沒有任何藻飾的原始的渾樸的雛菊」，又像「多彩變異的鳳仙花」，維納麗沙可以「呼召未來，呼喚花香！」維納麗沙處身於「那絹質煙雲的窗簾，似無骨的輕逸」，她在「夢和現實的雙轡並馳」中完成自己。維納麗沙的形象，展現出一種情感的審美意識的朦朧以及詩歌色彩的朦朧，使這組詩在漸隱漸顯之中，淡入淡出，以其整體的和諧朦朧之美感染讀者。又如《古典留我》一詩，詩人着意描摹漢城的古典美，也以一派古典的朦朧美吸引欣賞者：「那時『香遠池』的一池蓮紅尚未睜眸／鳥聲在漢城各座宮殿庭院內滴落／如密密雨點落在鬼面瓦上／一處處都是回響……夢在江南／春色千里／柳絮兒滿城飛舞。」這滿城飛絮，梅雨濛濛的春色，是現實的漢城，似夢中的江南，這樣的朦朧筆法，使詩意美不勝收。

㈢蓉子的山水詩引導讀者進入另一個境界，那裏一片寧靜

這類詩篇，在蓉子詩集中不勝枚舉。當然，蓉子詩歌中所創造的那些明晰的意象，同樣美不勝收。蓉子愛山水，於是山水詩也多，她在山水詩中對自然美的傾心和迷戀，讓讀者獲得審美的愉悅。中國的山水詩的發展，向以謝康樂爲宗。劉勰《文心雕龍·明詩篇》有「宋初文詠，體有因革，莊老告退，而山水方滋」之說。雖然《詩經》也有極少數寫山水之作，但那不是嚴格意義上的山水詩，僅是以山水作爲一種襯托的手段吧了！謝靈運的詩，才「始創爲刻劃山水之詞，務窮幽渺，扶山谷水泉之情狀。」（王士禎《帶經常詩話序》）魏晉南北朝的山水詩派，以他們對自然界的美的感受，寄懷山水之情，抒發於詩。像永和九年癸丑王羲之寫序的蘭亭詩，集中了這一時期詩人對山水的吟咏，晉代陶淵明的田園詩，唐代王維、孟浩然等人的山水詩，表達了詩人們對大自然的品賞，把山水的靈秀，萬趣融其神思，藝術格調高雅，對自然的歌詠，又具哲理韻味。唐宋詩對自然意象的描摹，已到了巧奪天工的地步。蓉子的山水詩，繼承了中國古典山水詩傳統，自然意象也多爲山、水、天氣、星象、樹木、花、草、鳥，不過她往往把許多自然意象溶合爲一，構成一幅秀美的自然圖景，令欣賞者心曠神怡。試看《澄清湖之憩》的第一節：「艷陽雕飾南方的林園／那白晝繽紛在

花間／葉子們因歡悅而歌，且垂下前呼後擁的影／天藍而寂／鳥翅正長／一朵雲馳過來／我們長長的憶便觸及幽涼／而年青的綠迷人的紫一起溶入了湖水……」蓉子筆下的山水是複合的，明麗的艷陽天，繽紛的花間草影，藍天的飛鳥雲彩，幽涼的綠、紫色渲染的大地，溶入澄清的湖水之中，這景緻既繁鬧又寧靜。詩人的《廻響》一詩，寫山水的靜謐，又別是一番情調：「倘我不去／靜謐若是／山依舊崢嶸／水依然無邊／天空仍舊深湛／唯你乾涸在內地／而島消瘦在角隅。」把深沉的感情托附於山水之中：我去我去／山嶺原野都青翠／江河日益嫵媚／且躍動如飛瀉的泉源／海岸格外金燦／季節愈益舒展／跫音廻盪不絕。……」蓉子的山水詩，盪漾着一股悠靜、單純、清朗的思緒，蘊含着古典式的雅緻。《橫笛與豎琴的晌午》：「悠悠遠遠的音波／像隔岸擣衣聲／廻響在每一處靜靜的水上／廻響那沉穩的明麗／沁人的古典／撩人的哀愁和蒼涼的寂靜。「她描寫朝鮮的吐含山：「曙光中／每一樹枝與岩石都向黎明伸展／而晨露滴落／葱翠滴落／無邊的豐美擴張／山頂石窟有太多成形的神話。」（《吐含山的攀登》）「當晨光隔着大幅玻窗向我們呼喚／陽光用它全幅的金黃掛滿敞窗／那豪華物質文明的旋轉舞臺／便急速隱沒於這無限的山光水色中。」（《華克山莊》）詩人喜歡寫晨曦的寧靜。她筆下的山水與古代詩人所不同的，是她能把傳統和現代融合而一；她既描繪了古老的曠古不變的星辰山水，又綜合了現代色彩斑爛，展現古老的東方和年青的西方的結合。而且，蓉子在她的山水詩中，她永遠於寄情山水之中托附着希望或期待。如寫湖上水色：「有一片葉子在飄蕩／有一片雲影在湖上／你動盪在水上／讓我們划湖去／展開層層波瀾／把夏的濃紅滌洗／當我們划近藍色的海洋。（《湖上・湖上》）她在山光水色之中，也寄寓一股美好的情調，令人讀後感到鼓舞，得到一股追求的力量。猶如她描寫七月的南方，把南方寫得斑彩奪目，燦爛熠熠：

你綠色的蹊徑　一片深色寧靜的覆蔭
你光輝的園子　一片芬風香海
為各種花神所居住的
鳥在光波中划詠
樹在光波中凝定
椰子樹的巨幹靜靜地支撐南方無柱的蒼穹
古老桐的身上現出野獸的紋斑
松果緩緩地跌落在寂謐的苔蘚上
像是幸福的凝滴……

而艷陽熊熊的火燄正點熾
這是宇宙不熄之火
是成熟的豐饒姐妹
使空氣裏溢滿了成熟的香氣——
溢自陽光的金杯；
更用它鮮明的油彩到處塗繪

塗抹在林葉、河水、原野、山嶺
使一切都燦爛燿熠

她把美麗的南方描摹得五彩繽紛，令人神往。蓉子筆下的山川風物，又一次與古代山水詩不同的，是她不是寫失意時的沉鬱情緒，而是寫理想與追尋中，飽和着希望之光的山光水色。她的山水詩有似牧歌式的意味，似閑雲野鶴般的散淡，但又賦予生命感，滲透着精神。蓉子永遠以「青鳥」的姿態，飛舞出她自己的藍天白雲。

㈣强烈的樂感

蓉子的詩洋溢着一種新鮮的活力，想像豐富，詩味濃鬱，節奏感強。在她的詩中，透過詩的語言傳達心靈的顫動，憶舊的餘弦，音樂美是她詩的語言特徵。宋代蘇東坡把文章比喻爲行雲流水，蓉子的詩體現了這種韻味。她詩中的語言，含蓄凝重，含不盡之意於言外，善於把繪畫、音樂的手法運用到詩歌創作之中，具有清麗的色彩和音樂的旋律。她善於運用重疊的句式，優美的韻律，如：

劃破茫茫大海的
不是白晝的太陽
不是夜晚的星星
也不是日夜吹着的風。

劃破茫茫大海的
是一隻生命的小舟……

——（「小舟」）

像這樣一首精美的小詩，詩人採用重疊的句式，一再抒寫：「劃破茫茫大海的」句子，突出了詩意。而「陽」、「風」、「舟」的韻律，使全詩音律悅耳，音調響亮，增加讀者的聽覺的美感。又如「不知道夜鶯何事收斂起牠的歌聲／晨星何時退隱——／你輕捷的腳步爲何不繫帶銅鈴？／好將我早早從沉睡中喚醒！」（《晨的戀歌》）節奏和音韻輕鬆和諧，聲調鏗鏘動人。

蓉子的詩，似乎是一首首宛轉的歌，而不像羅門那種「銅琵琶、鐵棹板」類似東坡「大江東去」的雄渾歌曲。蓉子的歌，顯出那份溫柔，那份輕曼，那份超然，蓉子的輕聲慢拍，那份飄然逸然的詩韻，令人體味無窮。

附錄一

詩人·詩論家眼中的羅門

·詩人楊牧教授在出版《羅門詩選》時認爲：詩人羅門是詩壇重鎭，詩藝精湛，一代風範。

·詩評家張漢良教授評介羅門時說：羅門是臺灣少數具有靈視的詩人之一；反映現代社會的都市詩，他是最具代表性的詩人。

·評論家蔡源煌教授對羅門創作的某些看法：羅門所要表現的，也就是他所謂的「第三自然」，第三自然的塑造，是以萬法唯心爲出發點；包括了超越、永恒的追求，乃至原始基型的援用。

·評論家鄭明娳教授曾在論文〈新詩一甲子〉中指出：羅門是當代中國詩壇都市詩與戰爭主題的巨擘。

·詩人兼評論家羅青教授稱譽羅門是現代詩人中最擅長使用意象與譬喻的詩人

·詩人兼評論家林燿德在論文〈羅門都市主題初探〉中說：羅門是「在文明塔尖上造

塔」的詩人。

•詩人兼散文家陳煌在論文中說：羅門是「都市詩國的發言人」。

•詩人兼評論家蕭蕭說：羅門的詩，具有強大的震撼力；他差遣意象有高人一等之處。

•詩人兼散文家陳寧貴說：羅門，已成了現代詩的名字，他是現代詩的守護神。三十年來，他放棄了一切物質的享受，把自己獻給繆斯。然而這期間卻有不少詩人拋開了繆斯，把自己投入現代文明物質享受的虎口中。

在近代詩壇上，像羅門如此純眞、專一的詩人極爲罕見。加以他取之不盡、用之不窮的才情，使他從事現代詩創作三十餘年，已爲現代詩開拓出一條嶄新亮麗的大道。有時我想，如果現代詩壇沒有羅門，將是多大的遺憾。

•早期以才情突出詩壇的詩人阮囊說：我讀羅門的作品，一向使我感到花團錦簇，光芒四射，令我目不暇瞬，不管從那個角度看，羅門的智慧、思想、人性的光輝、統馭詞彙的能力，都駕乎我們這一代詩人…在詩的王國裏，羅門永遠是那麼豪華，那麼富有……」

•詩人王潤華敎授讀羅門的〈麥堅利堡〉詩，曾在文章中發表感想：英國詩人 P. Larkins 的〈上敎堂〉是呱呱叫的作品，在倫敦被視爲最透視人類精神的，但我認爲比不上羅門的〈麥堅利堡〉……。

•詩人兼詩評家陳慧樺敎授說：讀羅門的詩，常常會被他繽紛的意象，以及那種深沉的披蓋力量所懾罩住……，不管在文字上、意象的構成上等等，羅門的詩，都是最具有個性的。他的詩，是一種龐沛的震撼人的力量，時時爲「美」工作，是一種新的形而上詩……。

• 詩人兼詩評家季紅說：羅門無疑是今日現代詩壇一位重要的詩人，他的前衞意識，他的創造精神，他的深刻觀察與他突出的表現，都使他成爲重要的詩人。

• 詩人兼詩評家陳瑞山教授說：「羅門的作品，按今日世界先進國家文明的發展趨勢來看，在未來的世界中當屬一級。這是從羅門的詩所探觸的深、廣度看；更重要的是他的詩是當今時、空中「活著的」詩。它們活在今日的每一時空分子中，這也就是羅門詩作先後會有學院派的學者之研究的最大基點。」

• 青年詩人兼藝評家呂錦堂在評介羅門時說：羅門是位才華橫溢的作家，他以銳敏的靈覺去從事藝術的探索完成許多豐富人類心靈的詩作，是一位享譽國際文壇的中國現代詩人，也是一位推動中國現代詩的健將，其作品無論深度、廣度與密度都十分完美。其詩作予吾人的印象是氣勢磅礡，富於陽剛之美，他將全生命投入藝術，擁抱藝術，故作品有著強烈的生命力……。

• 詩人兼散文家陳煌說：以追求藝術的永恒之心來講，羅門算是最能掌握其最內裏最震撼的那刹那脈動的詩人，對人性——或者談所謂的生命的詮釋，以及內心的審視反省，羅門似乎肯以整個心去投入，去透視——這點，表現在詩上的成就，不但在質量和數量上皆較同世代其他的詩人都豐富，眼光尤鞭辟入裏。看來，羅門是一個永遠對生命忠誠而渴求自省批判的詩人。

·詩人和權說：盛傳羅門先生豪放不拘，文采華美，是臺灣少數具有靈視的「重量級」詩人，也是一位飲譽國際文壇的中國現代詩人。〈羅門詩選〉，愈讀愈有味，深覺得羅門先生感情眞摯而眼光銳利，意象繁富語言亮麗，幾乎篇篇皆有強大的撞擊力。用字精確，節奏的操縱十分圓融。可以預言，羅門先生許多巨構型作品，將會星斗一樣地均佈在歷史的夜空裏，永遠閃爍著迷人的光芒。

羅門在中國現代詩壇，無疑是風雲人物。他創造了自己獨特的聲音，完成的每篇作品都有超卓的表現，而種種活潑的意象，被他大量地使用著，他的詩有澎湃激越的情緒，也有平穩的情感，不但引起海內外衆多讀者內心的共鳴，也使萬千讀者在細細品讀他的詩作之過程中，產生快感與美感，同時獲得啓示。

他被稱爲「重量級」的詩人，印證於他技藝上乘的作品，誠非過譽。

·詩人林野說：源於都市景觀和人類生存層面的題材，一直爲詩人們努力地探討和詮釋。但探討此類的作品，多半由於語言的傳熱性和導電度不佳，或侷限於物象的表淺切割，以致不能激發強烈感情的痛覺反射所造成的心靈震撼，也就不足爲訓。在當今國內詩壇，詩人羅門對於這些尖銳、猛烈的事物，始終投入最灼熱的觀照，可貴的是他對現代感的瞬間捕捉，透過冷靜的內省，精準地把高度活動性的意象和疊景，拉攏到靈視的圓心。從他的詩裏，經常可聽見血的聲音，都市譫妄的幻覺，同時也看到現代人迷惘的表情。

·詩人張雪映說：羅門是一位較爲「直感」的詩人，他直接地「自覺」於內心最原始的生命力之悲劇精神，我們可從羅門大量作品裏，窺出他面臨現代都市文明與戰爭、死亡與自我的關係，在在呈現出羅門內心所欲渴求的超越性，欲藉著他所勾勒出來的媒體意象，引導著同感的讀者走向孤寂沉思的高峯，並運用他超越性的動感語言，加速著讀者血液的循環，與強調出內心的震撼。在羅門諸多的詩作中，〈麥堅利堡〉成功地達到了上述的境界。

·曾任晨光詩社社長、任教實踐專校的詩人葉立誠，他以〈詩壇五巨柱〉爲題，評介詩人羅門時他說：羅門是當今詩壇具影響力、成就斐然、獨塑一格的詩人，「詩風堅實、意象朗暢、音響跌宕，」藉直視的外在觀察與體認，透過昇華、交感的過程，而精鍊出靈視無窮的內在心象世界將心靈的活動融注在詩境，表現詩人個人內心對生命存在感知的「有我之境」與物我兩忘、又兩在的「無我之境」，是極獨特的藝術觀。他不時強調藝術與生命結合，導引出一份強烈的關懷與執著。羅門在漫長的詩路生涯中，之所以屹立不搖，廣受詩壇尊崇，正是本持「人詩合一」的哲理了。較其他詩人，羅門曜能本著藝術家的精神，歸向若似宗教家的廣博胸懷能像一面透視的廣角鏡，從心靈擴充至整個藝術宇宙。

·詩人兼詩評家張健教授對羅門的「都市之死」詩的佳評：「都市之死」是羅門的力作。那種寓批判於感受的作法，自非無前例可援。而主題之凸現，又較同型的「深淵」（瘂弦）、「咆哮的輓歌」（方華）爲甚。除了朗然的風格外，更予人堅實矗立的感覺…大刀闊斧的比喻之羅列，破釜沉舟的死亡之爆發，造成了一股鮮有其匹的尾聲。…它比瘂弦的「深淵」觸及的面廣泛，與現實則多了一層象喻式的距離，但此點並未減弱了其雄渾的力量。較之「咆哮的輓歌」，它沉着些，焦點也淸晰些。

• 詩人兼詩評家張健對「麥」詩的佳評：「這首詩給予人心靈上一種肅穆的窒息感…，這首詩是氣魄宏壯，表現傑出的；而且眞正地使人感覺到自己讀了這首詩就如身歷了那座莊穆而能興起「前不見古人，後不見來者的紀念堡。我不想引太多割截下來的佳句，因爲他正像「一幅悲天泣地的大浮彫」，作者在處理這首詩時，他的赤子之誠，他的對於歷史時空的偉大感、寂寥感，都一一的注入那空前悲壯的對象中，我也許可以步斷地說，這是年來詩壇上很重要的一首詩……羅門這首詩是時空交融，是眞正地受了靈魂的震顫的……」

• 詩人兼散文家陳煌在「談羅門詩中的戰爭表現」論文中說：「……『麥堅利堡』仍如同羅門寫城市詩一樣，他帶着透視的批判性來表達戰爭詩的境界，叫人被懾於他的驚人感受力與龐沛的語言。……他筆下的詩就宛如一把利刀，以某種角度對戰爭做了最好的批判解剖……」。

• 詩人兼評論家林燿德在論文「論羅門對於戰爭主題」中說：「……名詩人麥凱（J. Macrae 的『在梵蘭特戰場上』一詩，並未流入戰爭的本質……未能如羅門在『麥堅利堡』詩中，與神之間的辯證。……另覃子豪『棺材』一詩，以棺材的意象解剖戰爭的冷酷，但是未如『麥堅利堡』，在雄渾的氣勢下給予戰爭一個多歧義的問號，這個問號其實也是人類存在的答案……『麥堅利堡』是以巨視的觀眼去看被戰爭摧毀的生靈……筆者認爲羅門在戰爭文學的傳統上，繼承抗戰以降中國詩人人道主義的精神，並且在內涵以及表現手法上都有青出於藍的成就。」

·名詩人覓虹在六十年八月廿三日寫給蓉子的信中說：「羅門『麥堅利堡』是一首偉大的詩……」。

·傑出青年詩人苦苓來信說：「『麥堅利堡』確是一首感人的鉅作…，你在國際詩壇的地位或者就建立於此吧！在此詩內使人被無比巨大的宇宙之生命的力量衝擊得無法自己，你的敏銳與架構能力確是不平凡的。」

·名詩人菩提來信說：「讀到『麥堅利堡』詩時，便對自己說：這下子羅門了不起了，你的詩人的情操，到『麥』詩，才眞正的表露出來，那是一首了不起的詩，尤其是在戰爭的夾縫中，能敢於如此澈底痛快、淋漓、壯麗、悲憫的表現出來，不是有幾十年道行的詩人，是辦不到的，包括他天生就是一個詩人在內」

·傑出青年詩人張堃來信說：「你的『麥堅利堡』，被搬上中國文學史都不能有所置疑」

·菲律賓千島詩社社長兼辛墾文藝主編和權詩人讀「麥堅利堡」來信說：「最近讀了國內多位詩人以「麥堅利堡」爲題的詩作，比較之下我覺得你的「麥堅利堡」寫得最出色，給人印象最深刻，我昨夜重讀你的「麥堅利堡」，深受震撼頻呼過癮而拍桌叫絕」。

·菲律賓詩人（世界日報副刊主編）雲鶴來信說：「『麥堅利堡』詩是一首不朽的創

作……

・菲律賓女詩人謝馨來信說：「練習背誦『麥堅利堡』詩時，常被詩中的字句激動的泣不成聲……羅門先生你的詩實在寫得太好了。」

・詩人高歌（高信疆）說：羅門寫詩，是有其自己的態度的。他雖然極端承認外在的環境，但也極其傾向內在；他用愛人的態度擁抱了這個世界，他也同時用哲人的靈智來安定自己；在他心靈的內外，永遠有一個對照的世界，互相凝視着，呼應着……所有他詩中的主題：生命、愛情、都市、戰爭、死亡、音樂與美，以及一切飄浮在時代上空的物慾和悲劇，都在這一相互的凝視中走出它們外在的形貌，走入他自己心靈的眞實與恒永中，靜靜的溶化了。

直到最終，它們都成爲了那條在他體內發出聲音的河流。

・洪範書店〈羅門詩選〉的出版簡介：這位被看成「重量級」的詩人，的確具有他與衆不同的特殊面，他對詩與藝術所表現的近乎宗教般虔誠與執著的情懷，以及一直強調現代詩與現代藝術的原創力、新穎性、現代感與前衞意識，是至爲強烈與突出非凡的；同時他透過詩，採取心靈的廣角鏡，突破所有偏狹的視道，多向性地探索現代人內在世界活動的境域（包括自我、性、都市文明、戰爭、死亡與時空等生存層面）是具有極銳利的透視力與洞見的，因而能兼顧與掌握創作的深廣度；尤其是他繁富傑出的想像力，使意象世界不斷向詩境放出卓越的光能，是強大且具震撼力的。

・評論家鄭明娳教授評〈羅門詩選〉：〈羅門詩選〉很能呈現作者個人的發展及成長的

軌跡，又能結合時代精神，具備現代化觀點，他誠然是位不屈不撓，把生命奉獻給詩神的桂冠詩人，不愧是現代詩人的典範之一。我們衷心盼望在〈日月的行蹤〉之後，羅門的創作生涯將比日月走得更遠。〈第九日的底流〉一書出版後，風格丕變，雖然他的語言仍有深厚的抒情風格，但是在詩想和詩質上都轉入高度的知性層次。在雄厚的思想架構上，發展出主題與技巧並重的幾個大方向。他最重要的幾首詩如〈第九日的底流〉、〈麥堅利堡〉、〈都市之死〉等都是此一時期的作品。〈第九日的底流〉實爲羅門的躍昇期，在短短數年間，完全擺脫一般詩人持續甚久的少年浪漫期，一轉爲成熟深刻的思想家形貌，用語言的魅力建構出一個羅門式的心靈世界。〈第九日的底流〉一詩是羅門第一次大規模製作以死亡與心靈爲主題的詩篇，且已經援用「圓」、「塔」及「河流」三大造型來進行他內心世界的層層探索。羅青稱譽他是現代詩人中最擅長使用意象與譬喻的詩人，在此輯中可以得到印證。

〈都市之死〉是羅門另一重要的發軔。他被陳煌譽爲「都市詩國的發言人」，評論家康旻思也曾在〈草根〉詩刊〈都市詩專號〉中揭示羅門都市詩的貢獻及深遠的影響。

• 時報文化出版公司出版羅門〈曠野〉時，鄭重推介：〈曠野〉是羅門的第五本詩集。是此位現代主義的急先鋒，在寫詩三十年之後的重新出發。

羅門詩作的最大特色，在於他豐富的意象、新鮮的感性和充分的現代感。他能融合現代畫的構圖、現代電影的蒙太奇及現代小說的意識流，交織成萬花筒般魔幻的世界。他用「曠野」象徵現代精神生活的荒涼，但也暗示了它的遼闊和無限的可能性，比諸艾略特的〈荒原〉，有異曲同工之妙。

如果在今天要找一個最能表現都市文化的詩人，羅門無疑是個中的代表。

·光復版〈整個世界停止呼吸在起跑線上〉的出版簡介指出：

這是一代大師羅門石破天荒的新作。對於文明、戰爭、都市及大自然主題，這位孤傲高貴的現代精神掌旗人，持續他心靈的透視和省思，音韻鏗鏘，形式壯闊，其中傑作如〈時空奏鳴曲〉，大膽揭露中國人的命運，感人至深，是現代史詩的經典之作。

·第一屆世界詩人大會在菲律賓馬尼拉召開，大會主席尤遜（Dr. yuzon）在開會典禮上曾當着數百位來自美國、蘇聯等五十多個國家代表，讚說：「羅門的『麥堅利堡』詩，是近代的偉大作品，已榮獲菲總統金牌詩獎」。

美國代表凱仙蒂·希見（Hyacinthe Hill）女詩人，是大會風頭人物。她的作品曾與美著名詩人龐德（Ezra Pound）、惠特曼（Walt Whitman）金士堡(Ginsberg)、康敏思（E.E. Cummings）、狄更生（Emily Dickinson）等選入一九六九年在美出版的『The Writing on the Watt』詩選。她讀過「麥堅利堡」詩後，寫出她的感言：「羅門的詩有將太平洋凝聚成一滴淚的那種力量（Lomen's poetry has the power of the pacific ocean distillate to a tear）」

美國詩人代表高肯教授（W. H. Cohen）他也是這次大會的活躍人物。曾是美國大專學校的駐校詩人，於民國六十八年（一九七九）應聘來臺任政大客座教授，讀過「麥堅利堡」詩後寫出他的感言：「羅門是一位具有驚人感受性與力量的詩人，他的意象燃燒且灼及人類的心靈……我被他詩中的力量所擊倒。（原文：Lomen is a poet of astonishing felling and power, his images sear and burn men' sbeing ………cohen who is auestruck by the power of his poetry）。

• 美國詩人代表李萊・黑焚（Leroy hafen）博士，在各國代表到馬尼拉近郊參觀「麥堅利堡」軍人公墓時，他提議由他朗誦羅門的「麥堅利堡」，並請大家於朗誦前向七萬座十字架默哀一分鐘，在低沉陰暗的天空下，讀完，至爲感人，並寫下他的誠心之言：「李萊・黑焚能在麥堅利堡十字架間爲世界詩人大會朗讀這首偉大的詩，使我感到光榮（Leroy hafen was honored to read this great poem for the world Congress of poets amid the acroses at Fort Mckinley)」

• 美籍教授卜少夫博士（Robert J. Bertholf）在寫羅門蓉子「日月集」英文詩集序言中說：「羅門的「都市之死」這首詩，近似是中文的T・S艾略特的「荒原」…」

學者、評論家、詩人、作家對羅門理論創作世界的評語

• 評論家蔡源煌教授說：羅門講的「第三自然」，自己也喜歡塑造象徵的形象，這個形象就代表某種精神境界，長期把它呈現出來就可以形成一種體系。

• 前輩藝評家虞君質教授在世時讀羅門的詩文寫出：「我喜歡羅門的『麥堅利堡』，更欽佩羅門對『現代人悲劇精神』的闡釋。

• 詩人張錯在美國唸博士學位時說：「我在臺灣時看到文壇名家的文章，眞給嚇倒了，

現在卻不當一回事，倒是羅門的幾篇論文比較 Original」。

・詩人張健教授在53年20期「現代文學」上說：「羅門的『現代人的悲劇精神與現代詩人』可推爲年來詩壇罕見的詩論」。

・詩人蘇凌教授在當時也說：「羅門的『心靈訪問記』是我這幾年來看到的最好的一篇有關於詩與哲學的思考等的中國創作，可說是相當偉大的論文。」

・詩評家周伯乃在彙編「當代中國文學批評選」時曾說：「在來稿中，羅門的那篇大作『現代人的悲劇精神與現代詩人』是壓軸的傑作，無論對詩對人性都有了澈底的批判，我很欽佩那篇文章」。

・詩人洛夫在出版「石室的死亡」詩集之後，讀羅門的論文說：「羅門的論文並不是一種純客觀的論文，有點近乎紀德與愛默生的散文，因它的啓示性較論說爲多，今天在臺灣寫這一型文章的，羅門還眞是數一數二的。其實羅門的心聲也是大多數具有自覺的現代人的心聲……」。

・詩人張默主編的『現代詩人書簡』對羅門的「心靈訪問記」那篇文章發表意見說：「『心靈訪問記』無疑會成爲一篇重要的文獻，作者提出現代詩人的七個問題……作者對每一個問題，均穿透自己的靈視，作了相當精闢的解說，使人讀後不難感知他射噴的精神逼力是如何深厚」。

・詩人兼畫家林興華說：「我是那麼感動於羅門的『心靈訪問』，它是多麼能引發人的深思，在國內這方面，推羅門爲一把交椅是無疑了。羅門的著作，我幾乎嗅到一股『

劍氣』，宣言式的字句、格言式的言語，直搗吾們的心房，一擊而心痛半輩子……」

•散文作家林文義讀羅門「時空的回聲」後，寫着：「『時空的回聲』實在是現今詩壇最有氣魄的論文集，羅門將因這本鉅作而不朽，我被它深切的感動了…」。

附錄二 詩人·詩論家眼中的蓉子

·「七十年代詩選」曾介紹蓉子的詩風：「她早期的作品頗流露着哲思與智慧的光輝，『青鳥』時期，她活潑玲瓏的句法，音響輕柔的節奏，單純明澈的意象，嚴整穩妥的結構，以及含蓄的抒情風貌，在在使人低廻不已。之後，『七月的南方』與『蓉子詩抄』相繼出版，蓉子的詩風便有了極顯著的轉變，在現代新審美觀與新的觀物態度的影響下，她逐漸更換了『自我』的坐姿，逐漸遠離了『青鳥』時期那單純雋永與可愛的抒情世界，也像其他的現代詩人，強調深入的思考與知性，向內把握住事物的眞實性，追求精神活動的交感作用，使作品在現代藝術的新領域裏塑造交錯繁美與帶有奧秘性的意象，獲致其更純的深度與密度。……蓉子大部份的作品給予我們的感受是整體的躍動——一種女性特有情緒美，一種均衡與和諧的心象狀態的展露……。」

詩人余光中教授評介蓉子說：「蓉子爲詩壇『開得最久的菊花』」。「近年來，她忽然如一隻自焚而復活的鳳凰，一個更成熟的蓉子出現了，她的新作不再是以往理想國度飛來的青鳥，而是現實風雨中的一隻風信鷄，她的題材具體而複雜起來了，她的手法也現代了，且能做到透過具體的高度抽象……」。

・詩評家張漢良教授評介蓉子說：「蓉子文如其人，她一向素處以默……她具有大多數女詩人敏銳的觸覺；但又和浪漫的女詩人，如胡品清、沈花末、馮青不同。她的詩表現出一種寧靜的秩序與斯多噶式（Stoic）的收斂……。她的另一半——羅門——則是詩壇有名的慷慨激昂人物；有人把他們喻爲中國現代詩壇的「白朗寧夫婦」。就其詩觀之，蓉子比伊莉莎白古典多了。」

・評論家鄭明娳教授說：「蓉子是被詩壇共認的『永遠的青鳥』，她的羽翮在時空的雕琢下，愈見清麗光滑，不僅是美、是善，更是智慧的榮耀。這一站不到浪漫神話，到的是比神話更眞實的人生，充滿着愛和悲憫的境界，那麼自然而親和地浮昇在我們的眼前，痕轍已換，風也轉調，但是『維納麗沙』的微笑，始終肯定了藝術、肯定了人類的靈魂。」

・女詩人鍾玲說：「蓉子的詩有多面化的特色。包括描寫現代女性的內心世界、抨擊都市文明、歌頌大自然，還有旅遊詩、詠物詩、對時事或新聞人物之感懷等等。在體材上，她最突出的成就在以下兩方面：㈠她的詩塑造了中國現代婦女的新形象，㈡她表現了充滿生命力的大自然及豐盈的人生觀。」「……沒有一位臺灣詩人能如她有力地呈現大地的母性與豐饒。」她又說「在臺灣諸女詩人中，以蓉子處理的題材最多面，視野最廣。她處理的主題包括哲思、親情、大自然的讚頌、女性的形象、旅遊、詠物、以詩論詩（ars poetica），社會現實素材，都市文明之批判，環境保護主義、名人事跡有感等等。」

•詩人兼評論家林燿德在論文中說：「蓉子她對於生命中眞善美的昻揚，對於文學創作的執著，她對於名利淡泊不泥的率眞，在在於詩中顯影出一個溫婉純潔的形象。蓉子之所以被形容爲『永遠的青鳥』、更成爲中國詩壇一朵不凋的青蓮，並不僅止於她是『自由中國第一位女詩人』這種記錄上的意義，更在於她數十年毫無間斷而且高潮迭起的創作生涯已帶給我們一種典範。」

•詩人兼詩評家羅青說：「蓉子自從『七月的南方』出版後；她開始緩慢而有節制的於作品中，注入現代機械文明下所產生的種種經驗，使溫柔純美的詩風裏，透露出些許苦澀及西化的傾向。她寫下了『我的粧鏡是一隻弓背的貓』等作品，語言、意象、內容都比過去成熟了許多。到了她出版『維納麗沙組曲』時，她已經能夠收發自如的處理任何題材了。這一個時期的作品如『公保門診之下午』、『未言之門』及『詩』等，都顯示出她不再只是一個閨秀詩人。」

•詩人兼詩評家蕭蕭說：「詩如其人，就蓉子而言，端莊是人格的總體表現，端莊的風味就是詩的主要風格之一。如果是青蓮，那是端莊的青蓮，如果是青鳥，青鳥的飛翔之姿也是優雅而端莊的。」

•詩人高歌（高信疆）說：「在蓉子的世界，一再廻旋着那生育我們的大地與自然的親情，那種人性完美的追求，自我眞實的塑造，以及心智的成熟與豐美……。」又說：

「如果說，蓉子是那種曖曖的宗教與自然之光的話，那麼，羅門便是那熾燃的生命與精神的火花；如果蓉子是寧靜的湖，羅門便是那湖上遽然而來的風浪；如果蓉子是流泉涓涓，羅門便是那一瀉千里的江河——表現在性格上的是：蓉子謙遜、質樸而典雅，羅門坦率、誇張而熱情；在創作上：蓉子偏於東方柔美的抒情性，而羅門則偏於內在精神的主知性；蓉子是一完美的雕塑，一股溫柔的風，而羅門則是一個龐然的建築，是一不能自己的震動……」

·詩人兼評論家周伯乃說：「我常常覺得，女詩人蓉子的本身，就是一首詩，一首典雅的詩。她那幽幽的情懷，和那長期深受宗教氣氛薰陶的一種肅穆，她的早期的詩，清新、簡潔，而又有一種柔柔的節奏感。她不重視格律，但她的詩有一種自然的音樂美，大部份是建立在整體的完美上，從她最早在『新詩周刊』上發表的「青鳥」到現在的『一朵青蓮』。她都是守住她那屬於東方古典美的特有氣質，也是形成她一貫創作詩的高尚情操。」

·詩人張默說：「卅年來一直保持不急不徐的創作狀態，每年都有新作出示讀者，環視當今詩壇，在衆多女詩人羣中，應以蓉子列首位。『一種季節的推移』，依然顯現作者一貫的詩風，『親切、明澄、華美』。我想這也就夠了，一個詩人能數十年如一日，追求她的理想，絕非易事，編者衷心爲她的執着鼓掌。」

·詩人向明：「在我國現在的詩人中，女詩人蓉子當是這麼始終堅持的一位。蓉子早在民國四十二年就曾出版膾炙人口的『青鳥集』，此後直到今天，她年年月月一直都有作品發表。而且詩壇幾十年來風起雲湧的各種激流，她都屹立不搖，始終默默於詩的耕耘。她已經出版過十種詩集。余光中早在十九年前卽曾稱道『蓉子是開得最久的菊花』，而現在這菊花仍欣欣向榮，開很茂盛。」

• 詩人辛鬱說：「抒情，是蓉子作品的特色，這也許是因爲女性天生愛美，蓉子的詩，在意象的營造，氣氛的烘托，以及語言的構建等方面，可說是得心應手，其技巧運用的圓熟，一般女詩人是很難達到的。從蓉子的詩中，你會發現那美的完整。」

• 詩人兼散文家陳寧貴說：「蓉子是自由中國第一位女詩人，生長於一個敎會家庭裏，養成了待人待己都極虔誠的性情，與她交談你會感覺她具有一顆中國傳統的溫柔敦厚的心，因此從她玲瓏剔透的詩中，隱約透露出對人對物的關愛，讀她的詩，能使煩躁混濁的情緒，慢慢沉澱透明起來，像這種具有安慰力量的詩，在現代詩壇是稀罕的。」

• 詩人兼散文家陳煌在論文中說：「一再翻讀蓉子的詩，我感覺到有一種類似古典溫婉的情調充滿字行間，而升至我心中的，卻是一股柔和芬芳的成熟！甚至在取材內容上，她似乎早已能熟練地運用生活經驗的情感，融入詩中，經過多方觸鬚的敏銳感應，而從姸婉中擎起。」他又說：

「蓉子是一位不斷肯定自己的女詩人，同時，藉著詩的表達，她更認清了生命的意義！而在技巧上，蓉子特別喜愛以漸層入境的手法，將自己的觀照和諧且完整地呈露，並閃現出智慧的心思，而純眞明澈的感情尤使得蓉子的作品，從詩的意境上傳出韻味的芬芳，叫人反嚼回味。」

詩評家潘亞暾教授說：「久聞蓉子芳名，聽說她是臺灣詩壇最先出現的女詩人，素有『首席女詩人』、『永遠的青鳥』之譽……」。

「在長期的藝術實踐中，蓉子逐漸形成意境悠遠、含蓄委婉、寧靜雋永的風格，詩中每每流露出一種訴諸於生命的哲思與靈性的祥光，詩的語言清新淡遠、自然和諧、凝煉舒展。」

「三十多年來，蓉子鍥而不舍地在詩壇耕耘。她淡泊名利，執著追求的只是藝術的眞善美。願這詩苑的『青鳥』振翮高飛，永保藝術之青春。」

女作家莊秀美說：「蓉子，這位絕美的女詩人，一直被詩壇所共認爲『永遠的青鳥』，竟誕生於這樣一個光輝的日子——五月四日文藝節，而且是自由中國第一位出版個集的女詩人。」

「這些年來，不僅是因爲『詩是一種對生活現象的探索，對生命本質的體驗』，更由於『詩是一種良知的事業』，致使蓉子奉獻了三十餘年的生命而無悔，如今她的詩國枝繁葉茂，一片錦繡天地：她並爲中國詩壇孕育了肥沃豐實的土壤，使得後起之秀有一條脈絡可循，說她是詩壇永恒的奠基者，實不爲過！」

女詩人兼散文家張秀亞說：「在自由中國的新詩壇上，蓉子女士的詩筆，首先在寶島上綻開了『一束馨美的小白花朵』她的深沉的感情，豐富的想像，充沛的才分，皆在一種克臘西克 Classic 式的節制下，淡淡的表達出來，似顯露，而實深藏，所以耐人尋味。」

•女詩人涂靜怡說：「蓉子寫了許多好詩，可惜我不能把它一一引在這裏，我只能夠說，她在我們的詩壇，是創作最豐，寫了許多好詩，令我非常敬慕的一位詩人。她的成功，絕非偶然，她的成就，也不止是寫下了那麼多感人的詩篇，也不止是那一寫就是三十年的執著和毅力。更令人敬佩的是她謙和的態度。她待人親切，不因自己的成就而以『大詩人』自居。和她在一起，你會覺得特別愉快，不會有拘束感，她的親切總是叫人難忘。」

•女作家南之在評論中說：「最近讀了蓉子女士的『天堂鳥』詩集，深感她纖細、圓滑、溫柔的詩心，正是我們這個倫理社會所要求的優美的內在氣質。」

「蓉子的詩，和現代主義的風格，有點不同。她的特徵，是來自中華文化的儒家面貌，且含有宗教、淑世、教育的精神。從她的每一首詩中，都可找到中國文化的內蘊，看到她詩心的慧美，清遠的靈思，和優雅的生活內容。而其作品的軸心，大部份都是表達自己對社會、和周身事物的關愛與欣賞。」

•女作家李蕚說：「詩是文學王國中的聖殿，居最高的榮姿，蓉子以她的才情、智慧、毅力建立了她在聖殿中的地位，我們介紹了她的成就，也刊用了她的詩，以向這朵詩國中不謝青蓮致敬。」

附錄三 羅門著作及作品被選被譯入選集部份

●詩集

1. 曙光（藍星詩社，一九五八年五月）
2. 第九日的底流（藍星詩社，一九六三年五月）
3. 死亡之塔（藍星詩社，一九六九年六月）
4. 日月集（英文版，與蓉子合著／美亞出版社，一九六八年六月）
5. 羅門自選集（黎明文化公司，一九七五年十二月）
6. 曠野（時報文化出版公司，一九八一年）
7. 羅門詩選（洪範書店，一九八四年）
8. 隱形的椅子（抽頁裝訂本，一九七六年）
9. 日月的行蹤（抽頁裝訂本，一九八四年）
10. 整個世界停止呼吸在起跑線上（光復書局，一九八八年四月）

11. 有一條永遠的路（尚書文化出版社，一九九〇年）

●論文集

1. 現代人的悲劇精神與現代詩人（藍星詩社，一九六四年）
2. 心靈訪問記（純文學出版社，一九六九年十一月）
3. 長期受著審判的人（環宇出版社，一九七四年二月）
4. 時空的回聲（德華出版社，一九八二年一月）
5. 詩眼看世界（師大書苑出版社，一九八九年）

●作品選入中文選集

1. 中國詩選（大業書店，四十六年）
2. 中國當代名作家選集（文光圖書公司，四十八年五月）
3. 十年詩選（明華書局，四十九年）
4. 七十年代詩選（大業書店，五十六年九月）
5. 中國現代詩論選（大業書店，五十八年三月）
6. 中國新詩選（長歌出版社，五十九年）
7. 中國現代文學大系（巨人出版社，六十一年）
8. 中國現代散文選集（文馨出版社，六十二年五月）

9. 八十年代詩選（濂美出版社，六十五年六月）
10. 廿世紀中國現代詩大展（大昇書庫，六十五年）
11. 中國現代文學年選（巨人出版社，六十五年）
12. 當代詩人情詩選（濂美出版社，六十六年）
13. 中國當代十大詩人選集（源成出版社，六十五年六月）
14. 文藝選粹（幼獅文化事業公司，六十六年）
15. 中國現代文學的回顧（龍田出版社，六十七年）
16. 當代情詩選（濂美出版社，六十八年）
17. 現代名詩品賞集（聯亞出版社，六十八年）
18. 小詩三百首（爾雅出版社，六十八年）
19. 當代中國文學大系（天視出版公司，六十九年）
20. 中國當代新詩大展（德華出版社，七十一年）
21. 情詩一百首選集（爾雅出版社，七十一年）
22. 現代詩入門選集（爾雅出版社，七十一年）
23. 中國新詩選（長安出版社，七十一年）
24. 中國當代散文大展（德華出版社，七十一年）
25. 中國現代文學選集（爾雅出版社，七十一年）
26. 七十一年詩選（爾雅出版社，七十二年）

27. 七十二年詩選（爾雅出版社，七十三年）
28. 一九八三臺灣詩選（前衛出版社，七十三年）
29. 七十三年詩選（爾雅出版社，七十四年）
30. 七十四年詩選（爾雅出版社，七十五年）
31. 一九八五年臺灣詩選（前衛出版社，七十五年）
32. 七十五年詩選（爾雅出版社，七十六年）
33. 中國現代海洋詩選（號角出版社，七十六年）
34. 七十六年詩選（爾雅出版社，七十七年）
35. 七十七年詩選（爾雅出版社七十八年）
36. 七十八年詩選（爾雅出版社七十九年）
37. 臺灣詩人十二家（重慶出版社，七十二年八月）
38. 臺灣朦朧詩賞析（花城出版社七十八年四月）
39. 臺灣詩選（人民文學出版社七十一年）
40. 臺灣創世紀詩萃（浙江文藝出版社七十七年）
41. 臺灣現代詩四十家（人民文學出版社七十八年五月）
42. 當代臺灣詩萃（湖南文學出版社七十八年八月）
43. 臺灣新詩發展史（人民文學出版社七十八年）

●作品選入外文選集及名列名人錄

英文版

1. 中國新詩選集 New Chinese Poetry（余光中教授編譯，一九六〇年）
2. 中國現代詩選集 Modern Chinese Poetry（葉維廉博士編譯，一九七〇年）
3. 臺灣現代詩選集 Modern Verse from Taiwan（榮之潁編譯，一九七一年）
4. 當代中國文學選集 An Antionlogy of Contemporary Chinese Poetry（國立編譯館編譯，一九七五年）
5. 亞洲新聲 Voices of Modern Asia（美國圖書 公司出版，一九七一年）
6. 世界詩選 World Anthology（美國 Delora Memorial Fund 基金會出版，一九八〇年）
7. 當代中國詩人評論集 Essays on Comtemporary Chinese Poetry（林明暉博士 Dr. Julia C. Lin 著，一九八五年）
8. 臺灣現代詩選 Modern Chinese Poetry from Taiwan（張錯博士編譯，一九八七年）
9. 世界詩人辭典 International Who's Who in Poetry（倫敦劍橋國際傳記中心選編，一九七〇年）
10. 中國名人錄（英文版新聞局委託漢光出版社出版的一九八六、一九八七、一九八八

年中華民國年鑑）

11. 「亞洲名人錄」（Asia's Who's Who of Men & Women of Achievement 1989-90）印度傳記中心出版。

12. 世界名人傳記(Biographical Historiette of Men & Women of Achievement & Distinction 1990）印度傳記中心出版。

13. 一九九〇世界詩選（World Poetry 1990）Editor: Dr. Krishna Srinivas India.

法文版：

1. 中國當代新詩選集 La Ktesie Chinoise（胡品清教授編譯，一九六三年）

日文版：

1. 華麗島詩選集（日本若樹書房編選，一九七一年）
2. 臺灣詩選（世界現代詩文庫土曜美術社出版一九八六年）

韓文版：

1. 廿世紀世界詩選（韓籍李昌培博士編譯，一九七二年）
2. 世界文學選集—中國詩部分（韓籍許世旭博士等編譯，一九七二年）
3. 中國現代文學史（韓籍尹永春博士編譯，一九七四年）
4. 中國現代代表詩人五人選（湖西文學特輯，韓國湖西文學會編選，一九八七年）

附錄四

蓉子著作及作品被選被譯入選集部份

●詩集

1. 青鳥集（四十二年十一月中興文學出版社）
2. 七月的南方（五十年十二月藍星詩社）
3. 蓉子詩抄（五十四年五月藍星詩社）
4. 童話城（五十六年四月臺灣書店）
5. 日月集（英文版）五十七年八月美亞出版社
6. 維納麗沙組曲（五十八年十一月純文學出版社）
7. 橫笛與豎琴的晌午（六十三年一月三民書局）
8. 天堂鳥（六十六年十二月道聲出版社）
9. 蓉子自選集（六十七年五月黎明文化事業公司）
10. 雪是我的童年（六十七年九月乾隆圖書公司）

11.「這一站不到神話」（七十五年大地出版社）
12. 歐遊手記（遊記：七一年四月德華出版社）

●作品選入中文選集

1.「中國詩選」（大業書店四十六年出版）
2.「中國當代名作家選集」（文光圖書公司四十八年五月出版）
3.「十年詩選」（明華書局四十九年印行）
4.「七十年代詩選」（大業書店五十六年九月出版）
5.「中國古今名詩三百首」（華岡出版社六十二年）
6.「中國新詩選」（長歌出版社五十九年出版）
7.「中國現代文學大系」（巨人出版社六十一年出版）
8.「中國現代散文選集」（文馨出版社六十二年五月出版）
9.「八十年代詩選」（濂美出版社六十五年六月出版）
10.「廿世紀中國現代詩大展」（大昇書庫出版六十五年）
11.「中國現代文學年選」（巨人出版社六十五年）
12.「當代詩人情詩選」（濂美出版社六十五年六月出版）
13.「百家散文選」（彩虹出版社六十二年十月）
14.「文藝選粹」（幼獅文化事業公司六六年出版）

15.「中國現代文學的回顧」（龍田出版社六七年出版）
16.「當代情詩選」（濂美出版社六十八年）
17.「現代名詩品賞集」（聯亞出版社六八年）
18.「小詩三百首」選集（羅青主編六十八年，爾雅出版社）
19.「當代中國文學大系」（天視出版公司六九年）
20.「中國當代新詩大展」（德華出版社七十年）
21.「剪成碧玉葉層層（現代女詩人選集）」（爾雅出版社七十年六月）
22.「現代詩入門」選集（爾雅出版社七十一年）
23.「中國新詩選」（長安出版社七十一年）
24.「七十一年詩選」（爾雅出版社）
25.「中國當代散文大展」（德華出版社七十一年）
26.「中國現代文學選集」（爾雅出版社七十一年）
27.「七十二年詩選」（爾雅出版社）
28.「葉葉心心（女作家散文集）」（林白出版版七十二年）
29.「七十三年詩選」（爾雅出版社）
30.「七十四年詩選」（爾雅出版社）
31.「七十六年詩選」（爾雅出版社）
32.臺港朦朧詩賞析（花城出版社七十八年四月）

33. 臺灣詩選（人民文學出版社七十一年）
34. 臺灣女詩人三十家（湖南文藝出版社七十六年）
35. 臺灣現代詩四十家（人民文學出版社七十八年五月）
36. 當代臺灣詩萃（湖南文學出版社七十八年八月）
37. 臺灣新詩發展史（人民文學出版社七十八年）
38. 世界兒童詩選（安徽少年兒童出版社一九八六年八月）
39. 臺灣兒童詩選（湖南文藝出版社一九八八年八月）

●作品選入外文選集（名人錄）

英文版：

「中國新詩選集 New Chinese Poetry」（余光中教授編譯）一九六〇

「臺灣現代詩選集 Modern Verse From Taiwan」（榮之穎博士編譯）一九七一

「當代中國文學選集 An Anthology of Contemporary Chinese Poetry」（國立編譯館編譯）一九七五

「亞洲新聲 Voices of Modern Asia」（美國國書公司出版）一九七一

「蘭舟——中國女詩人選集 The Orchid Boat-women Poets of China」（王紅公與詩人鍾玲合譯）一九七二

「當代中國詩人評論集 Essays on Comtemporary Chinese Poetry（林明暉博士

Dr. Jula C. Lin 著，一九八五年）」

「臺灣現代詩選 Modern Chinese Poetrye form Taiwan（張錯博士編譯，一九八七年）

法文版：

「中國當代新詩選集 La Poesie Chinoise Contemporaine」（胡品清教授編譯）」

日文版：

(1)華麗島詩選集（日本若樹書房編選一九七一年）

(2)臺灣詩選（世界現代詩文庫土曜美術社出版一九八六）

韓文版：

「廿世紀世界詩選」（韓籍李昌培博士編譯）

「世界文學選集（中國詩部分）」（韓籍許世旭博士等編譯）

「中國現代文學史」（韓籍尹永春博士編譯）

◎一九七一年名列「世界詩人辭典 Intertnaional Who's Who in Poetry」（倫敦劍橋國際傳記中心選編）

後記

昨天，收到從海峽那邊寄來的消息，說拙著的第一次校樣已完成。我們當時興奮與激動的心情，久久不能平靜！這倒不完全是因爲我們又多出了一本專著，而是因爲我們對這本書懷有特別的感情。

這本書，是我們遷居海南島後完成的第一部專著，它的屬稿過程，比起過去的書稿寫作，包含着特別的喜悅和異常的艱辛。

過去的幾十年，我們分別從事中國文學批評史和唐宋文學的教學與研究，接觸的都是中國古典文學的資料，我們對研究的對象的眷戀與陶醉自不必說；但那些畢竟是過去時代的文學遺產！這次寫作，面對羅門蓉子賢伉儷幾十年文學創作生涯積累下來的二十六册煌煌大著，晨昏讀著讀著，經常被羅門詩中迸發的那比岩漿還要熾烈的時代的激情、蓉子詩中涓涓流出的那比白雪還要聖潔的對人類的愛所激動，經常情不自禁地擊節贊嘆，欣喜不已！寫作的過程，也是反復領會作品、喜悅中備受鼓舞的過程。這種寫作的經驗與感受，是我們以前用純理智思維寫作古典文學研究書稿時所沒有的。

說到寫作的艱辛，首先當然是因爲我們沒有到過臺灣，對羅門、蓉子作品所賴以產生的近幾十年臺灣社會生態環境的完全不了解。但可慶幸的，我們這幾年，不只一次到香港，居留時間或長或短，或許可以用香港的社會生活作參照，彌補我們這點的不足；這樣，差強說得過去！最難的難處還是時間！作者中的一位每週講課的課時較多。這相對於我們在到海南來之前所在的大學，差異太大了！當時我們在的那所大學，規模大，我們所在的中國語言文學系，有一百好幾十位教師，任務分散承擔，我們每年指導一二位碩士研究生，向本科高年級學生每週講二節最多四節專題研究課，輕鬆慣了的。到海南大學後，因爲人少課多，教學任務重，又出自內在的強烈要求：寫羅門、蓉子！這樣一來，只好在備課、上課之餘寫作了！次說作者的另一位，擔任著新建的文學院的管理工作，每日碌碌於鷄蟲瑣碎之中，個中所消耗的時間與精力，局外人很難理會！所幸，共同工作的黃淑祥先生、符國海先生等，多所支持。即使這樣，這本書的寫作，常常是在文學院下課後或下班以後，再到泰堅樓四樓的一個教研室，接著寫作一二小時，再回家吃飯！這裏特別要記一筆的是，今年七月底，書稿到了最後的殺青的階段。我們想趕在吳乾華先生由海南返程臺灣之便，替我們將書稿帶到臺灣。我們每天掐著手指，算著時日，一天天迫近！恰巧當時是高等學校統一考試畢，海南省全省高考的語文試卷統一判卷的組織工作落在海南大學文學院，二萬多份考卷！二萬多位莘莘學子的盼望的眼神，時在念中，不容有絲毫的懈怠！這樣，只好在閱卷大廳中極度緊張地工作一天下班後，騎單車到泰堅樓趕書稿。就這樣，夜以繼日，在吳乾華老先生回臺灣前夕，將書稿托他帶回臺灣！這裏我們特向年近九旬的，我們敬佩的吳老先生表示由衷的感激！遙祝他老人家健康長壽。

這種寫作過程中的喜悅與艱辛，自然增強了我們對這部書所懷有的感情！

羅門、蓉子賢伉儷，對這部書的寫作所給予的支持與鼓勵，難以言表！我們之間建立起的這份情誼，是値得永遠珍視的！

對臺灣文史哲出版社的代表人彭正雄先生，我們懷著深厚的敬意！今天，出版這樣的純學術論著，不能獲得經濟效益是肯定的。但彭先生對拙作錯愛，說他對這部書感到滿意，「即使這本書不賺錢，也覺得有意義！」我們認爲，不是拙作有多好，而是彭先生對文化建設有一種高瞻遠矚的眼光，這眞是一位眞正的出版家的歷史責任感的表達！

我們感謝海南大學領導及文學院同仁們的鼓勵！特別感謝黃淑祥先生和符國海先生的支持。

整部書稿，屬稿匆匆。懇切盼望讀者諸君不吝賜教！

周偉民　唐玲玲

一九九〇年十二月二十六日

於海南大學圖書館四庫全書室

文學叢刊 36

日月的雙軌

——羅門・蓉子創作世界評介

著　者：周偉民・唐玲玲
出版者：文史哲出版社
登記證字號：行政院新聞局局版臺業字〇七五五號
發行所：文史哲出版社
印刷者：文史哲出版社
台北市羅斯福路一段七十二巷四號
郵撥〇五一二八八一二彭正雄帳戶
電話：三五一一〇二八
定價新台幣四八〇元
中華民國八十年二月初版

ISBN 957-547-032-X